戦後沖縄の史的検証

復帰五〇年からの視点

編集委員
赤澤史朗 豊下楢彦 森武麿 吉田裕
明田川融 安達宏昭 高岡裕之 戸邉秀明 沼尻晃伸

現代史料出版

特集にあたって

戸邉　秀明

本号の特集の焦点は、沖縄である。沖縄の日本復帰から半世紀を機に、米軍占領期を中心とする沖縄の戦後史について研究の現状を見渡し、現代史研究への新たな問題提起の機会としたい。副題の「復帰五〇年からの視点」とは、時間の経過によって歴史としての対象化が進む研究の現段階を表すとともに、全体像の把握が難しくなるほど分岐、多様化しつつある研究の現状をも指す。本特集は、この二重の意味において、沖縄戦後史研究の現在地を示すものとなっている。

沖縄をめぐる戦後史の研究は、この間、どのような経緯をたどってきたか。過酷な地上戦と、その後の二七年に及ぶ米軍の直接占領を経験し、在日米軍の基地集積の結果、さまざまな被害を今に至るまで背負わされている沖縄の戦後は、日本本土の戦後史とは明らかに異なる歴史を刻んできた。それゆえ占領当時から始まった沖縄の同時代史的研究は、日本国内の他の地域・自治体の戦後史とは比較にならないほど分厚い、独自の蓄積を持つ。とりわけ戦後五〇年に当たる一九九五年を画期として、長足の進歩を遂げた。その要因として、以下の三つが挙げられるだろう。

第一に、同年の沖縄県公文書館の開館により、史料状況の大幅な改善が見られた。占領期の沖縄側民政機関である琉球政府の文書が一気に公開され、その後も米国で関連文書の収集が続けられて、順次公開された。その結果、琉球列島米国民政府（ＵＳＣＡＲ）の文書も、公開可能な分は、すべて閲覧できるようになっている。残存史料には多くの偏りや欠落があるとは言え、米軍側・沖縄側、さらには日本政府、米国政府、また沖縄でも官民など、複数の立場からの史料を突き合わせて検証が可能であることが、沖縄戦後史の研究を発展させた意義は絶大である。

ただし、研究の進展は史料公開だけで可能になるわけではない。むしろ多くの場合、それを保証するのは、研究者の視座の転換である。第二に、同年に起こった米海兵隊員らによる性暴力事件を契機に、沖縄で盛りあがった米軍基地・安保体制の現状への抗議闘争が転換の引き金となり、戦後史研究の新しい段階が始まった。この、戦後何度目かの「島ぐるみ」の抗議活動は、本土において一九九二年の復帰二〇年を機に広がっていた安定ムードや、一連の沖縄振興法が基地関連の諸問題を隠蔽する構造に、否を突きつけるものだった。抗議の声を受けて、沖縄研究を始めた、あるいは自身の沖縄研究を変えていったという研究者は少なくない。

第三に、これら九五年に徴《しるし》づけられる転機と並行して進んだ変化として、沖縄研究における新たなアプローチの台頭が挙げられる。文化研究、文化人類学・地理学等を筆頭とする批判的なアプローチが、沖縄研究でも用いられるようになり、特に大衆文化や日常生活における微細な差異が作り出す、社会の権力構造を剔抉するために優れた分析能力を発揮した。この点では、海外の研究者による沖縄研究が果たした貢献も大きい。それらは、いわゆる沖縄学に連なる歴史学・民俗学・言語学等の人文科学とも、戦後に始まった政治学・経済学等の社会科学による沖縄の現状分析とも異なる、沖縄研究の第三の潮流と言える。こうした研究を進める若手の研究者のなかには、九五年以降の反基地の運動やその後の沖縄社会内部の分断を、沖縄で肌身に感じながら研究を始めた者が多くいる。その過程で、彼ら彼女らが、そうした新しい分析手法を選択したことにも、九五年の転機は影響を与えていると言えよう。

しかし、こうした展開が、沖縄戦後史研究の従来の枠組みをどこまで変えたかと言えば、残念ながらそれほど強く確言できるような状況ではない。憂慮すべき現状を、三つにまとめてみよう。

第一に、各学問分野、すなわちディシプリンごとの自足状態（いわゆるタコツボ化）は、近年になって、むしろ強まっている。人文・社会科学の各分野の固有のアプローチに則って、沖縄を対象や事例とした研究が大量に生産され、今なお活況を呈しているかに見える。しかしそれらの多くは、沖縄を、日本戦後史の一事例や、日米関係史の函数として取り上げるだけで、自己の拠って立つ学問の方法自体を省察する機会とすることはほとんどない。この点については、かつて復帰四〇年を目前にして、外交史・国際関係史と運動史との乖離という形で、沖縄戦後史研究の分断について批判的なコメントをしたことがあるが、問題点はその後拡大こそすれ、解消には向かっていない（戸邉「沖縄「戦後」史における脱植民地化の課題——復帰運動が問う〈主権〉」、『歴史学研究』八八五号、二〇一一年）。

第二に、先に見た新たな研究手法が、沖縄を対象とする各々の研究に対して認識論的な転換を迫る形で現れたにもかかわらず、その受けとめ方は、ディシプリンによってさまざまであった。結果として、戦後史研究においても、従来の実証による個性記述を重視する方法的立場と、理論を背景とした分析による普遍的な問題提起を重視する方法的立場の間で、大きな乖離が広がっている。注意すべきは、これが実証か理論かという二者択一の問題ではなく、各学問分野において方法的な保守化が広がり、相互の参照や批判の機会が著しく減っていることが根底にある点だ。

第三に、研究と実践、この両者の関係を、一人一人の研究者がどのように考え、応答していくかをめぐって、複雑な分岐が生じている。辺野古の新基地建設など日米両政府の政策に対する評価や態度表明はもとより、今日では基地反対では意見を同じくしても、独立論やいわゆる「基地引き取り論」の評価をめぐって、研究者や運動家の間で緊張や軋轢が生じている。他方で、こうした議論を度外視した形で展開される政策論的な沖縄研究も多く、また地元に足場を置いてなされる歴史研究では、地域社会内部の無言の対立に配慮した結果、現状への批判的態度を自己規制しなければならない場合も少なくない。

この点は、従来、沖縄学と沖縄研究の差異として論じられてきたことに近い。伊波普猷の『古琉球』を原点とする沖縄学は、沖縄文化の独自性の淵源など、「沖縄とは何か」を探る実証性だけでなく、「沖縄はどうあるべきか」を問い質す動機と実践的契機を含んだ学問研究のあり方であった。研究の担い手が、沖縄にルーツを持たない人々に広がるとともに、沖縄学と並んで、地域研究としての沖縄研究が生み出されたが、ある時期までは沖縄学との関係は常に議論の的となってきた。顧みると、二〇〇〇年代末に刊行された叢書『沖縄・問いを立てる』全六巻（屋嘉比収・近藤健一郎・新城郁夫・藤澤健一・鳥山淳編、社会評論社、二〇〇八〜〇九年）は、従来の沖縄学固有の問題意識と方法の結びつき、対する地域研究としての沖縄研究のあり方、沖縄を事例とした人文・社会科学研究のアプローチの得失などについて、異なる立場や世代を巻き込んで議論を作り出そうとする重要な試みだった。しかしこの叢書以降、議論はうまく続かなかった。むしろその後は、右に見た分解がいっそう進んだように思われる。もちろん、沖縄で突出する「子どもの貧困」に関する研究のように、現在でも新たな沖縄学ともいうべき潮流は現れている。しかしその新たな議論と切実な問題関心を、沖縄を研究対象とする者が広く共有できる空間は、失われている。

ならばこうした状況を乗り越えるための、今後の研究の展望はどのあたりに求められるだろうか。すぐに回答できる用意はないが、試みに三つの観点を挙げてみたい。

一点目は、長期的な視座の採用である。米軍占領の終了から半世紀という時間を経て、米軍占領期の歴史的意味を捉え直すには、時間の幅を広くとり、そのなかに当該期を位置づける必要が、ますます鮮明になってきた。一方で、一九七二年の施政権返還・沖縄県復活では切れない時間の幅で「戦後」を見通すこと。他方で、一九四五年の沖縄戦、米軍占領開始では切れない要素から「戦後」の固有性を再検証すること。さらに、グローバルな規模での近代世界システムのなかに沖縄を位置づけ、沖縄が被った近現代の変化、なかでも二〇世紀後半の変化が沖縄にもたらした影響を理解すること。このような異なる時間の射程を備えた重層的な分析が必要になってくるだろう。もっともこれは、長期のデータ処理に基づく定量的な研究だけを志向するものではない。むしろ逆で、短いスパンを検討対象とすることの多い政治史・人物史などでこそ、対象に対する長期的な視座からの再評価が求められている。

二点目は、方法的折衷主義の意識的な追求である。対象と方法とが強固に組み合わさった各々のディシプリンの思考枠組みを再考し、研究者各自が柔軟な組み替えを進めることが必要である。学際や学融合という言葉も、すでに言い古された感があるが、言うは易く行うは難い。他方で、各ディシプリンが有していた蓄積自体が、研究者共同体にも広がる人手不足によって、継承されなくなっている。いま求められるのは、自身の拠って立つディシプリンの特質ないし得失を把握したうえで、他のディシプリンが提起したアプローチの仕方を試し、アレンジして採り入れていくことだろう。むろんそれが独善に陥らないためには、同じ地域を対象とすることで共有される批判的な議論の場所の確保、ないしは育成が不可欠である。

最後の三点目は、「通史」の競演を通じた全体像把握の模索である。沖縄戦後史については、新崎盛暉の『沖縄戦後史』『沖縄現代史』（いずれも岩波新書）が日米権力対民衆運動という対抗軸で一貫させた通史として古典の位置を占め、近年では櫻澤誠の『沖縄現代史』（中公新書）が政治史を中心に新たな総合を試みている。だがこれらは当然、手に取りやすい分量で抑えているため、対象が限定されている。また沖縄県の近現代史をまとめた通史叙述については、歴史家を中心として、ほぼ同一のアプローチで書かれているため、捨象された部分が多く、全体を通した工夫や問題提起も薄い（金城正篤ほか『沖縄県の百年〈県民百年史47〉』山川出版社、二〇〇五年など）。

いま必要なのは、右の第一・第二の観点を包含できるような「通史」の試みが、複数でなされ、いわば競演することで、沖縄戦後史の幅が広がる機会である。幸い、その先導となるような二冊の成果を直近で得た。一冊は、今夏出された『沖縄県史　各論編７　現代』（沖縄県教育委員会、二〇二二年）である。自治体史において、これだけの分量と周到な準備をして作られた戦後史編は稀である。しかも、歴史研究者に限らず、さまざまなディシプリンを背景に持つ研究者の共同の成果となっており、時期区分ごとの叙述だけでなく、戦後七〇年余りを通じた社会構造とその変容を見通す章も複数設けられている。もう一冊は、前田勇樹・古波藏契・秋山道宏編『つながる沖縄近現代史――沖縄のいまを考えるための十五章と二十のコラム』(ボーダーインク、二〇二一年)である。沖縄の若手研究者三名を中心として編まれたテキストだが、研究史をふまえたうえで、いま必要な視点は何かを前面に押し出した意欲的な通史となっている。それぞれの意図は異なるが、いずれも最新の研究成果を反映した全体像構築の試みである。近年の多様な研究のそれぞれで蓄積された成果を総合するための「通史」の役割は、今後ますます重くなってくるだろう。それは研究の成果を、いかに、誰に届けるか、というもうひとつの大きな問題とも関連している。

以上の現状認識をふまえ、本特集は、沖縄戦後史研究の現状が見渡せるように、七本の論考を並置することで構成した。「並置」したのは、研究の広がりと多様性を一望することさえ難しい研究状況を、まずは可視化するためである。同時に、個々の論考の背後にある研究史が蓄えた問題関心と方法意識を、相互に突き合わせ、個々の研究者が必要に応じて、それらを組み替え、接合していくきっかけとしたいためでもある。もちろんその実現には、相互参照とともに、それぞれの研究が依拠するディシプリンに内在する思考枠組みそのものに遡った批判的検討が欠かせない。あえて多様なアプローチの論考を配した意図はここにある。沖縄の戦後史ないしは現代史の研究が、各分野の方法的保守化という現状を突破し、自由で大胆な研究を育むためのアリーナとなるには、どのような模索が必要か。本特集を構成する各論文は、明言の如何に強弱はあるものの、いずれもそのような模索の軌跡を反映したものとなっている。以下、簡単ながら順に紹介していきたい。

まずⅠの櫻澤誠「戦中・戦後初期における在本土沖縄人の動向――尚侯爵家を中心とした再検討」は、沖縄戦後史の起点のひとつとして欠かせない、在本土沖縄人の動向に目を向ける。地上戦による廃墟から始める叙述では漏れてしまう、沖縄の外にいた沖縄人の戦後。それは、戦前の沖縄社会との連続性の問題や、現地沖縄に与えたさまざまな影響力の意義を考えるうえで不可欠な要素にもかかわらず、沖縄の戦後史とは有機的につながっていない。しかも在本土沖縄人の戦後史は、従来、沖縄人連盟などの社会運動を中心に論じられてきたため、視野に一定の偏りがある。櫻澤論文は、旧琉球王家である尚侯爵家の新史料をもとに、そうした研究状況を乗り越えようとする論考である。華族制度の廃止など旧体制の解体を進めるGHQを意識して、尚家は戦後の活動を抑制せざるを得なかった。そのようななかで続けられた、故郷からの情報の入手、沖縄人名士たちとの連絡、財産整理の過程を通じて、当時の在本土沖縄人が直面した困難が読み解かれる。本論文は、在本土沖縄人社会の全体像を構築するための呼び水になるとともに、今後は、ハワイ、北米、南米などに広がる沖縄人ネットワークを含めた、在外沖縄人のグローバルな現代史を構想する契機ともなるだろう。

前述のように、島ぐるみ闘争や返還交渉など、戦後史の主要な論点については、公文書の検証によって一定の研究蓄積が見られる。しかし、そこから一歩外れると、占領下の多くの出来事（事件・事故・論争等）は、なお手つかずのままと言える。Ⅱの若林千代「天願事件再考——一九五〇年代沖縄の政治事件に関する一考察」は、そのうち一九五〇年代前半の、いわゆる米軍統治の暗黒時代を象徴する弾圧と評されてきた天願事件について、あらためて検討を重ねた論考である。その際、事件の経過の基本的な再構成とともに、当時の史料に映り込んだ沖縄民衆の政治的関心の在処や、米軍の反共主義に潜むレイシズムの問題、沖縄側の協力者である保守層に対する米軍の冷徹な評価など、この事件だけに還元できない沖縄戦後史の争点が浮かんでくる。このような史料批判と論点の提示は、従来の沖縄戦後政治史ないしは政局史の分析について、再検討を促すだろう。この試みは同時に、若林論文が冒頭で点検しているように、一九六〇年代に宮里政玄や新崎盛暉によって作られた沖縄戦後史叙述の背後にある思考枠組みそのものを再考に付すことにもなる。問題提起の射程と、方法論の提示の両面で、政治史に限らず参照されることを望みたい。

他方、蓄積の厚い返還交渉の研究では、今日どのような論点が注目されているだろうか。Ⅲの豊田祐基子「沖縄返還交渉にみる有事基地使用——韓国・台湾・ベトナムを巡って」からは、この分野の最前線の関心がうかがえる。沖縄の「本土並み」返還は、六〇年安保改定で日本本土に導入されていた、①戦闘作戦のための基地使用や②核兵器の持ち込み等に関わる事前協議制度が、沖縄にも適用されることを意味した。米側は、実際の使用を考えているわけではない②よりも、「現に日々行われている」（あるいは、その可能性の高い）①の条件、とりわけ朝鮮・台湾・ベトナムへの自由出撃について、満足できるような協力を日本側から取りつけることに、交渉戦略の重点を置いた。豊田論文は、日米双方の政府文書を読み込むことで、これら三地域にからむ基地の自由使用と事前協議をめぐる交渉を解析する。今日、東アジアの潜在的紛争地として台湾が急浮上し、台湾海峡の「有事」をめぐって地理的に近い沖縄を始めとする在日米軍基地の使用が議論されている。台湾有事における在日米軍基地からの自由出撃を事実上認めた日本政府の「理解と貢献」や、それに対する米国政府の「応諾」の形成過程を明らかにした豊田論文は、台湾とその周辺地域で脅威が高まった場合に日米両政府が執ることのある対応を洞察するうえで、〝歴史の教訓〟となろう。

一九六九年の日米共同声明で沖縄の七二年返還が決まると、日本側で返還までの実務を取り仕切った政治家の一人に、山中貞則がいる。Ⅳの及川智洋「山中貞則と沖縄振興」は、岸信介内閣で蔵相となった佐藤栄作により大蔵政務次官に抜擢されて「大蔵族」となった経歴が、返還実務において財政・金融分野での柔軟な対応を山中に可能にしたこと、そして山中が唱導した「償いの心」の形成過程や、沖縄開発庁設置などの沖縄開発振興体制づくりも山中＝大蔵省ラインが主導したことなどを跡づける。そのうえで及川論文は、沖縄開発振興体制の展開と同体制に対する評価を整理する。その体制が抱える問題は、山中の事績について諸手を挙げて評価する沖縄の「革新」勢力も責任を免れないことが、現在までの長期的な検討から指摘される。さらに、中国の海洋進出等によって引き起こされる緊張と懸念、ロシアによるウクライナ侵攻といった諸条件をふまえたうえで、かつて山中の主導した「償いの心」に基づく振興体制の行方を展望する。日本の民主主義に根源的な問いを発し続けながら、苦難と隘路の連続であった沖縄の「戦後」の先に、それでも未来を描こうとする者へ、構想の素材を提供しようとする論考である。

以上の論考は、おおむね政治史・政治社会史の面からの検証といえる。他方で、従来、沖縄戦後史研究の太い幹を成してきた社会運動史の分野では、どのような研究が進んでいるだろうか。米軍占領下の運動史は、長い間、復帰運動の中心性を当然の前提として描かれてきた。しかし近年では、その様相は大きく変わりつつある。前述のように、復帰を越えて持続する問題まで射程を延ばした時、復帰という課題は、戦後沖縄の民衆にとって根本的なものではない。むしろ復帰というスローガンを通じてしか発せられなかった民衆の声に潜在する願望の根底にあるものは何か。Ⅴの上原こずえ「「生存の危機」にある沖縄戦後の運動史を捉え直す」は、それを「生存の危機」に抗う人々の連なりとして描き出す。軍事化によって進む自然や社会の収奪である「囲い込み」、観光開発による消費社会化によって根こそぎにされる社会変容の問題などを軸に、個々の運動を一貫した視点と叙述で編み直し、その意義を再定義する。同時に、運動そのものについても、政治的な目標の達成や獲得した項目如何で評価するのではなく、運動のスタイルや担い手の変化が持つ意味を明らかにしていく。運動史の新しい潮流を存分に反映した上原論文は、今後の運動史研究にとって試金石の役割を果たすだろう。

復帰後半世紀を経て、米軍占領期が遠ざかる今日、長期の視野を取ろうとすればするほど、米軍と直接対峙した占領期は長い歴史の一部となり、日本政府・日本社会との関係が前景化する。しかし、沖縄戦後史にとって、米国・米軍の存在を、そのように部分的なものと見なしてよいだろうか。Ⅵの土井智義「米国にとって沖縄とは何か——琉球列島の地位に関する連邦裁判所判決をめぐって」は、新基地建設問題など、県政における日本政府との対決と緊張によって、米国の存在が視野から落ちてしまう傾向に警鐘を鳴らす。沖縄を不可逆的に変えた占領の意味は、上原論文のキーワードである「囲い込み」でも捉えられているが、土井論文は視点を変えて、米国が占領期に沖縄をどのように位置づけていたのかを、米国の歴史的文脈のなかから見通す。米国内で沖縄の法的位置づけが議論となった訴訟とその判決を洗い出し、そこで参照されたプエルトリコ等の米国海外領土の権利を画定した島嶼判決に遡ることで、米国にとって占領期の沖縄が単なる「外国」ではすまなかった事実が、読者に突きつけられる。法の現代史の読み直しを通じて、米国による世紀転換期以来のグローバルな植民地主義の文脈のなかに沖縄が置かれていたことが鮮明になっており、新たな研究領域の発見を促す論考である。

上原論文や土井論文は、地道な調査や史料読解の積み重ねに裏づけられた論考だが、その鮮やかな問題提起は、史料を読み込めば自動的に生まれるものではない。実証とともに、それを下支えする新たな視点を基礎づける、批判的な社会理論の持つ力は大きい。Ⅶの森啓輔「植民地統治性研究の地平と沖縄研究」は、そうして沖縄研究に導入されて成果を上げつつある研究動向と、その淵源にある社会理論の意義について解説、敷衍した論考である。フーコーによって提起された統治性研究は、西洋社会を前提とした議論であったが、南アジアの植民地社会を中心とする歴史研究で応用され、植民地統治性研究として練り上げられてきた。森論文は、この過程を丁寧に紹介し、植民地統治が現地社会にもたらす作用の大きさと、それが現在にまで与える影響の重大さを強調する。従来、植民地主義と言えば、言語やシンボル、あるいはナショナリズムなどの意識・思想に与えた弊害に焦点が絞られてきた。それに対して、植民地統治性研究は、経済的合理性の追求や、社会の権威主義的位階化など、現代社会がある意味で当然の前提としているものが、統治行政が実践されるなかで、植民地下の民衆を含めて、社会総体にいかに普及・浸透していくのか、そのメカニズムを検証する。これは同時に、統治への抵抗の有効性如何を考えるためにも重要である。沖縄戦後史研究の最新の潮流として、また理論と実証の乖離を克服する企図を示すものとして、森論文を特集の最後に置いた。

恒例の「現代史の扉」は、木村健二氏に執筆をお願いした。「私の研究軌跡――日本人の国際移動の歴史」は、その副題の文字通りを長年追究されてきたご自身の軌跡を整理され、その意義を専門外の読者にも明快に説いた好論である。在朝日本人はいかなる人々で、何を目的として朝鮮へ渡ったのか。その解明から始まった研究が、在朝日本人の行動を相対化すべく、やがて分析対象をハワイ・アメリカ・ブラジル・満洲へと広げていく経緯が、研究史や業績紹介と相俟って、わかりやすく綴られる。地域の拡大と並行して、分析方法の面でも、海外移民の階層や移民事業の担い手とその推移などに視野を広げることで明らかとなった知見が整理されている。最後に、世界史的な枠組みのなかで移民を考察する必要性や、海外移民と国内移動の比較・連動、移民事象の戦前と戦後の連続如何、現代日本における人の移動の問題を組み込んだ一貫した視点の確立など、今後の研究課題が示されている。いずれも現在進行中の研究をもとにした問題提起であり、その旺盛な研究意欲にこそ学びたい。今回の特集では、沖縄の近現代を貫く重要な主題である「人の移動」を取り上げられなかったが、木村氏の論考は「沖縄人の国際移動の歴史」を位置づけるための比較の軸をどのように立てるべきかを示唆するものともなっている。

以上、本号の構成にそって紹介してきたが、いずれの論考においても、模索の際に現れる困難や、企図される解決の方向性は、沖縄戦後史、あるいは沖縄研究という領域に限られるものではない。その意味でも、本号の特集が、沖縄（戦後史）研究にとどまらず、広く他分野の研究の参考となることを望んでやまない。相互参照がそうして進めば進むほど、「戦後沖縄の史的検証」が持つ普遍的意義が、明らかになっていくだろう。

【付記】本特集は、明田川融と戸邉秀明が担当し、特集論文の構成など共同で編集にあたった。また「特集にあたって」についても論文の紹介を分担したが、最終的に戸邉の文責で全体をまとめた。

戦後沖縄の史的検証　目次

●

【現代史の扉】

執筆者紹介（掲載順）

櫻澤　誠〔大阪教育大学准教授〕
若林千代〔沖縄大学経法商学部教授〕
豊田祐基子〔ロイター通信日本支局長〕
及川智洋〔法政大学法学部非常勤講師〕
上原こずえ〔東京外国語大学大学院総合国際学研究院准教授〕
土井智義〔明治学院大学国際平和研究所助手〕
森　啓輔〔専修大学講師〕
木村健二〔下関市立大学名誉教授〕

Ⅰ　戦中・戦後初期における在本土沖縄人の動向
――尚侯爵家を中心とした再検討――

櫻澤　誠

はじめに

本稿の目的は、戦中・戦後初期における在本土沖縄人について、尚侯爵家の動向に着目し、その東京を中心としたネットワークのなかから再検討することである。

まずは本稿に関わる先行研究について確認していこう。戦後初期の在本土沖縄人についての先駆的研究として、沖縄人連盟を扱った新崎盛暉の論考がある。(1) さらに冨山一郎は、(2) 沖縄人連盟を中心に取りあげて、「独立」から「復帰」へと方針が転回する過程を論じ、その際、戦前来の大阪在住者などが有する「日本人」志向を重視した。一方、新崎盛暉は、(3)『沖縄新民報』『自由沖縄』縮刷版の解説において、「沖縄人連盟が、正面切ってそのような（独立論―櫻澤注）主張や方針を掲げたことはない」という重要な指摘をしているほか、福岡沖縄県事務所の広報紙的役割を担った『沖縄新民報』と沖縄人連盟機関紙『自由沖縄』を同時に扱うことで、結果として両者を相対的に評価している。

さらに、納富香織(4)と戸邉秀明(5)によって、戦後初期の在本土沖縄人研究はより深められている。納富は、仲吉良光について、戦前来の活動をふまえた上で、戦後初期の在本土沖縄人のなかで復帰運動を開始していく過程を論じている。また、戸邉は、沖縄人連盟について在日朝鮮人団体との緊張関係から検討を行い、復帰を明確に方針として掲げる過程において、在日朝鮮人と「混同」されることへの恐怖があったことを指摘している。

戦後初期の沖縄（現地）と比較すると研究自体が少ないなかにあって、特に沖縄人連盟（およびその「独立」論的傾向）が重視され、それと対照的な仲吉などの復帰運動や『沖縄新民報』などの分析も行われてきたといえる。ただ、そうした先行研究にあって、戦後初期の在本土沖縄人を検討する際に等閑視されてきたといえるのが、在本土（特に在京）の沖縄人社会における尚侯爵家の存在ではなかろうか。

琉球王国最後の王・尚泰は、一八七二年に明治政府から「藩王」として華族に列せられ、一八七九年の沖縄県設置（いわゆる「琉球処分」）に際して、東京へと強制的に移住させられた。一八八五年には侯爵となり、一八九六年までに尚王家から派生した戦前の一侯爵・四男爵家が出そろう。尚侯爵家を中心として、数々の事業を起こし、沖縄県内の首長・議員や衆議院議員選出に関与するなど、沖縄政財界への影響力を保持するなかで、東京・沖縄間ネットワークを形成していた(6)。そして、戦後初期においても、在本土沖縄人、特に在京沖縄人社会においては、依然として尚侯爵家は重要な位置を占めていたと考えられる。本稿は、従来、沖縄人連盟を中心に検討が行われてきた当該期の在本土沖縄人の動向について、尚侯爵家という新たなファクターを加えることで、戦後初期沖縄人に関わる歴史像を再構築しようとするものである。

その際に、本稿で特に重視した史料が、那覇市歴史博物館所蔵「琉球国王尚家関係資料」のうち、新たに公開された国宝未指定分（一九〇三年以降分）の文書（「尚家文書」）である。尚侯爵家の家政機能については、その変遷を含めて未解明な点が多いが、国宝未指定分の時期に関しては、それぞれ毎年一冊ずつに簿冊化された、「日記」（一日ごとの日誌）と「庶務書類」（受信文書や発信文書控などを綴じたもの）が作られており、本稿では、そのうちの一九四五～四七年分を使用する。(7)

なお、「尚家文書」を引用する際には、適宜、旧字体を新字体に改め、句読点を付している。

一　敗戦前後の在本土沖縄人をめぐる動向

1　報国沖縄協会と福岡沖縄県事務所

沖縄戦最中の一九四五年五月二二日、沖縄県東京出張事務所（丸ビル六階）に左記の在京沖縄県人有力者が集り、「決戦場化せる母県の問題に付協議」し、「全国在住県人が五月二十九日午前十時を期して一斉に郷土の防衛と安泰を祈念する事を一決した」。(8)

伊江朝助、漢那憲和、伊礼肇、仲井間宗一、比嘉良篤、仲宗根玄愷、翁長良保、瀬長良直、永丘智太郎、銘苅正太郎、伊元富爾、奥間徳一、山城善光。

五月二九日、東京では伊江朝助、漢那憲和のほか約八〇名が宮城前広場に集合し、二重橋前にて祈念を捧げ、引き続き沖縄県東京出張事務所にて「県人の全国的な大同団結組織確立の件を協議し、伊江男爵をその代表者とし、早急なる結成方を依嘱」している。(9)東京における沖縄県人会は、これより七、八年前に漢那憲和を最後の会長として自然消滅していたが、「沖縄の防衛戦が最後の段階に突入した前後から沖縄県人会の再興が議せられ、県人の総力を結集して沖縄奪還を計るのだといふこと」で、大日本興亜同盟にいた山城善光が伊江朝助を担いで推進力となり、そこに九州疎開民の救援運動を構想していた永丘智太郎が合流して「報国沖縄協会」が結成されることになったのである。(10)

七月上旬に結成された報国沖縄協会の役員は以下の通りである。まず、会長は伊江朝助（男爵、貴族院議員）。顧問には内務大臣、文部大臣、厚生大臣、九州地方総監、海外同胞中央会会長、在外同胞援護会会長のほか、尚裕（侯爵）、漢那憲和（衆議院議員）が名を連ねている。理事には伊礼肇、伊元富爾、翁長良保、仲宗根玄愷、仲井間宗一、永丘智太郎、大濱信泉、瀬長良直。監事には、久高将吉、護得久朝光、銘苅正太郎。幹事長には山城善光。さらに、評議員四五名（理事兼務者を含む）のなかには、伊波普猷、八幡一郎、渡名喜守定、渡口精鴻、神山政良、高嶺明達、桃原茂太、比嘉良篤、東恩納寛惇、比嘉春潮、比屋根安定などの名も見られ、まさに在本土沖縄人有力者を集結させた陣容となっていた。(11)

一方、日本政府は、七月一五日に「沖縄県関係行政事務内務省措置要領」を決定し、福岡市の仮事務所を沖縄県事務所として県庁関係事務を取り扱わせることにしている。さらに、敗戦後、「これまで疎開者だけを対象としていた県事務所の行政活動も、復員兵士、徴用解除者、外地引揚者などに拡大されることが見込まれた」ため、九月二〇日付内務次官名通牒並びに「沖縄県に対する行政等措置に関する件」を出して、福岡沖縄県事務所をそのまま九州地方総監府に移し、九州地方総監府副参事官・北栄造に沖縄県内政部長を兼務させ、沖縄県知事に関する事務を代理処理させることにした。(12)

報国沖縄協会は、敗戦後の理事会において、永丘智太郎理事の提案により「報国」の二字を削って沖縄協会となり、さらに一〇月一日には財団法人へと移行した。(13)

財団法人移行時の理事、監事、顧問は次の通りであった。(14)

理事：伊江朝助、伊礼肇、伊元富爾、仲宗根玄愷、仲井間宗一、永丘智太郎、翁長良保、大濱信泉、桃原茂太、瀬長良直

監事：久高将吉、高良憲福

顧問：漢那憲和、高嶺明達、北栄造

幹事長として中心にあった山城善光は、「財団法人に移行してもその役員は報国沖縄協会時代と全く同じメンバーであった。それは戦中戦後を通じ郷土愛で貫かれていたからであった」とする。(15)だが、顧問の陣容も変わり、広範に有力者を集結させるものではなくなっている。ただ、顧問から名前が消えた尚裕については、のちに永丘智太郎が、財団申請の際の次のようなエピソードを述べている。

尚裕（元侯爵）君は、私の長男、智郎（現関東学院大教授）とは成城学園小学部での同級生であったから、沖縄協会の財団申請をするときの基本金として、債券で金五千円の貸与を依頼にやったことがある。その後、尚家から連絡があり、翁長君に行ってもらい、借りて来て銀行に預けてあったが後にこれは尚家にお返しした。(16)

後述するように、沖縄協会は戦争責任を問う声のなかで一九四六年一月に規約改正、役員の総改選が行われている。さらに、九月になると再度財団法人化の動きがあるのだが、(17)なぜ二度法人化の動きがあるのか、永丘のいう「沖縄協会の財団申請をするとき」がどの時期をさすのかは不明である。ただ、尚侯爵家の「日記」には、「沖縄協会の組織を強固にし強力に活動せん為、財団法人となす為、金弐万円也御貸付方、同協会理事長翁長良保殿より御願有之、（中略）同協会へ御貸付」（一九四六年七月二六日条）などと記されており、(18)尚侯爵家から沖縄協会に対して複数

回の貸付があった可能性、あるいは永丘が金額を少なく記述している可能性が考えられる。

いずれにせよ、一九四五年一〇月に財団法人となった沖縄協会は、会員の会費、寄附金に加えて、伊礼、永丘両理事と高嶺顧問の折衝により厚生省・内務省からの政府助成金の交付を受けて、九州を中心としつつ、在本土沖縄人の救援活動を展開していくのである。(19)

2　敗戦前後の尚侯爵家

報国沖縄協会結成当初の顧問に名を連ね、敗戦後の財団申請時などにも協力したとされる尚裕は、一九一八年九月に尚昌（尚泰の孫）と百子（小笠原忠忱〔伯爵家〕・次女）の長男として生まれ、一九二三年六月に父・尚昌が早世したため、幼くして侯爵位を継いだ。(20)一九二〇年九月に先代の尚典（尚泰長男）が亡くなってから三年も経っておらず、さらに、「琉球処分」以降の尚家のために尽力してきた護得久朝惟（尚泰娘婿）も一九二三年七月に亡くなっている。(21)このような尚侯爵家の危機を支えたのは、尚典の三男（尚裕の叔父）である尚旦であった。比屋根安定は尚旦について次のように述べている。

旦は学習院に入らず、今日いう秀才校の日比谷高校を経、旧第一高等学校から東京大学の法学部に入り、卒業するや三井銀行だか、正金銀行に就職した。大正十二年であろうか、兄昌が急没した。（中略）弟の旦は、有望なる前途を捨て、尚家の後見になった。わたしは旦の優秀なる学才にも敬服するが、彼の決然たる転身には、実に感涙を流すほかはない。(22)

華族としての家政を有し、沖縄出身有力者を含めた東京・沖縄間ネットワークが形成されていたなかで、(23)東京には尚泰の娘婿である漢那憲和や神山政良などもおり、沖縄からは尚順（男爵、尚泰四男）らが尚侯爵家を支え、首里城接収以降の尚侯爵家邸宅である中城御殿も機能を維持した[(24)]。分家である伊江朝助（男爵）も一九二一年には上京しており、一九二五年以降は貴族院議員として積極的な活動を展開していた。また、尚裕の姉妹である尚昌の長女・文子は井伊直愛（伯爵家）に、次女・清子は酒井忠博（伯爵家）にそれぞれ嫁いでいた。

尚裕自身は、一九四一年に東京帝国大学文学部東洋史学科を卒業した後、海軍予備学生となり、一九四二年から海軍司令部に勤務し、一九四五年に海軍大尉で退役している[(25)]。その間、戸澤正己（子爵家）の四女・瑛子と結婚し、一九四三年五月には長女・和子が誕生している[(26)]。

だが、前節で扱った時期でもある敗戦直前の五～六月には、尚侯爵家には不幸が重なる。まず、渋谷区南平台にあった尚家本邸は、五月二四日の空襲によって、本館等が焼失した。尚家文書の「日記」には当日の様子が次のように記されている。

> 今暁午前三時頃、敵機の投下せる焼夷弾数個役所屋根を貫き発火し始めたるを発見。詰員全員協力敢闘、直ちに是を消し止めたるも、隣家川崎氏宅に落下せる敵弾火勢猛烈なるに、同家無人之為益々猛威を奮ひ、全員の死闘も遂に効なく、先つ小使室を発し役所に移りて本館一棟小使室一棟全焼、今早願鎮火致候。
> 殿様に於かせられては、前夜御宿直御不在に御座候處、御邸御寄宿の御同僚藤井大尉殿早々御出勤、御序を以て右之趣御知らせ申上候處、御帰叶はせられ善後處置御指図被遊候。御立退所五四番地御長屋。
> 右之趣、御後室様奥様へ電信及速達郵便を以て御通知申上候。
> 近隣山階侯邸、伊達侯邸、川崎氏宅、吉田氏宅、河野氏宅等焼失。
> 御親戚様方へも御通知申上候。

左之御方々様御見舞に御来邸被遊候。
公爵徳川圀順殿御使、久高将吉殿、尚彦殿、高橋虎松殿、高橋敬吉殿、戸澤富壽殿、西殿、鈴木薫殿、嵩原安直殿、大城朝申殿、坂倉殿、比嘉良篤殿、護得久朝光殿、梶原貫五殿[27]

さらに、漢那憲和（二五日）、井伊正弘（二八日）、尚暢（同日）、尚猷子（三〇日）なども「御見舞に御来邸」したことが記されている。加えて、神山政良から尚裕に宛てた御見舞状（六月一七日付）には、「御家宝も災禍を免れ候由、不幸中の幸と存じ候」とあり[28]、本館等は焼失したものの、家宝等は無事であったことが窺われる。空襲被災に伴うこうしたやり取りからは、尚侯爵家の親族をはじめとした東京での交流関係を垣間見ることができる。なお、尚裕は以降、「焼け残りたる家職住宅之一室に御仮寓」することとなる[29]。

六月にはさらに尚裕を不幸が襲う。四月に次女・芳子を産んだばかりの妻・瑛子が亡くなるのである[30]。史料上の制約によって詳細は不明であるが、尚裕の母・百子から家扶・大城仁輔に宛てた手紙（［六月ヵ］二八日付）や、大城から「戸澤様ノ奥方様」に宛てた手紙控（七月一六日付）などから次のような状況が確認できる[31]。すなわち、尚裕の娘二人は瑛子の実家である山形県新庄の戸澤子爵家（旧新庄藩主）で育てられており、瑛子は長女・和子を連れて里帰りし、次女・芳子を産んだ後、そのまま同地にて亡くなったのではないかと推測される。一方、百子は娘（次女）の清子が嫁いだ酒井伯爵家（旧小浜藩主）に身を寄せており、手元に孫娘二人を引き取りたいと考え、さらに、尚裕には小浜にも近い舞鶴転勤の話が出ている。

七月下旬には、鎌倉の別邸が建物疎開の対象となり、家扶・大城仁輔と尚旦、漢那憲和が対応に当たっている[32]。そして、百子から大城に宛てた手紙（［七月ヵ］二九日付）には、和子を護得久朝光に預け、芳子を小浜に引き取る計画が記されており[33]、さらに、大城から尚裕に宛てた書簡（八月九日付）には、「戦局危急之際一日も早い方が御宜敷かと存じますが、私共出発之時期は、来る廿四五日頃以後では如何で御座りませうか」と進言されていた。[34] そのようななかで、敗戦を迎えることとなった。

敗戦直後の混乱期にも、尚侯爵家の災難は続いた。先に触れたように、空襲被災の際には、家宝等は無事だったようだが、盗難被害が起こっていた。文部省社会教育局文化課「国宝、重要美術品等ノ被害状況等調査ニ関スル件」（発社四二号、一九四五年一二月七日）に対して作成された「盗難品目調書（其ノ一）昭和二十一年一月十三日夜」には、「天盃・金製　二」「古琉球王冠瓔珞　一組」など合計四二点、「盗難品目（其ノ二）昭和二十一年二月一日追加届出分」には、「古琉球王服装ノ内（明朝時代皮鞭服）三着位」「右同王妃服装ノ内　一揃三着位」など合計六三点が記されている。[35] さらに、二月一三日夜には、尚裕が新庄に赴いて留守の間に、「御土蔵に盗賊侵入。御新蔵之御宝物数多く盗み去」る事件が発生している。[36]

二　帰還許可以前の在本土沖縄人をめぐる動向

1　沖縄人連盟

既に述べた通り、敗戦後、報国沖縄協会は沖縄協会と改称し、さらに財団法人化して、九州を中心としつつ、在本土沖縄人の救援活動を進めようとしていた。それとは別に、一九四五年一一月一一日、沖縄人連盟が創立される。発起人代表は伊波普猷、大濱信泉、比屋根安定、比嘉春潮、永丘智太郎であり、創立大会で、総務委員には発起人代表の五名が、監事には仲原美徳、松本三益、山城善光、久場川哲、大城昌夫、喜多村繁秀、比嘉栄信、又吉利男がそれぞれ選任された。[37] 翌一九四六年二月に全国組織化すると、伊波普猷が会長となり、各地区から永丘智太郎（関東）、幸地長興（東海）、幸地長堅（関西）、宮里栄輝（九州）の四名が副会長となった(38)。

沖縄人連盟創立のきっかけは、松本三益による働きかけであったとされる。松本は、沖縄協会（丸ビル六階）で法人化後も引き続き事務を担っていた山城善光のもとを訪ね、次のようなやり取りがあったという。

「善光君！今や沖縄問題は伊江さんや漢那さんのような戦犯的な先輩だけを先頭に押し立てて、進むだけでは解決できるものではない。伊波先生のような民主的な先輩を先頭に押し立て、推進してゆくのでなければ決して沖縄問題は解決されないと思う。それで君等がやっている沖縄協会はそのまま存続させながら、別に伊波先生を先頭に押し立て、民主的な人々による全国的な県人組織を確立し、マッカーサー司令部に当らせるようにしないと沖縄人の救済は不可能だ。同時に沖縄協会の伊江、漢那さん達は日本政府に当らせるようにして、両々相俟って運動を展開するようにしなければ沖縄問題は解決できないと思うが、君はどう思うか」と私に提案し、一考を促された。／当時、沖縄人問題は飽くまでも超党派の立場で推進すべきだと固く決意していた私（山城善光―櫻澤注）は、幅のあるこの提案を即座に諒承し、松本氏の指導下に協力する決断をなし、賛同の意志表示を示した(39)。

一方で、比嘉春潮は、松本が自分のもとを訪ね、沖縄人連盟が結成されていく経緯を次のように述べている。

松本君が、伊波先生を会長に押し立てて、沖縄人連盟を作ろうといって私の方へきたのは、終戦の年の十月だったろうか。正確な月日は記憶しない。ともかく、松本君は前早大総長の大浜信泉氏と親しかったので氏に話し、私は伊波先生と比屋根安定君に話し、これだけそろえば一応いろいろな方面に呼びかけることができるので、松本君をのぞく四人を発起人代表に決めた。最初にいい出した松本君を表面に出さなかったのは、彼が左翼であることはみんなに知られているから、ああいう時代に人びとにいらざる懸念を与えてはならないと思ったからである。／われわれが連盟を作る目的は、本土在住の沖縄出身者が郷里にいる現存者と連絡をとること、至急に通信交換および金銭や救援物資の送付をできるようにすること、沖縄戦の実相を知ることの三つが主であった。そこへ永丘智太郎君（旧姓饒平名）が、自分も発起人代表に入れてほしいといってきた。(40)

沖縄人連盟創立大会（一九四五年一一月一一日）では、マッカーサー総司令部宛の請願が決定される。それを「在京の四十人ほどの人に発送し、GHQへはなるべくたくさん行こうと呼びかけた」ところ、高嶺明達（元商工省総務局長）が事務所に飛んで来て「外務省を通じるべきだと強硬に主張し」、「伊波先生に向かって、問題になった場合代表者として責任を負いますかと詰め寄った」という。以降、発起人代表の大濱信泉と比屋根安定は沖縄人連盟から離れていく。(41)

また、沖縄協会の中心にあった永丘や山城も加わった沖縄人連盟だが、規約第四条には「軍国主義者既成政治家極端ナル国家主義者ヲ除ク」と明記され、(42)発足直後から機関紙『自由沖縄』第一号（一九四五年一二月六日付）において、「県人団体に於ても□既成政治家、軍閥関係者、官僚上層部に属した人達に対する責任の追究と民主々義による再組成が当然行はるべきであ」り、沖縄協会に対しても「戦争に対して責任を負ふべき立場にある貴衆両院議員その他の既成政治家、極端な国家主義者は自主的に役員を辞任して貰つて各階層を代表する新人によつて役員を形成し機構を拡充強化し本来の機能を発揮させる」(43)と、伊江朝助、漢那憲和などへの批判的態度を明確にした。

そして、一二月九日に開催された沖縄人連盟主催「引揚民救済沖縄県人大会」において、「△代議員不信任決議／沖縄県送出の貴衆両院議員は県民の援護に対し熱意なきものと認め本大会の名に於て不信任を表明す。／△沖縄協会の民主的改組要求決議／沖縄協会の役員には地方的戦争責任者と認むべき人物もあり且つその選任方法が非民主的なるを以て此際その急速なる改組を要求す。」が採択されている。[44] 一一日、沖縄協会事務所にて決議文を手渡した際、伊江朝助は「貴衆両院議員の不信表明に対しては自分は沖縄県選出でないから関係はないと注目すべき言明を行った」とされる。[45] 比嘉春潮は、「戦争中からひきつづいている協会の幹部のことを戦犯的だときめつけたことやマッカーサーへの請願の問題から、沖縄人連盟は左翼的、急進的という見方をする向きもあった。大浜さんが退き、比屋根君が遠のいたのもそういう理由からだったろう」と回想する。[46]

沖縄人連盟の要求は受け入れられ、[47] 翌一九四六年一月一六日の沖縄協会総会において規約改正、役員の総改選が行われた。新役員は次の通りであった。

理事長：翁長良保
理事：瀬長良直、比嘉良篤、比嘉春潮、比屋根安定、仲原善忠、永丘智太郎（常任理事）、伊元富爾
監事：久高将吉、高良憲蒲
顧問：伊江朝助、漢那憲和、伊波普猷
相談役：高嶺明達、伊礼肇、桃原茂太、仲井間宗一、大浜信泉、仲宗根玄愷
評議員：松本三益、山城善光、ほか四二名

伊江朝助は理事長から退いたとはいえ、漢那憲和とともに依然として顧問として残っていた。さらに、翁長新理事長は「就任の挨拶と所感を述べ旧役員並に新役員の支援を懇望し」、[48] 新理事の比嘉春潮も「旧役員に対する感謝と今後の助力を希望し」ている。このような旧役員を断罪して排除するわけではないという状況については、既に述べた

沖縄協会に対する尚侯爵家の関わりなどをふまえつつ、戦前来の在京沖縄人社会の構造の延長線上に捉える必要があるように思われる。

2　『自由沖縄』と『沖縄新民報』

既述の通り、沖縄人連盟は、一九四五年一二月に機関紙『自由沖縄』を創刊している。同紙は、郷土沖縄からの情報が隔絶したなかでの貴重な情報源であった。一二月九日の「引揚民救済沖縄県人大会」の際に「会場前に屯し売り出された新聞「自由沖縄」は瞬く間に売切れとなつた」という。(49)

一方、沖縄への帰還を許されず、九州を中心に多くの沖縄出身者が留め置かれたなかにあって、福岡沖縄県事務所の北栄造内政部長は、『沖縄新報』元常務である親泊政博に県の援助による新聞発行を要請し、一九四六年一月に『沖縄新民報』が創刊される。(50)「『沖縄新民報』が沖縄県事務所を背景とする広報紙の性格をもって出発し、『自由沖縄』が沖縄人連盟の主張を反映する機関紙として発行されたこともあって、両紙は、場合によっては（とくに一九四六年段階には）、するどい対立関係に立つことを余儀なくされた」。(51)だが、『沖縄新民報』の役割は広報活動に留まるものではなく、断続的に掲載された生存者・死亡者のリストや尋ね人欄、郷土の様子などは、通信もままならない状況にあって、限界はありながらも重要な情報源となっていたといえる。

比嘉春潮は、『毎日新聞』一九四五年一一月九日に「生存する三万の兵、島田知事もまた健在、犠牲となった沖縄兵」と報じられていたことを例に、「島田知事の生存説が伝えられているところをみれば、私たちの知り得る情報がどのていどだったか想像できよう」と述べている。(52)それに対して、『沖縄新民報』は、第二号（一九四六年二月一五日）で「島田知事は行方不明」、第六号（一九四六年三月二五日）で「島田知事の自決確認」と、いずれも沖縄本島からの復員者・帰還者からの情報をもとに報じている。

ところで、『沖縄新民報』を発刊した親泊政博は、それ以前、親泊政憲とともに、疎開先の熊本において、謄写版一枚ものの『内報』を発刊している。尚裕宛にも謹呈されており、第一号（一〇月五日付）、第二号（一〇月一〇日付）が「庶務書類」のなかに綴じられている。謹呈にあたっての添状は次の通りである。

昭和廿年十月五日

親泊政博
親泊政憲

尚裕侯爵殿

「内報」謹呈の件

拝啓　新涼相催候処、益々御清穆之段、奉賀候。我等故山を失ひ、寂涼禁じ難きもの有之候。「其後の沖縄」は、我等最大の関心事に有之候。同時に本土各地に疎開したる県民諸賢、並に復員軍人、女子挺身隊、疎開学童諸君の援護指導に対しても萬全を期し度く、茲に「内報」を刊行して御清覧に供申候。物資不足の際とて印刷其他意に任せず、甚だ不本意に候へ共、実情御憫察の上、御諒恕御声援被下度、願上候。尚、御一読の上は、葉書にて何分の御高評賜り度く候。部数甚だ僅少につき、御知友間に御回読被下らば、編輯者として望外の幸に御座候。

敬具(53)

『内報』第一号には「人事消息」として、「◇尚順男一家全滅／尚順家は尚順男をはじめ一家二七名が全滅した」との記載があった(54)。消息未確認であったこの時点において、これを目にした際の衝撃は如何ばかりであったろうか。ただ、「一家全滅」自体は正確な情報ではなかった。後述するように、尚侯爵家として、確かな情報を得るために、その後も引き続き情報収集を続けていく様子が「尚家文書」から確認できる。『沖縄新民報』についても、「日記」から一九四六年一〇月一八日に購読料一年分を払込していることが確認でき[55]、情報源として継続して活用していた様子が窺える。

3　財産問題

GHQは、一九四六年一月二日付覚書によって、当分の間、軍事的理由により沖縄本島への帰還を禁止する旨を日本政府に通告する一方で、その他の島嶼に対する帰還を許可している[56]。だが、一月二九日付「若干の外郭地域を政治上行政上日本から分離することに関する覚書（SCAPIN-677）」によって、改めて北緯三〇度線以南が日本政府域外とされ、さらに、二月一七日付「沖縄人の登録に関する件」が出され、在本土沖縄人および帰還希望者の把握が図られる。こうした事態に対して、『自由沖縄』と比して沖縄県の日本帰属を強調したとされる『沖縄新民報』にあっても、「沖縄の帰属問題は何れにしてもポツダム宣言に明示されたとほり講和会議に於て正式に決定を見るが、再び日本の版図として舞ひ戻つてくることは全然なからうと思はれる、したがつて日本々土に在住する沖縄県人並に引揚県人の去就並に帰属問題が重大化してきた[57]」と悲観的な見方がなされていた。

帰属問題が不透明で、かつ自由な通信、往来が不可能となっているなかで、在本土沖縄人にとって深刻だったのが財産に関わる問題であった。その一つが保険に関わるものであり、「戦前沖縄で契約された戦災保険、普通火災保険、生命保険等は終戦以来今日まで、手のつけやうもなく、このまゝ見送つてゐると何れも法的には失効するといふ由々敷事態を招来する事となつた」のである[58]。こうした事態の解決に尽力したのが、元商工省総務局長で「かつて保険課長の椅子にあつた関係から本事務に対する造詣深くかたぐ〳〵知人も多」い高嶺明達であった[59]。大蔵省銀行局保険課長などと折衝し、「一定期間内に保険料を払込まざるときは契約は失効するといふ各保険会社の契約約款を変更せしめ」、戦災や通信困難による書類の不備などにも柔軟に対応することを実現させていく。[60]手続きの具体的方法は次の通りとされた。

保険金の支払を受け度い者は、沖縄県各県事務所、若しくば県人会から保険契約調査依頼書を貰ひ受け、保険契約内容を記入し内容判明せざる点は、其の旨記入し所在県人会長若しくは最寄県事務所長に提出する。依頼書の提出を受けたる所在県人会長及事務所長は本人持参の戸籍謄本若しくは居住証明書により審査し書類を整へて福岡事務所金融連絡部へ送る。福岡事務所にては、保険原簿写しと照合して手続し、正当受取人なりやの判定を下したる上、保険金を取得し之を依頼者へ渡すことになつてゐる。これは無料取扱ひであり中間に於ては決して手数料の如きものを、申し受けないことになつてゐる契約調査依頼書類は十銭切手封入、各県事務所より取寄せ至急申込むがよい、福岡事務所内に於ける金融連絡部員の顔触れは次の通りである／親泊政博、当真嗣教、饒波正英、当間重佑[61]

これは尚侯爵家にも関係する問題であり、六月一日、比嘉良篤（三井信託銀行常務取締役）から「沖縄御邸火災保険金弐五参〇〇〇円受取れる由、通知あり」、さっそく六月四日から八日にかけて家扶・大城が福岡に出張して沖縄県事務所にて手続きを行い、保険金を受領している。[62]また、その際、「沖縄御在住之御親戚様方の保険契約之有無之調査致候處、尚時様家屋之御契約有之由」ことが分かり、尚武に対して手続きを促す手紙（六月二五日付）を送り、尚武からそれに対応できた旨の礼状（七月二日付）が届いている。[63]

一九四六年の「日記」に記される金銭の出納には、尚旦、尚暢（尚旦の弟、尚昌四男）などの親族の名が散見され、敗戦を経ても引き続き戦前来の家政機能を保持していたことを窺うことができる。そのなかには、尚詮（尚順六男）の名もあり、当時宇都宮高等農林学校の学生であった尚詮に対し、尚順の勧銀当座預金から引き出して、毎月学資金として送金が行われている(64)。尚侯爵家が尚順名義の口座を含めて管理していたことがわかる。

また、金融情報に関わっては、尚裕の長姉である文子が嫁いだ井伊家とのやり取りも散見される。例えば、金銭信託に関する銀行への問い合わせを依頼しており(65)、井伊直愛より家扶・大城宛の手紙（六月二四日付）には、文子名義の金銭信託の手続き依頼とともに、「尚、私一向に経済事情に疎き為、信託等も如何いたせば有利か、又は如何にいたせば新円生活に好都合か等の事情全くわかりませんので、万一良き対策でもござゐましたら、御指教に与り度、御願申上ます」と記されている(66)。

ところで、六月一〇日には尚裕の亡妻・瑛子（真龍院）の一周忌法要が行われている(67)。そして、それを区切りとしてか、尚裕は村瀬鐸三郎三女・啓子と再婚することとなり、七月二二日、漢那憲和夫妻を媒酌人として鎌倉八幡宮において結婚式を挙げている(68)。なお、「日記」には、尚裕が七月二七日に東京帝国大学大学院に退学願を提出したことが記されている(69)。

三　帰還許可以降の在本土沖縄人をめぐる動向

1　帰還許可時点での安否情報

『沖縄新民報』第一三号（一九四六年六月一五日）には、真栄城守行（沖縄県人会九州連合会長）と親泊政博（沖縄新民報社）による沖縄疎開県人の諸問題についての陳情請願に対し、ＧＨＱが五月三〇日付で終戦連絡中央事務局牛場国内課長を通じ、「㈠沖縄の帰還問題に関しては目下総司令部より現地に（沖縄）調査員を派遣し調査中にしてその結果を待つて考慮する／(二)金融措置についての請願は困難と思はれるが一応主管たる経済科学部に移牒する」との回答をしていることが報じられている。[70]

そして、七月二四日付ＧＨＱ覚書によって沖縄への帰還が許可される。[71]『沖縄新民報』第一八号（一九四六年八月五日）は、一面で「沖縄送還要領」を含めて詳細に報じており、「帰還開始は八月十五日、終了十二月二十二日とす」、「九州地方在住者の沖縄本島行は佐世保、鹿児島両港より送出し、八重山列島は鹿児島、宮古島は名古屋よりそれぞれ送出す」、「日本政府は帰還者を乗船六日前に検疫の為め隔離すること」などとされていた。[72]

「尚家文書」の「日記」八月一五日条には、「二、マ司令部発表の沖縄送還要領「沖縄新民報より摘記」」として断片的ながら一一項目が詳しく書き写されており、特に注目していたことが窺われる。ただ、それ以上の衝撃を受けたと思われる記事が次のように書き写されている。

一、本日到達の沖縄新民報、八月五日発行、知名戦死者の欄、御当家関係之御方々左之如し
　尚順男爵御夫婦、尚謙殿、尚時殿、佐久真正文殿、豊見城朝昂殿[73]

それより以前、四月二九日付にて、尚琳（男爵、尚寅〔尚泰次男〕長男）から家扶・大城宛に次のような手紙が届く。

其後の沖縄の事情全く通信連絡無く、僅かに熊本辺りに行けば人の噂を聴く程度にて、何れも確実なる情報を入手出来ず、困り居り候。私の最も聴き度き事は、尚家関係の方々の安否を知り度く候へ共、何等の伝手無く、又福岡に在る沖縄県事務所発行の沖縄新民報にも、生存者死亡者名は悉く官吏警察官の名前計りで、尚家関係の

方々の名前は一名も見当らず、不安に思ひ居り候に付、護得久様や佐久真家扶等から特別の方法にて、又は進駐軍の飛行機にて、沖縄の御親戚方の御安否等に就いて、御通知之処有りし哉。実は熊本にての噂によれば、尚順様には六月頃艦砲射撃により戦死成されたとの話もあり、尚謙殿にも戦死成されたとの噂聴及び申候。御本邸に於ては、沖縄より御通知之処無き哉。又、今帰仁延子様、朝秀君、及び、尚時様御夫婦の御安否も一向判明せず、不安に御座候。

尚ほ、護得久様、佐久真様には健在なり哉否や。安否一向判明せず候に付、沖縄より皆様方の御安否に就いて御通知有りし哉、御一報下され度く、御返事待ち上げ申候。

尚ほ、今帰仁延子様、尚時様御夫婦には、何處に御住居成り居る哉、御解りなれば御一報下され度く候。(74)

それに対して、大城は五月七日付で返信しているが、「当方に於ても沖縄新民報々導之範囲を出でざる状態」であるとした上で、現時点での情報として次のように記している。

尚順男爵閣下に於かせられては、御本人様外、御六名と共に、玉城村にて御健在之御由、嵩原栄子様へ五島様より、先頃御便り有御座たる由に御座候。今帰仁様、尚時様、玉城様之御様子は、今ハ御不明に御座候。護得久様には、軍政下の財務部長として御活動之由、先頃新民報にて報ぜられ候得共、佐久真家扶之御安否も不明に御座候。(75)

ここで安否情報に関わって注目されることは、以前、『内報』第一号（一九四五年一〇月五日付）で尚順男爵一家二七名全滅と記されていたなかで、一九四六年五月初めの時点において、尚順夫妻（および長男尚謙もヵ）は健在だと考えられていたこと、親族である今帰仁延子（故朝英〔男爵〕夫人、尚典長女）・朝秀（男爵、朝英長男）、尚時（尚泰七男）、玉城尚秀（尚泰五男）および家扶・佐久真正文の消息は全くつかめていないことなどである。このようななかで、『沖縄新民報』（八月五日付）の新情報に接したものと考えられる。

こうした状況は、八月一五日以降に沖縄本島帰還が進む一方で、次節で述べるように、沖縄本島側からも「帰還」が進み、帰還者からの情報が増加したり、手紙を託すなどする形での通信量が増大することで変化していく。次第に沖縄戦やその後の実状がより伝わるようになるのである。

2　仲吉良光の活動と尚侯爵家

在沖縄日本人の送還については、一九四六年六月頃から検討が始まり、七月初めには日本人二二五名の送還がなされ、さらに、七月一日の軍民連絡会議において、又吉康和沖縄民政府総務部長が日本への帰還希望者リスト（日本人二三七名、沖縄人九八名）を提出する。これを受けて、米国軍政府は送還事業に着手し、その第一便が七月二二日に出港する。そのなかに仲吉良光が含まれており、日本兵捕虜百余名と一五名の沖縄県人とともに、二三日には鹿児島港に到着するのである[76]。

「復帰男」と呼ばれた仲吉良光[77]は、沖縄県立中学校、早稲田大学を卒業し、新聞記者（『琉球新報』、『沖縄朝日新聞』、『東京日日新聞』など）を経て一九四二年に首里市長となる。沖縄戦を生き延びた仲吉は、八月四日に「復帰陳情書」、一一月二日には「新都市建設方に関する請願」を米軍に提出したとされる。危険人物視された仲吉は、八月二九日に発足した沖縄諮詢会の委員にも、翌一九四六年四月四日に復活した首里市長にも選ばれることはなかった[78]。『東京日日新聞』記者として戦前に約二〇年間を横浜・東京で過ごした仲吉は、本籍を鶴見に移しており、送還事業が始まるとすぐに応募して、東京での再起を図ったのである。

それ以前、仲吉の動向は、例えば『沖縄新民報』第二号（一九四六年二月一五日）で次のように紹介されていた。

自由人仲吉元首里市長の動静は終戦直後、比島から鹿児島加治木に上陸した看護婦によつて報告された。しかしその後同氏は、何等の要職にもつかず安否が気遣はれてゐたが、この程沖縄から帰来した犬塚前那覇郵便局長の談話によつて消息が判明した、即ち同氏は「沖縄は、日本に返還してくれ」と言つたやうな建白書を所在米軍に提出する手続をとつたやうだが、これは斥けられたとのことである(79)

『沖縄新民報』第七号（一九四六年四月五日）でも、首里市復興に尽力する様子が紹介されている(80)。さらに、『沖縄新民報』第一八号（一九四六年八月五日）では、仲吉が行った信託統治制度に関する首里市での講演の概要が紹介されている(81)。この講演概要記事は、仲吉が「送還」されたことに合わせて組まれたものだと考えられ、まさに同じ号で先に触れた尚家関係者も含む「知名戦死者」が掲載されているのだが、そこには「仲吉元首里市長報告」と付記されていた(82)。尚順などの戦死を伝えたのは、仲吉だったのである。

そうしたなか、漢那朝常から家扶・大城仁輔に宛てた手紙（八月一三日付）において、二つの情報がもたらされる。一つは、沖縄に三〇日位滞在し視察を行ったＧＨＱのマイヤースが尚裕に会いたがっているということ、もう一つは、仲吉良光が鶴見に居り、比嘉良篤が住所を知っているので一度尋ねて沖縄の模様を聞いたらどうかということである(83)。尚侯爵家もまた、より正確な郷土の情報を欲していたと考えられる。

八月一四日、仲吉良光は東京京橋公会堂において「最近の沖縄事情に関する講演会」を開催する。「当日は定刻前より千五百名の会集が場内を埋め船越義英氏の司会で開会した、久し振りにきく故郷の訪ずれに一同満足して散会した(84)」。一八日、家扶・大城は、大森区役所で開かれた第二回沖縄県民城南地区大会に赴いて仲吉と面会し、演壇に立つ前の限られた時間で尚家に関係する次のような内容を聞き取っている。

(イ)玉御殿、破壊せられ御陵内部の宝物等持ち出されたり、外部は御修復可能との事、(ロ)円覚寺壊滅す、御神位は龍渕殿より掘出し、首里博物館に御安置、(ハ)崇元寺壊滅、正門三個と下馬碑は残れり、ようどれ破壊されたり、(ニ)御邸壊滅、但し西ノ御殿建物も残り、御中御門石垣ノ一部残れり

　玉御殿、円覚寺（尚円王様ノ御神位は未だ見当らず）

　御邸は此以上荒されぬ様、於首里市保護せられ、高嶺朝光殿、主として其保護に当れる由

尚順殿、御一家於高嶺村御全滅、但し末の御子様だけ御残り

尚時殿、金武にて御病死

今帰仁男爵御不明、同延子様石川市護得久家にて御健在

護得久朝章殿、同御令息御令息夫人其御子様御健在

佐久真家扶知念にて死去、令室金むにて死去(85)

豊見城朝昂殿、仲田朝潔殿、死去されたる由

また、仲吉は「近日参上、侯爵、旦殿へ御目にかゝりたしとの事」であったが、(86)二五日から三一日まで大阪へ行く予定となっており、結局、尚裕らとの面会は九月四日となった。(87)この間、二七日には、仲吉から「沖縄今後の在方に関する同氏の見解を認めたるパンフレット」が届いている。仲吉が来訪した九月四日の「日記」には次のように記されている。

一、仲吉良光殿御招待、午後四時頃同氏来邸。尚旦殿、護得久朝光殿御陪席。最近の沖縄事情、沖縄戦ノ状況、及今後の沖縄に付いての同氏の見解等御聴取。御晩饗を倶にせられたり。八時頃同氏退出、泡盛古酒を添へたり。(88)

尚裕、尚旦に加えて護得久朝光が参加していることが確認できる。

この時期になると、沖縄の動静を知らせる手紙も届くようになる。九月八日には、山城篤男から大城仁輔宛の手紙（八月一五日付）が照屋林仁に託されて届いている。(89) 冒頭には「十一月発の御手紙八月上旬到着拝読いたしました」とあり、(90) 通信の困難さが窺われる。そこに書かれた尚家に関わる動静は次の通りである。

第一、尚順家は、六月始まで島尻南部の壕内で避難をなさってをられましたが、其後の各方面の報道では相当の御被害で、只今は弘子様が御健在に石川市の護得久家に居られ、今年七月末石川高等学校を卒業なされました。のぶ子様が首里に御在住で、この御両人以外は消息不明で案ぜられて居ります。今帰仁延子様は、御元気で、同じく護得久家に御出でになられます。尚時様は、停戦后、御病死になられました。御夫人は御健在。護得久朝章様は、去年以来、財政部長として敏腕を揮はれ、御一家御健在。令嬢は、文教部に勤めてをられます。佐久真正文様は御運拙き由、伺ってをります。(91)

ところで、漢那朝常からもたらされたもう一つの情報についても、九月二三日に家扶・大城が漢那朝常とともにG

HQにマイアス（マイヤース）を訪ねて翌日の尚裕との面会時間（午後五時三〇分）を約束している。(92)そして二四日、尚裕は漢那朝常を伴い東京会館にマイアスを訪問し、約一時間、沖縄に関する話を聞いている。(93)

仲吉の働きかけによって、九月には日本政府宛に「沖縄日本復帰ニツキ請願」が提出され、さらに一〇月二日には、マッカーサー宛に復帰陳情書が提出される。復帰陳情書に署名したのは次の一二名であった。(94)

漢那憲和、伊江朝助、東恩納寛惇、神山政良、仲吉良光、大濱信泉、伊礼肇、高嶺明達、嘉手川重利、船越義英、亀川盛要、大田政作

これより四日前、九月二八日には仲吉良光が尚侯爵家を訪れており、その様子を「日記」は次のように記している。

一、仲吉良光殿来訪へ「沖縄の日本復帰ニ付マックアーサー司令部へ請願書」に侯爵も御署名被成候様、御願御取次ぎしてくれとの事なり。依って目下名古屋へ御旅行中に付、御帰り次第、御取次申旨伝へたり。右来訪趣、尚旦殿へ申上げ、仲吉氏携へ来たりたる請願書をも御一覧願ひし處、侯爵には、御謹慎中に付、御署名を差支へさせて頂きたいと御返事なされては如何、との御意見なり。自分至極御尤もと思ふ。(95)

仲吉は尚裕にも署名を求めていたのである。この時、尚裕は旅行中のため留守であり、家扶・大城が直ちに後見の尚旦に相談したところ、「御謹慎中に付、御署名を差支へさせて頂きたいと御返事なされては如何」との意見を得た。一〇月一日、尚裕へ経緯を報告したところ、「慎重を帰する為此度ハ差控へんと仰せありたり」(96)ため、一〇月四日、

再度仲吉が訪問した際には、「御謹慎なされ度旨を以て差支へられる悪しからず御諒解を得度と御返事致し置きたり」[97]との対応を行っている。それでも、一〇月二〇日に仲吉は再度訪問し、マッカーサー宛請願書は「好意を以て受理され」、日本政府への請願書についても「政府としても全力を上げて努力するとの回答を得たり」との旨を「侯爵へも御報告御執次頼む」と述べている。[98]仲吉としては、一〇月二日の提出以降であっても、尚裕の署名・支持を得ることは、持続的な復帰運動を行うに際して、必要だと考えていたということであろう。

3　財産税問題と華族制度廃止

既述の通り、沖縄協会も指導下に置き、在本土沖縄人団体を主導する立場にあった沖縄人連盟だが、発足当初から主導権争いが起こっていた。[99]一九四六年八月から一二月に沖縄への帰還が進み、九州を中心とした疎開者支援という最大の目的を終えた組織に、決定的な対立が生じる。一九四六年一二月の第二回大会において、現幹部は不信任決議により退陣することとなる。永丘智太郎は顧問に退き、以前より辞意を表明していた伊波に代わって仲原善忠が第二代会長となり、新体制が発足する。[100]

一方、一九四六年一一月に施行された財産税法への対応が、尚侯爵家にとって大きな難問となっていく。仲吉良光が復帰請願書への署名を求めてきたことが尚裕に報告された一〇月一日の「日記」には、早くも「財産税案に付、財産目録至急作製する様仰あり」との記述がある。[101]一〇月二二日には、護得久朝光によって「漢那様、神山様、護得久様の御三方を御家政顧問に御依頼なされ、積極的御関与を御願被成ては如何」との意見が出され、翌日には尚旦に伝えられているが、[102]財産税を含めた大変動への対応を図ろうとしたものと考えられる。一一月三日には新憲法が公布され、翌一九四七年五月三日の施行にともなう華族制度の廃止が近づいてくる。財産税問題については、護得久朝光、比嘉良篤など、銀行関係者に相談しながら対応の検討を進めていく。[103]

沖縄での土地所有権認定も問題となってくる。一一月九日には、尚暢が尚侯爵家を訪れて尚旦と面会している。「尚家に於ても誰か居ないといけない。それには暢殿は今、これと決つた御仕事にも就いて居られ□なれば、彼地へ御越しになるにも御都合御宜敷からん。それには何とかして進駐軍関係の職を得られていかれる方が良い思ふに付、方法を講じられては如何か。自分も出来限り後援しますが、それには御邸の御援助も必要と思ふから、明日にでも尚旦様に御相談になつては如何と伊江様乃御進言があつた」ためであった。それに対して尚旦は、「彼地に渡りても如何とも致し兼ねる。今日何とも申し様もなし。それよりも御自身当地仕事に就かれ、又御長女も就かれるとなら何にも彼地に行く事もなからん」と答えている(104)。

一九四七年一月、侯爵家として最後の正月を迎えた。「日記」は一月一日の様子を次のように書き記す。

一、午前十時
　御上御容様御揃ひ
　御先祖様御写真御礼拝
一、御年始御挨拶御来訪
　護得久朝光殿　同昂殿
　村瀬富子様　漢那憲和殿
　尚旦殿　尚彦殿
　尚文子様　同御子様
　尚義清殿　同令夫人
一、御後室様へ御書状新年御祝詞申上ぐ(105)

さらに、神山政敏（二日）、神山政良（三日）、井伊正弘（四日）、尚謹（六日）なども「御年始御挨拶御来訪」したことが記されている。そうした日々も束の間、再び二月一五日が期限となっていた財産税支払資金の工面に追われることとなる。

一月二五日には、家扶・大城は、「三井信託にて比嘉氏に会ひ財産税支払資金借入の交渉したる処」、借入が困難であるとされ、「予想したる事ながら少からず失望し」ている。そして、帰途に護得久朝光を訪ね、「此上は証券類を売却支払に充てるより外なき事の了解を得、御協力を御願ひ致し」、帰邸して尚裕に「御詫び申上げ、改めて御許を受け」ている[106]。翌日、尚旦にも報告し、「株式等全部を支払に向けざるべからず余儀なきに立至りたる事を御詫び申上げ」ている[107]。二月三日には、世襲財産廃止申請書を宮内省宗秩寮に提出している[108]。

二月一五日の申告期日を前にして、二月九日の「日記」には、「株式国債等一切を納付しても、なほ一万円程度不足のやうなり。今後の御暮し向、切実に不安を覚へる事となりたり」と記されている[109]。ここからギリギリの対応が模索されていく。

一〇日、護得久朝光から、「財産税支払を目的とする不動産貸付を名古屋ではしてゐる。そして村瀬家では既に成功せり」として、神山政良に勧銀などへの交渉を依頼するようにとの提案がなされ、神山にこれを依頼している[110]。一一日、比嘉良篤を訪ねて相談しているほか、「尚旦様に税を支払つた後の御暮し向、早速御困りになる次第、御説明申上げ、株式を売却して先つ御生活費を作りて整理の日を稼かん事を御願ひし、御考慮を御願ひ申上げ」ている[111]。

一二日には、税務署にて、「一応原物納入の申告をなし、然る後、取消の申請をして、借入金にて納入しても良しからんと、又申告の期日も、十五日なれども廿日頃までに申告すれば良い事にすべしと言明」を得る。同日には、護得久朝光を訪ね、「株式等物納せざるを得ざるに至りたる事情」と税務署でのやり取りを伝え、「一応税務署に行き、延納の方法を取る事の承諾を得るやう努力すべしとの事」を確認している[112]。

一三日には、尚裕との間で「財産税支払方法の御打合せを為」し、「結極、護得久様を通じ、一時村瀬様に御融通を御願ひして支払ふこととし、明夜護得久様を御訪ねすることと」している。[113] 翌一四日には、尚裕みずから大城を伴って護得久を訪ね、護得久は村瀬家との交渉を引き受けている。一方、同日には、神山を訪問し、銀行借入交渉が不調であることを聞いている。[114]

そして、当初の期限である一五日には、「財産税の内三〇万円延納申請を成すことに決し、申告書改作に着手」し、一六日から一九日を「申告作製ニ殆んど終日費す」ことで、二〇日に財産税申告書を提出するのである。[115]「日記」には「ホットしたと云ひたけれど、益々気重く今後の重大を思はせらる」[116]と家扶・大城の心情が吐露されている。

一方、沖縄の土地所有権認定問題についても、三月一日、「漢那朝常殿より、沖縄所在土地の所有権確認申請を同地民政府に致したきに付、土地目録及同人其申請を委任する旨の御委任状御送付被下度との手紙」が届き、申出の通り「同人に依頼する事とし、先に大蔵省に提出したる在外資産申告書を基として、目録を作製」している。[117]

「日記」は三月一三日で終わっており、新憲法施行・華族制度廃止前後の様子を確認することはできない。ただ、その後の「庶務書類」を確認すると、六月一九日には尚昌の「御二十五年忌」ならびに先妻・瑛子の「御三年忌」の法要が営まれ、さらには、八月に尚旦が通勤定期の登録手続きを「尚裕事務所」の「家政顧問」として行っていることもわかる。これらの史料からは、華族制度廃止後、家政機関を「尚裕事務所」とし、家扶・大城が引き続きそれまで同様の役割を果たしたことが想定される。少なくとも一九四九年六月までは、大城仁輔が尚邸内に留まっていることも確認できる。[118]

おわりに

本稿では、新史料（国宝未指定分「尚家文書」）に基づき、これまで等閑視されてきた尚侯爵家の動向に着目することで、戦中・戦後初期における在本土沖縄人についての再検討を行ってきた。

戦時下の報国沖縄協会結成から戦後の財団法人化においても、尚侯爵家の関わりがあった。敗戦直前には、本邸の空襲被災や侯爵夫人の急死などがあった。そして、他の在本土沖縄人と同様、敗戦後には一年以上にわたって郷土沖縄での親族等の正確な消息すら確かめられないという状況が続いた。

戦後初期の在本土沖縄人社会において、親族の伊江朝助、漢那憲和、神山政良などと比べると、尚裕に表立った社会的活動が見られるわけではない。だが、これまで知られていない、仲吉良光と尚侯爵家との関係も明らかとなった。尚裕は、マッカーサー宛請願書に署名を求められたが断っていたのである。さらには、華族制度廃止を前に、特に財産税による影響は大きく、一九四六年末から一九四七年二月にかけて、ギリギリの対応を行っていた。

そうしたなかにあって、後見の尚旦や漢那憲和、神山政良、伊江朝助、護得久朝光など、親族有力者のほか、翁長良保や比嘉良篤など県出身有力者との人脈（ネットワーク）によって問題に対処する様子もみえてきた。そして、尚侯爵家の家扶・大城仁輔は常に重要な役割を担っていた。

本稿によって、戦後初期における在本土沖縄人社会の全体像を考える上での重要な側面が見えてきたのではなかろうか。尚侯爵家が重要な位置を占めた、戦前来の在本土沖縄人社会を前提とした上で、従来、帰属問題への対応や、社会運動への関与の濃淡などによって、対立的に位置づけられてきた沖縄人連盟とそれ以外の勢力（戦前来の旧有力者層、仲吉良光などの復帰グループ）をも包含するような、在本土沖縄人社会像の構築が今後必要になってくるといえよう。

注

（1）新崎盛暉「沖縄人連盟」（『新沖縄文学』五三号、一九八二年）。

（2）冨山一郎『近代日本社会と「沖縄人」――「日本人」になるということ』（日本経済評論社、一九九〇年）。

（3）新崎盛暉「〔解説〕廃墟のふるさとを想う人びとの機関紙」（『沖縄新民報　縮刷版』第一巻、不二出版、二〇〇〇年）。

（4）納富香織「仲吉良光論――近代を中心に」（『史料編集室紀要』第二五号、二〇〇〇年）、納富香織「仲吉良光論――沖縄近現代史における「復帰男」の再検討」（『史論』第五七集、二〇〇四年）。

（5）戸邉秀明「「在日沖縄人」、その名乗りが照らし出すもの」（同時代史学会編『占領とデモクラシーの同時代史』日本経済評論社、二〇〇四年）。

（6）一八七〇～一九二〇年代における尚家を中心とした東京・沖縄間ネットワークの形成については、拙稿「近代における沖縄出身者の「本土」への移動と「相互扶助」」（『部落問題研究』第二三七輯、二〇二一年）を参照。

（7）なお、史料の残存状況から、「日記」の記載が確認できるのは、一九四五年五月二四日～六月九日、六月二四日、一九四六年五月一日～一九四七年三月一三日である。一方、「庶務書類」は一九四五年五月～一九四七年一二月およびその後も断片が綴じられており、「日記」不記載分を補うことが可能である。なお本稿で扱う時期の「日記」「庶務書類」はその内容から、ほとんどが家扶・大城仁輔の執筆・整理によるものであると考えられる。

（8）山城善光『続・山原の火　火の葬送曲』（火の葬送曲刊行会事務所、一九七八年）、二六三頁。

（9）前掲、山城『続・山原の火』、二六三頁。

（10）「沖縄協会の概貌」（『自由沖縄』第一号、一九四五年一二月六日）。永丘智太郎の救援運動については、拙稿「戦後初期の沖縄知識人における歴史認識の再構築について――永丘智太郎を例に」（『立命館史学』第二七号、二〇〇六年）を参照。

（11）前掲、山城『続・山原の火』、二六四―二六五頁。

（12）前掲、新崎「〔解説〕廃墟のふるさとを想う人びとの機関紙」、一頁。

(13)　前掲、山城『続・山原の火』、二七四―二七五頁。神山政良編『年表（沖縄問題と在京県人の動き）自明治元年（一八六八）至昭和四十一年（一九六六）』（東京沖縄県人会、一九六七年）、二四頁。
(14)　前掲、山城『続・山原の火』、二七七―二七八頁。「財団法人沖縄協会設立の趣意」（『沖縄人連盟　昭和二十年十一月第一綴（仮題）』沖縄県立図書館比嘉春潮文庫）。
(15)　前掲、山城『続・山原の火』、二七五頁。
(16)　永丘智太郎「難民のころ［遺稿］救援運動の思い出②」（『沖縄タイムス』一九六一年一月一二日）。
(17)　「連盟と表裏一体／沖縄協会の改組成る」（『自由沖縄』第一二号、一九四六年一二月一五日）。
(18)　「昭和廿一年　日記」（那覇市歴史博物館所蔵「琉球国王尚家関係資料」１４２０）、七月二六日条。
(19)　前掲「沖縄協会の概貌」、前掲拙稿「戦後初期の沖縄知識人における歴史認識の再構築について」。
(20)　尚裕は、貴族院廃止の一九四七年五月時点で満三〇歳に達していないため、貴族院議員（侯爵議員）にはなっていない。
(21)　護得久朝惟については、新里金福「護得久朝惟」（新里金福・大城立裕著、琉球新報社編『沖縄の百年　第一巻――人物編　近代沖縄の人びと』太平出版社、一九六九年、七三―七五頁）、大城康洋「護得久朝惟」（沖縄大百科事典刊行事務局編『沖縄大百科事典　中巻』沖縄タイムス社、一九八三年、八八頁）を参照。朝惟の長男が朝章、次男が朝光である。
(22)　比屋根安定「尚家の人たち⒀」（『沖縄タイムス』一九六七年一一月二九日）。
(23)　前掲拙稿「近代における沖縄出身者の「本土」への移動と「相互扶助」」。
(24)　中城御殿については、真栄平房敬『首里城物語』（ひるぎ社、一九八九年）、『旧中城御殿関係資料集（内部資料）』（沖縄県立博物館、一九九二年）などを参照。
(25)　「履歴」（『哀悼　尚家第二十二代当主故尚裕氏合同追悼式』尚家第22代当主故尚裕氏追悼式実行委員会〔那覇市、浦添市、伊是名村〕、一九九七年）。尚裕の経歴については、不明な点が多い。今後の課題としたい。
(26)　霞会館諸家資料調査委員会編『昭和新修華族家系大成　上巻』（吉川弘文館、一九八二年）、七〇二頁。

(27) 「昭和二十年六月　日記」(那覇市歴史博物館所蔵「琉球国王尚家関係資料」1419)、五月二四日条。
(28) 「昭和二十年　庶務書類」(那覇市歴史博物館所蔵「琉球国王尚家関係資料」1442)。
(29) 尚家家扶（大城仁輔）から與儀清栄に宛てた手紙（一九四六年二月一四日付）による（前掲「昭和二十年　庶務書類」）。
(30) 前掲『昭和新修華族家系大成　上巻』、七〇二頁。
(31) 前掲「昭和二十年　庶務書類」。
(32) 前掲「昭和二十年　庶務書類」。
(33) 前掲「昭和二十年　庶務書類」。
(34) 前掲「昭和二十年　庶務書類」。
(35) 前掲「昭和二十年　庶務書類」。
(36) 前掲「昭和二十年　庶務書類」。その後も、尚侯爵家（五月二七日）のほか、尚旦家（九月一三日）でも住居侵入被害が起こっていることが前掲「昭和廿一年　日記」から確認できる。『沖縄新民報』第一四号（一九四六年六月二五日）には、次のような記事（「東京短波(2)／尚家の宝物数点盗難」）が掲載されている。

『浮世人間の栄へ衰へや夏と冬心、うちかはいがはい』一栄一落これ春秋を見事セリフ化した組踊森川の子の言葉、そのまゝ敗戦の奔流に東京尚侯爵家にも訪れてゐる若き尚裕侯爵は、海軍の軍人として勤務中愛妻を失ひ、復員しても迎へる妻なく、今は二人の子供を相手に悲痛な生活をしてゐる。東京南平臺町の御殿は戦火で焼失し、数々の名什宝器は一握の灰と化してしまつた。尚家の宝物中、最も貴重な物として焼跡の土蔵奥深かく秘蔵されてゐた、王冠（タマンチヤーブイ）の金銀宝玉を初めとして、名器三味線友寄ケージヨの一対と紅型のコレクシヨン一揃が何者かに盗まれて今日まで行方が分らないのは甚だ残念である。なほ同家宝物中の逸品古刀、千代金丸と治金丸の二ふりが武器として進駐軍に召しあげられてゐるが、これは警視庁の巡査どもの視野がせまく何でも御座れ、武器として登録したのが禍してゐるらしいから何れ連合軍に事情を話せば取り戻しも可能であり元の鞘に帰へるであらう。といふのはこの二本の古刀は抜身のまゝ持つて行つたといふから警視庁の人達もどうにかしてゐる。

(37)「沖縄人連盟創立経過」(前掲『自由沖縄』第一号)、前掲拙稿「戦後初期の沖縄知識人における歴史認識の再構築について」。
(38)「沖縄人連盟総本部役員一覧(一九四六年二月二十四日選任)」(前掲『沖縄人連盟　昭和二十年十一月　第一綴(仮題)』)。
(39)前掲、山城『続・山原の火』、二五七―二五八頁。山城善光によれば、「沖縄人連盟」創立前の最初の名称案には「沖縄新生協会」「沖縄救援会」などがあり、「その名称の決定に相当の検討が加えられ」、「「沖縄県人連盟」にするか「沖縄人連盟」にするかで、激論を交わした」とされる(同前、二八二―二八四頁)。
(40)比嘉春潮『沖縄の歳月　自伝的回想から』(中公新書、一九六九年)、二〇四頁。
(41)同前、二一〇―二一一頁。
(42)「沖縄人連盟規約」(前掲『沖縄人連盟　昭和二十年十一月　第一綴(仮題)』)。前掲、比嘉『沖縄の歳月』、二〇七頁。
(43)前掲「連盟と沖縄協会の関係」(前掲『自由沖縄』第一号)。
(44)「決議に、報告に、多大の収穫!/沖縄県人大会」(『自由沖縄』第二号、一九四六年一月一日)。特に、漢那への批判は、衆議院における衆議院議員選挙法改正審議の際、沖縄県の選挙権停止に対する批判を行ったことが、自身の保身と解釈されたことによるものであった(前掲、新崎「〔解説〕廃墟のふるさとを想う人びとの機関紙」、三―四頁)。
(45)「沖縄協会民主化、代議士不信の大会決議文手交す」(前掲『自由沖縄』第二号)。
(46)前掲、比嘉『沖縄の歳月』、二一三頁。
(47)「連盟と表裏一体/沖縄協会の民主化/…規約改正役員総改選…」(『自由沖縄』第三号、一九四六年一月二五日)。
(48)前掲「連盟と表裏一体/沖縄協会の民主化/…規約改正役員総改選…」。
(49)前掲「決議に、報告に、多大の収穫!/沖縄県人大会」。
(50)前掲、新崎「〔解説〕廃墟のふるさとを想う人びとの機関紙」二頁。
(51)同前、四頁。

(52) 前掲、比嘉『沖縄の歳月』、二〇八頁。
(53) 前掲「昭和二十年　庶務書類」。「尚裕侯爵」以外は謄写印刷である。
(54) 前掲「昭和二十年　庶務書類」。
(55) 前掲「昭和廿一年　日記」、一〇月一八日条。
(56) 「沖縄本島以外は帰還許可／希望者は沖縄協会・県事務所に申出でよ」(前掲『自由沖縄』第三号)。
(57) 「帰るか残留かの調査／三月十八日一斉に実施／洩れなく登録しよう」(『沖縄新民報』第四号、一九四六年三月五日)。
(58) 「再生する保険／失効防止に約款変更」(『沖縄新民報』第五号、一九四六年三月一五日)。
(59) 「高嶺明達氏／再び熊本へ」(前掲『沖縄新民報』第五号)。
(60) 前掲「再生する保険／失効防止に約款変更」、前掲「高嶺明達氏／再び熊本へ」、「高嶺氏の一石／保険界に波紋／県人の利益確保さる」(『沖縄新民報』第六号、一九四六年三月二五日)。
(61) 「戦争保険はかうして受取る」(『沖縄新民報』第一二号、一九四六年六月五日)。
(62) 前掲「昭和廿一年　日記」、六月一日条—八日条。
(63) 前掲「昭和二十年　庶務書類」。尚時は尚泰七男である。
(64) 前掲「昭和廿一年　日記」、七月三一日条、九月一〇日条ほか。一九四六年九月一二日には、尚順名義の配当金(富士紡績)の受取手続きについての記述がある(同前、九月一二日条)。
(65) 前掲「昭和廿一年　日記」、五月七日条、一八日条。
(66) 前掲「昭和二十年　庶務書類」。
(67) 前掲「昭和廿一年　日記」、六月一〇日条。
(68) 前掲『昭和新修華族家系大成　上巻』、七〇二頁、前掲「昭和廿一年　日記」、七月二二日条。村瀬鐸三郎次女・静子は護得久朝光の妻であった(前掲「昭和二十年　庶務書類」)。
(69) 「昭和廿一年　日記」、七月二七日条。

(70)「沖縄の受入能力調査始まる／沖縄調査員の報告次第で帰還許可は決定する／金融措置は経済科学部に移牒」(『沖縄新民報』第一三号、一九四六年六月一五日)。
(71)「沖縄への帰還愈々実現／帰還希望者は連盟へ連絡せよ／混乱を防ぎ秩序整然帰らう」(『自由沖縄』第九号、一九四六年八月一五日)。
(72)「マ司令部発表の沖縄送還要領／集合は一週間前」(『沖縄新民報』第一八号、一九四六年八月五日)。
(73)前掲「昭和廿一年　日記」、八月一五日条。
(74)前掲「昭和二十年　庶務書類」。なお、尚琳は、六月二九日実施の男爵議員補欠選挙で貴族院議員に当選している(「尚琳男／貴院に進出」『沖縄新民報』第一五号、一九四六年七月五日)。
(75)前掲「昭和二十年　庶務書類」。嵩原栄子は尚順次女であり、尚順三女の英子は五島盛輝(子爵家)に嫁いでいた(前掲『昭和新修華族家系大成　上巻』、七〇五頁)。
(76)前掲、納富「仲吉良光論――近代を中心に」、一四五―一四六頁。
(77)仲吉良光の経歴や思想については、前掲、納富「仲吉良光論――近代を中心に」、同「仲吉良光論――沖縄近現代史における「復帰男」の再検討」を参照。
(78)前掲「昭和廿一年　日記」、八月一八日条。前掲「昭和二十年　庶務書類」。
(79)「仲吉前首里市長の建白書斥けらる」(『沖縄新民報』第二号、一九四六年二月一五日)。
(80)「その後の沖縄／仲吉前首里市長からの便り／首里の復興捗る／早くも病院と学校開設」(『沖縄新民報』第七号、一九四六年四月五日)。
(81)「沖縄よ何処へゆく／信託統治につき／首里市での講演概要／仲吉良光」(前掲『沖縄新民報』第一八号)。
(82)「知名戦死者／(仲吉元首里市長報告)」(前掲『沖縄新民報』第一八号)。
(83)前掲「昭和二十年　庶務書類」。
(84)「東都で沖縄事情講演／仲吉氏の第一声」(『沖縄新民報』第一九号、一九四六年八月二五日)。
(85)前掲「昭和廿一年　日記」、八月一八日条。円覚寺に関しては、『沖縄新民報』第二〇号(一九四六年九月五日)に次のような記事（「尚家の位碑《ママ》／灰燼の円覚寺内で発見」）が掲載されている。

在郷の文化人たちは三月来首里の古美術の蒐集をはじめた事は別項のとほりであるが、灰燼の円覚寺の中から仏像と共に尚家の御位牌を発見、これを手厚く安置し有志の発意により、盛大な慰霊祭が首里において施行された。なほ尚家累代の霊廟である霊御殿は潰滅しひとり、陵上にあつて睥睨してゐた怪物像のみがその怪貌を焦土に曝してゐるばかりである。

(86) 前掲「昭和廿一年　日記」、八月一八日条。
(87) 前掲「昭和廿一年　日記」、八月二七日条。
(88) 前掲「昭和廿一年　日記」、九月四日条。
(89) 前掲「昭和廿一年　日記」、九月八日条。
(90) 前掲「昭和二十年　庶務書類」。
(91) 前掲「昭和二十年　庶務書類」。
(92) 前掲「昭和廿一年　日記」、九月二三日条。
(93) 前掲「昭和廿一年　日記」、九月二四日条。
(94) 日本政府宛請願については、前掲、納富「仲吉良光論――沖縄近現代史における「復帰男」の再検討」を参照。マッカーサー宛復帰陳情書については、さしあたり拙著『沖縄の復帰運動と保革対立――沖縄地域社会の変容』（有志舎、二〇一二年）、四二―四三頁を参照。
(95) 前掲「昭和廿一年　日記」、九月二八日条。
(96) 前掲「昭和廿一年　日記」、一〇月一日条。一方、神山政良は、当初から積極的に復帰請願に関わっている（前掲、納富「仲吉良光論――沖縄近現代史における「復帰男」の再検討」）。
(97) 前掲「昭和廿一年　日記」、一〇月四日条。
(98) 前掲「昭和廿一年　日記」、一〇月二〇日条。
(99) 前掲、比嘉『沖縄の歳月』、二一七―二一九頁。

(100) 前掲拙稿「戦後初期の沖縄知識人における歴史認識の再構築について」一五〇頁。さらには、当該期の在本土沖縄人については、国場幸太郎（当時熊本在住）の寄附金一〇万円を設立当時の基本財産とし、比嘉良篤が中心となって一九四六年一〇月に発足した、「金融経済の組織体」としての沖縄財団をも含めた検討が必要だと思われる（「金融経済の組織体／〝沖縄財団〟の発足／新領域の開発に再建の拍車」『沖縄新民報』第三〇号、一九四七年二月五日、浦崎純編『二十年の歩み』沖縄財団、一九六七年、九五―九八頁）。

(101) 前掲「昭和廿一年　日記」、一〇月一日条。財産税法と合わせて制定された戦時補償特別措置法についても、沖縄に与える影響は大きく、『沖縄新民報』は「沖縄の特殊預金者や保険請求権保持者に最大の犠牲を負はせた今回の心なき所業に対し、我等は茲に政府の猛省を促すものである」と強く批判している（「今旬の主張／沖縄関係保険の保護」『沖縄新民報』第二五号、一九四六年一二月一五日）。

(102) 前掲「昭和廿一年　日記」、一〇月二三日条、二三日条。

(103) 前掲「昭和廿一年　日記」、一二月二五日条など。

(104) 前掲「昭和廿一年　日記」、一一月九日条。

(105) 「昭和廿二年一月一日　日記」（那覇市歴史博物館所蔵「琉球国王尚家関係資料」１４２１）、一月一日条。

(106) 前掲「昭和廿二年一月一日　日記」、一月二五日条。

(107) 前掲「昭和廿二年一月一日　日記」、一月二六日条。

(108) 前掲「昭和廿二年一月一日　日記」、二月三日条。

(109) 前掲「昭和廿二年一月一日　日記」、二月九日条。

(110) 前掲「昭和廿二年一月一日　日記」、二月一〇日条。

(111) 前掲「昭和廿二年一月一日　日記」、二月一一日条。

(112) 前掲「昭和廿二年一月一日　日記」、二月一二日条。

(113) 前掲「昭和廿二年一月一日　日記」、二月一三日条。

(114) 前掲「昭和廿二年一月一日　日記」、二月一四日条。

(115) 前掲「昭和廿二年一月一日　日記」、二月一五日条～二〇日条。
(116) 前掲「昭和廿二年一月一日　日記」、二月二〇日条。
(117) 前掲「昭和廿二年一月一日　日記」、三月二日条。
(118) 「昭和廿二年　庶務書類綴」（那覇市歴史博物館所蔵「琉球国王尚家関係資料」１４４３）。

付記　本稿はＪＳＰＳ科研費２０Ｋ００９８０による成果の一部である。

Ⅱ　天願事件再考
――一九五〇年代沖縄の政治事件に関する一考察――

若林　千代

はじめに

天願事件とは、一九五三年四月におこなわれた琉球立法院議員第四選挙区補欠選挙をめぐって発生した政治事件である。対日平和条約発効後の沖縄における、琉球列島米国民政府（以下、引用以外はＵＳＣＡＲと略）による政治弾圧事件の一つであり、人権抑圧の「暗黒時代」を象徴する事件の一つである[1]。

本稿では、沖縄現代史研究における叙述とこれまで公開されてきた資料の検証を通して、天願事件の沖縄現代史における意義を考えてみたいと思う。

実は、天願事件は、一九五〇年代沖縄における人権抑圧の「暗黒時代」を象徴する重要な事件の一つでありながら、管見の限り、それ自体に焦点を当てて掘り下げた研究は確認できない。

また、従来、天願事件は、宮里政玄や新崎盛暉らによる沖縄現代史研究等、代表的な沖縄現代史の通史的叙述において一九五〇年代の沖縄におけるＵＳＣＡＲの政治介入の特徴や政治社会の特徴が反映されているものとして扱われてきたにもかかわらず、二〇二二年七月に刊行された『沖縄県史　各論編7　現代』では、この事件への言及はない。(2)こうした今日の傾向について、筆者は現段階では明確な理由を見いだすことはできない。

いずれにしても、ここでは、天願事件に関する沖縄現代史研究における叙述をてがかりとしつつ、事件に関する記録、また、統治者側であるＵＳＣＡＲの記録等を照らし合わせながら、この事件の沖縄現代史における意義やもたらした影響について検証してみたい。

一　「沖縄住民の組織的な最初の運動」

天願事件の概要について、一九八三年刊行の『沖縄大百科事典』では、以下のように叙述されている。沖縄での一般的な理解がどのようなものかを確かめるために、まず『沖縄大百科事典』における「天願事件」の項目を見てみよう。

米国民政府の立法院議員補欠選挙への介入にたいする沖縄住民の最初の組織的抵抗運動。一九五三年〈昭和二八〉四月、民主党の天願朝順議員の急逝により、中部地区（第四区）で補欠選挙がおこなわれた。社大党と人民党は、天願朝行を推し、琉球民主党（のち沖縄自由民主党）は徳田政雄を公認したが、選挙の結果は野党候補の天願が圧勝した。このとき米国民政府は、選挙管理委員会に書簡を送り、〈当選者には破廉恥罪の前科があるから当選決定を保留せよ〉と指示した。選管は米国民政府書簡・法務局の見解・警察の記録・本人の弁明などを慎重に検討した結果、米側の意向に反し天願の当選を告示した。これにたいし米国民政府は布令を公布して、再選挙を指示すると同時に、天願の当選を無効にした。このような非民主的な施策にたいし、住民は憤激し、政党も候補者をたてず、選挙は二回もお流れになった。このとき、野党を中心に結成されたのが〈植民地化反対闘争委員会〉である。(3)

また、最後の部分で挙げられている「植民地化反対闘争委員会」については、次のように記述されている。

非民主的な米軍施政にたいする沖縄住民の最初の抵抗運動組織。一九五三年（昭和二八）四月、沖縄本島中部の第四選挙区の立法院議員補欠選挙で、天願朝行が当選したが、米国民政府は選挙管理委員会にたいし、〈同氏には破廉恥罪の前科があるから当選決定を保留せよ〉と指示した。この措置にたいして、天願を推した社大党・人民党は同委員会を結成し、その運動目的として、主席公選・自治権拡大・植民地化反対・即時日本復帰・米国民政府の選挙干渉反対などを掲げ、米国民政府をきびしく批判した。同政府は、この運動の目的は〈反米的であるのみならず、琉球住民の利益に反する〉として、解散を命じた。委員会は、結局、同月一五日に解散することになったが、米国の強権的な弾圧を示す一例である。(4)

以上が天願事件のあらましである。要するに、天願事件とは、一九五三年四月一日に琉球立法院第四区の補欠選挙がおこなわれ、社会大衆党と人民党が推した候補であった天願朝行が当選したが、ＵＳＣＡＲが一方的に当選を無効にするという選挙への介入をおこない、そして、それに対する沖縄側の抵抗に至る一連の出来事を指している。なお、ここで「植民地化反対闘争委員会」となっているものは、当時、正確には「植民地化反対共同闘争委員会」、略称では「共闘委」とされていた。

二つの項目で繰り返されている「沖縄住民の組織的な最初の運動」という評価は、一九六六年に刊行された、国際政治学者・宮里政玄による『アメリカの沖縄統治』における評価を受けたものである。[5] また、『沖縄大百科事典』でこれらの項目の執筆者であった島袋邦は、一九七五年に刊行された宮里政玄編『戦後沖縄の政治と法』の「住民の政治的動向」のなかでも天願事件に触れており、それが先述の『沖縄大百科事典』における項目の説明にも引き継がれている。[6] そして、後には、「沖縄住民の組織的な最初の運動」という説明が、天願事件に必ず付されるようになっていった。

『アメリカの沖縄統治』を書いた宮里政玄は、米国オハイオ州立大学で博士号を取得した後、当時、琉球大学で政治学を担当していた。[7] 宮里は、一九六三年から六四年にかけて、創設されたばかりの琉球大学人文社会科学研究所の紀要に同タイトルの論考を三回に分けて寄稿した。[8] 一九六六年に刊行された単行本の『アメリカの沖縄統治』は、それらの論考を基に加筆修正したものである。

『アメリカの沖縄統治』における天願事件に対する叙述は、その後発表されたさまざまな天願事件に関する叙述の原型となった。

宮里は、天願事件という米軍支配下の選挙介入による弾圧事件について、米軍の「アメリカの強硬な反共路線」のあらわれとしている。それへの沖縄側の抵抗について、USCARの占領政策に対抗する「沖縄住民の組織的な最初の運動」であると指摘した。そして、「この事件を契機として主席公選、日本復帰運動は共産主義的運動とみなされ、米国民政府はこれらの運動にたいして強硬な政策をとるようになった」と述べている。[9]

ただ、ここで宮里は、「組織的」とは何を示しているのかについて明確に定義しているわけではない。もちろん、まず現象としては、行政主席とその政党である民主党に対抗する「野党」、すなわち、人民党と社会大衆党の共闘を指しているであろうということは、宮里が、事件の背景として、一九五二年後半からの琉球立法院における与野党の対立の激化、そして、教職員の給与法をめぐる野党の共闘関係の強化に触れていることからも明らかである。とはいえ、それ以上の踏み込んだ説明があるわけではない。

対日平和条約発効後の沖縄における政治組織の状況を整理してみよう。一九五〇年の群島知事および群島議会議員選挙以来、政治組織の再編が起きていた[10]。一九四七年に次々と結成された、いわゆる「戦後初期政党」と呼ばれる組織のうちでは、人民党が残っているだけになっていた。また、一九五〇年には、群島議会議員のなかから親米政党として共和党が、また、群島知事の平良辰雄と彼を支持した人びとを中心に社会大衆党が結成された。しかし、一九五一年に琉球臨時中央政府が設置されると、行政主席に任命された比嘉秀平が社会大衆党から離党し、他の離党議員と無所属議員らとともに後に民主党の母体となる「新生クラブ」という会派を結成した。そして、一九五二年八月、比嘉をリーダーとする親米政党・民主党が結成された。比嘉は、かつては「政敵」であった松岡政保とも連携し、松岡率いる共和党は民主党に吸収された[11]。

要するに、対日平和条約発効後、比嘉秀平任命行政主席を中心とする「与党」民主党と、行政主席に対抗する「野党」としての社会大衆党、あるいは、社会大衆党と人民党の連携する勢力が、米軍支配下の政策をめぐって対立し合うという構図ができあがったということである。

しかし、こうした「野党」の連携だけを指して、「沖縄住民の組織的な最初の運動」ということになるわけではないだろう。そもそも、この「与党」「野党」という区分自体のなかに、米軍による占領統治の矛盾が織り込まれている。つまり、たとえ社会大衆党や人民党が単独で、あるいは連合して琉球立法院における過半数の議席を得て議会で優勢となったとしても、「与党」になることはできなかった。一九四五年八月一五日に米軍によって招集された仮沖縄人諮詢会の会合以来、沖縄住民側の代表が最も重大な政治的課題として要求し続けてきた「知事公選」「主席公選」は実現されていなかった。つまり、行政主席がＵＳＣＡＲによる任命である限り、行政主席が属する勢力が「与党」

であり、それ以外の政治組織は、どのようにしても絶対的な「野党」に留まらざるを得ないという構造があった。(12)

天願事件直前の状況に戻ると、すでに述べたように、対日平和条約発効後では、一九五二年後半から「与党」（民主党）と「野党」（人民党と社会大衆党）の間の対立関係は激化していた。とくに、一九五三年二月から三月にかけて開かれた琉球立法院第二回議会において、教職員の給与法をめぐり与野党が対立し、教職員の組織である沖縄教職員会は、琉球政府と行政主席に対抗して野党側を支持し、各地で盛んに教職員大会を開催するなどしていた。

宮里政玄は、この与野党の対立関係が、天願事件の直接のきっかけとなった立法院第四選挙区補欠選挙に持ち込まれたと考察している。そして、この補欠選挙に際して、社会大衆党の天願朝行を統一候補として「野党」側が出した声明と統一綱領について「革新的なものであった」と評価した。(13)

宮里はここで、それ以上踏み込んだ叙述をしているわけではないが、彼が「革新的」と評価する「中部地区補欠選挙に関する野党連合声明」（以下、「野党連合声明」と略）と「統一綱領」とは、どのようなものであったのだろうか。

「野党連合声明」は以下の通りである。(14)

第四選挙区の全有権者並びに全琉の同胞諸賢

来る四月一日に施行される第四選挙区の立法院議員選挙に際し、社大党公認候補天願朝行君を両党の統一候補として決定し、次の統一綱領実現のために、従来の野党連合の提携結合を一層強固にし、来るべき選挙に大勝を博するために統一綱領を全人民に発表し、祖国と郷土を熱愛する全人民の鉄の団結を希望してやまない、と共に絶大なる努力と援助を仰ぐためここに共同声明を発表する。

社大、人民両党はその綱領政策の相違にも拘らず、一〇〇万人民の直面する民族的危機に際し民族的な一線に立って、祖国と郷土とを愛する血肉の愛情に立つ全人民の欲求を五つの統一綱領に具現するという共同の目的を見出し、民族愛護の基本線に立って全琉一〇〇万人民を団結させうる信念を共にするが故に、信頼し勇気を以って我々を支持する全人民にこの統一綱領のもとに結束し、最後の勝利を克ちとることを強く訴え、両党はこの勝利の第一歩として今回の補充選挙には全有権者が我々の統一候補たる天願朝行君を圧倒的に勝利させるであろうことを信じて疑わないものである。

「野党連合声明」から読み取れることは、「野党連合」が単なる政党連合の枠に収まらないものであり、より広範な政治社会の結束を呼びかけていたということである。

この「野党連合声明」の執筆者が誰であるかについては、今のところ、筆者は情報を持たない。また、この文章だけでは、人民党、社会大衆党、いずれの党派の影響が大きいかを判断することは難しい。だが、これを執筆した人（あるいは、集団）は、琉球立法院第四選挙区補欠選挙の統一候補（天願朝行）を単なる「野党連合」候補という位置づけとしてではなく、それを超えて、より広範に、「祖国と郷土とを愛する全人民」の代表として位置づけている。当然、こうしたある意味では仰々しいとも感じる意思表示は、対日平和条約発効後の沖縄において拡大しつつあった、日本への「復帰」を求める世論の動向とも関連している。

しかし、だからといって、その「祖国と郷土とを愛する全人民」とは、単純に観念としての「日本国民」と重ねられているのだろうか。

この当時、すでに、民主党側の候補である徳田政雄にしても、公約として、「祖国復帰の早期実現」を掲げており、「復帰」自体は、もはや選挙の争点となっていなかった。(15) 対日平和条約発効後の沖縄における日本への「復帰」を求める世論は、一九五一年四月の「日本復帰促進期成会」および「日本復帰促進青年同志会」の結成、また、「日本復帰を要求する署名運動」、さらに、実際の対日平和条約締結と発効を経て、沖縄住民のあいだに広く浸透しつつあった。つまり、USCARと近い立場の「与党」にしても、こうした社会全体の動向を無視することはできなかったのであり、「復帰」を掲げるか否かという点が、もはや「与党」と「野党連合」を分ける境界線となっているとは言えなかった。

文脈からすれば、「野党連合声明」における「祖国と郷土とを愛する全人民」とは、第一義的にはむしろ、具体的な眼前にいる「全琉一〇〇万人民」のことである。そして、それら琉球諸島の「一〇〇万人民」は、まさに「民族的危機」に直面しているとしている。

その「民族的危機」の具体的な内容は、声明に引き続いて、以下の「統一綱領」に示されている。

統一綱領

（1）条約三条撤廃、即時完全日本復帰実現。

（2）琉球植民地化政策反対、占領政策継続反対。

社大党は占領政策継続反対、人民党は植民地化政策反対のスローガンを掲げております。その本質は同一であります。

（3）労働法の即時制定。

民主々義国家で労働者保護法規のない国は世界にないのであります。われわれは全一〇万の労働者と五〇万に及ぶ家族救護のために来るべき定時会に労働法を制定実施させることを公約するものであります。

（4）土地取上げ、強制立退き絶対反対。

（5）比嘉任命政府の打倒、主席公選の実施。(16)

「統一綱領」の冒頭には、（対日平和）「条約三条撤廃」「即時完全日本復帰実現」が掲げられているが、すでに述べたように、「復帰」自体は、もはや選挙の争点ではなかった。

では、「声明」の言う「一〇〇万人民の直面する民族的危機」とは何を意味しているのだろうか。このとき、「民族的危機」とは、「即時完全日本復帰実現」それ自体を指しているというよりも、より具体的に、労働問題と土地の強制接収、そして、自らの首長を一般選挙で選ぶ「主席公選」をめぐる課題である。つまり、ここで「民族」とは、共に同じ危機に直面し、それを通じて運命を共にしている実体としての「全琉一〇〇万人民」としてあらわされている。

戦後沖縄において、こうした、「人民」の意思表示として「民族」を掲げる動きは、実ははじめてではない。すでに、「日本復帰」を標榜する動きが政治の文脈に登場してくる以前の一九四九年五月、沖縄民主同盟、人民党、社会党という、いわゆる「戦後初期政党」が合同し、高度な自治をめざした知事と議会の公選、憲法制定、所得税廃止、補給物資増配等を要求した「人民戦線」が結成され、「人民大会」が開催された際、そこでも、「人民」の意思表示は「民族」としてもあらわされていた。(17)

別言すれば、一九五三年の琉球立法院第四区補欠選挙における「野党共闘」と「統一綱領」とは、対日平和条約以後の初期の「日本復帰」の文脈に位置付けられるかもしれないが、その政治の核心部分にある「民族」あるいは「人民」の凝集力と動機は、かならずしも「日本復帰」に収斂されるのではなく、むしろ、「復帰」を標榜する運動以前にすでに萌芽していた政治意識、すなわち、沖縄の地域に根ざした生活のなかから発せられる問題提起の延長にあると考えることができるだろう。

二　「琉球政治の自主性」

琉球立法院第四区補欠選挙それ自体は、与野党候補の一騎打ちの選挙戦となった。一九五三年三月一〇日、民主党から徳田政雄の立候補の届出がなされ、続く三月一四日、「野党連合」の候補として、社会大衆党の天願朝行の立候補届出がおこなわれた。

激しい選挙戦が戦われ、両陣営の泥仕合の様相を呈した。投票日直前になると、民主党側は野党連合を支持して選挙運動に加わった中学校教員を「公務員法違反」として告訴したり、また、選挙ビラをめぐり、野党連合が民主党総裁の比嘉秀平や幹事長を告訴したりするなど、小競り合いのような事件も起こった。(18)

結局、四月一日におこなわれた選挙結果は、「野党連合」で社会大衆党の天願朝行が四万二三一二票を獲得、次点の民主党候補の徳田政雄の三万三九一一票に八四〇一票差をつけて圧勝するというものだった。(19)

ところが、敗れた民主党は、USCARに対して、「天願氏が一九四六年六月、前原地区米軍事裁判所で横領罪のかどで懲役重労働一ヶ月半の刑を言い渡されて刑に服した事実を指摘」した。そして、それが一九五一年に発布された米国民政府布令第五七号「琉球政府立法院議員選挙法」第四二条一項「議員の欠員」の理由となる「破廉恥罪」に該当するとして、USCARに対して当選無効の申立をおこなった。(20)

これを受けて、四月五日、USCARは沖縄群島選挙管理委員会に宛て、「立法院議員選挙法第三条第六項の適用により、天願氏の当選証書は同氏の議員たる資格の公的決定あるまで保留する」とし、もしも当選者の天願朝行が失格の場合には「次点の者が当選する」と告知した。(21)

このUSCARによる群島選挙管理委員会宛の告知に対する、沖縄社会の反発は大きかった。そして、「野党連合」

を形成していた社会大衆党と人民党は間髪を入れずに反応し、「植民地化反対共同闘争委員会」を結成し、声明文を発表した。その内容は以下の通りである。[22]

植民地化反対共闘委声明

第四選挙区立法院議員特別選挙に於ける社大、人民両党統一候補天願朝行君の当選に関し、軍は四六年同君が軍裁判で横領罪の宣告を受けたこと及びこれは破廉恥罪に該当するので被選挙権なく当選保留すべき旨群島選管委に書簡を送った。このことは終戦以来琉球人民が占領政治に如何に悩まされかつ今尚その権力下に呻ぎんさせられているかを裏書きするものであり、民主党が又軍の権勢をかりて琉球人民の意思を犠牲にしているかを如実に物語るものである。社大、人民両党は天願君を統一候補として推しその圧倒的支持を受けた以上、選挙民に対する責任上、延いては全琉住民の自主政治獲得のために次の通り態度を表明する。

この声明で興味深いのは、ここでもまた、「日本復帰」を標榜する動きが登場してくる以前の、一九四九年の「人民戦線」「人民大会」で示されていた政治意識の表明であった「自主政治」が掲げられ、「植民地化反対共同闘争委員会」の中心的な主題となっていたことである。[23]

右記に引き続き、「植民地化反対共同闘争委員会」は、具体的に、以下の三点の態度表明をおこなっている。[24]

1. 群島選管委は立法院議員選挙法に基き、有効投票の最大多数をもって当選人を定め直ちに告示などを行い当選証書を付与しなければならないにも拘らず、天願候補を八、四〇一票の大差で当選させた住民の意思を無視し、与えられた機能を自ら抛棄して軍の回答を求めてその決定を逡じゅんしていることは、琉球政治の自主性を踏みにじる断じて許し難い反人民的行為である。

2．軍が選挙民の自由に行使された厳粛な審判に対し、一片の書簡でその結果を覆えさんとする事は非民主的、植民地的琉球政治の証左であり、特に当選証書の保留を支持することは選挙法を自ら否定するものであり、人民の意思に対する抑圧行為である。

3．天願朝行君の被選挙権の有無に関する事実の経緯は同君の声明書にある通りで、その事実に反する如何なる権力による処置も否定する。

天願事件は、そもそも、3に示された天願朝行の「被選挙権の有無」が焦点となる事件である。だが、3の内容が態度表明の冒頭に示されたわけではなかった。むしろ、この態度表明でまず掲げられたのは、「琉球政治の自主性」ということであった。

「琉球政治の自主性」とは何を指しているのだろうか。

この文面からすれば、「植民地化反対共同闘争委員会」は、天願朝行の勝利という選挙結果を無効とすることは、「琉球政治の自主性」を蹂躙することであると述べている。そして、それは「反人民的行為」であり、また、この選挙結果を覆そうとすることは「非民主的、植民地的琉球政治」の証左であるとする見解を示している。

その上で、「植民地化反対共同闘争委員会」は、以下のように声明を締めくくっている。(25)

吾々は事実を歪めんとする一切の策謀と権力に対し住民の名においてあくまで抗争する。植民地政策反対、占領政策継続反対の基本線に立って民族の危機から全琉を救うべく民主的闘争を続けている両党は、今回の選挙に当りバクロされた軍の権勢と結びつく任命比嘉政権並びにこれを支持する民主党の計画的に企まれた反人民的行動に対し、全琉住民の総意を反映してここに民族統一戦線の第一歩として植民地化反対共同闘争委員会を結成し人民解放のために先頭に立って徹底的闘争を展開することを誓う。

ここで、「植民地政策反対」と「占領政策継続反対」の二つが並んで基本線として示されている点については、これは、前節で示した「統一綱領」においても、「(2)琉球植民地化政策反対、占領政策継続反対」と示されたものをそのまま引用しているものである。また、「統一綱領」では、その綱領に「社大党は占領政策継続反対、人民党は植民地化政策反対のスローガンを掲げて」いるが、「その本質は同一」だとしている。

この点に関連して、櫻澤誠は、二〇一五年に刊行された『沖縄現代史』のなかで、「この時期の社大党と人民党は必ずしも蜜月ではない」として、「社大党の政策目標は、反共主義を明確にした上で、米軍との全面対立は避けながら、問題点を主張し自治の拡張をはかり、日本復帰に繋げていくことであった」と述べている。(26)

しかし、すでに示したように、この時点で、「復帰」は民主党の候補者の政治目標でさえあったのであり、社会大衆党の政治目標を「日本復帰に繋げていく」という点に収斂させて考えることでは、この時期の政治社会の本質を掴むことは難しいだろう。むしろ、社会大衆党と人民党という二つの政治組織による「野党連合」の焦点は、「政治の自主性」の確立に力点が置かれていたと考えた方が現実に沿った理解に近づくことができるのではないか。

当選を剥奪されたとはいえ、民主党と社会大衆党・人民党、いずれの候補も「復帰」を掲げながら、「野党連合」の候補が勝利するという一九五三年四月の立法院議員第四区補欠選挙の結果がそのことをよく物語っているだろう。

三　「破廉恥罪」

天願事件の経過のなかで、聞き慣れない「破廉恥罪」という罪名が出てくる。この罪名はいったい何を意味しているのだろうか。

「破廉恥罪」とは、日本語の一般な辞書では、殺人や強姦といった「道義的な非難を受けるような犯罪」の総称とされる。(27)しかし、「野党連合」の候補者であった天願朝行は、殺人や強姦などの重罪を犯した訳ではない。にもかかわらず、天願事件において、彼は民主党とＵＳＣＡＲから「破廉恥罪を犯した」として指弾され、被選挙権と当選を剥奪された。

他方、米軍側の文書で使用されている法律用語では、**"crimes involving moral turpitude"** である。日本語に直訳すれば、「道徳的堕落による犯罪」という意味になる。従って、米軍支配下の沖縄において、米軍によって「破廉恥罪」とされたものは、**"crimes involving moral turpitude"** としての「破廉恥罪」であり、先に示した殺人や強姦などの重罪（**felony**）だけに絞られるものではない。その定義は曖昧で、恣意性を完全に排除することが困難である。

戦後の沖縄で、「破廉恥罪」は、一九五一年一二月一八日発布の米国民政府布令第五七号「琉球政府立法院議員選挙法」の第四二条一項、「懲役又は禁こ《ママ》を以つて処罰できる収賄罪、偽証罪又は破廉恥罪につき有罪の判決があったとき」という条文のなかに登場してくる。(28)しかし、この条文だけでは「破廉恥罪」の中身はよくわからない。

ここで、天願事件で問われた「破廉恥罪」の内容と経過をふりかえっておこう。

一九五三年四月一日におこなわれた選挙結果は、「野党連合」で社会大衆党の天願朝行が民主党候補の徳田政雄に圧勝するというものだった。しかし、敗れた民主党は、ＵＳＣＡＲに対して、「天願氏が一九四六年六月、前原地区米軍事裁判所で横領罪のかどで懲役重労働一ヶ月半の刑を言い渡されて刑に服した事実を指摘」し、それが「破廉恥罪」に該当するとして、USCARに対して当選無効の申立をおこなった。

これを受けて、四月五日、USCARは沖縄群島選挙管理委員会に宛て、「天願氏の当選証書は同氏の議員たる資格の公的決定あるまで保留する」とし、もしも天願が失格の場合には「次点の者が当選する」と告知した。

ここでまず問題となるのは、民主党が「指摘した」とされ、「破廉恥罪」による当選無効の申立をおこなった根拠とされた「横領罪」とは何かということである。

それは、沖縄戦終結後間もない時期に遡ったある出来事を指している。これは、一九四六年当時、具志川村長であった天願朝行が、部下である村役場の職員が配給米で酒を醸造した責任を負って、「横領罪」の判決を受けたものだった。しかも、その酒の醸造は、具志川出身の有力者・志喜屋孝信の沖縄知事就任祝賀会のためのものであった[29]。だとすれば、問題とされた祝賀会で振る舞われたであろう酒そのものについて注目すると、それを飲んだ人びとのなかには、おそらく民主党党首の比嘉秀平自身、また、米軍政府の要人も含まれていたであろうことは想像に難くない。

この「横領罪」判決は、戦後間もない、未だ収容所生活の続く混乱期に起きたことであり、内容も、天願自身が犯したというよりも、天願が具志川村長という責任ある立場であったことから、同村出身の先輩である志喜屋のために働かざるを得なかった部下をかばったことによるものであった。民主党は、そうした戦後混乱期の出来事をわざわざ蒸し返したのである。

しかし、USCARは、民主党によるこの申立を受けて、この「横領罪」が「破廉恥罪に該当する」として天願朝行候補を当選保留にした。

先に触れた「植民地化反対共闘委声明」には、後半部分に、「天願朝行氏声明」が付けられている。そのなかで、天願は、改めて当選告示の延期に抗議し、「横領罪」について以下のように述べている。

私は横領罪を犯した事実もその点で取調べをうけたこともない。この事件は村長たる私を失脚せしめんとする策謀と当時の軍某憲兵（二世）の或る要求をはねつけたことに禍されたものである。(30)

この抗議文にある、天願と「軍某憲兵（二世）」とのあいだに起こったとされるトラブルについては、現段階でその詳細は不明である。ただ、こうした描写のなかに、当時、沖縄住民の抱いていた軍政に対する印象が投影されている。

天願朝行は続けて述べる。

凡そ占領直後の軍事裁判がどんないいかげんのものであったか、住民が不当の裁判に苦しめられたかは周知の事実である。民主党や軍が四六年のこの事件を今次選挙に持出して然も全然事実と相違する表現をもって住民の総意をゆがめんとする策謀に対しては、私は全住民に代ってどこまでも戦い、いかなる犠牲を払っても奴隷視されようとする立場から正義を護り抜く決意である。(31)

ここで天願が述べているように、一九四六年当時の司法制度は占領初期のきわめて不安定で流動的なものであった。一九四六年二月に米国海軍軍政府特別布告第五号「刑事裁判所設立」が発布され、「簡易裁判所」と称されるものが設置されていたものの、この時期、多くは即決軍事裁判で裁かれた。ここで天願が犯したとされる「横領」も同様である。間もなく、米軍政府の管轄が海軍から陸軍に移管された後の同年九月には、米国軍政府特別布告一二号

「各種裁判所の創設」が発布され、「簡易裁判所」は廃止されて区裁判所が設置されると同時に、各裁判所の刑事と民事の管轄権も再編された。もちろん、日本の裁判所の司法権は停止されていたものの、裁判の根拠となる法源や体系も、軍法規や布令布告、あるいは、旧日本法等が複雑に併存する状態であった(32)。国際法学者の新城利彦は、そうした状態を「法の雑居」と呼んだ(33)。しかも、そうした「雑居」は、単に法源や条文が「雑居」しているのではなかった。警察から検察、裁判所、刑務所に至るまで、制度と実態そのものが「廃墟」になってしまったなかで、継ぎ接ぎだらけの占領空間に法と制度が「雑居」しているような状態だったのである。こうした司法の状況はその後も続いた。

こうしたなか、結局、琉球政府法務局は、「破廉恥罪」を「道義上卑劣を含んだ犯罪」、たとえば、殺人罪や窃盗罪と定義し、一九四六年に天願朝行が犯したとされる「横領罪」は「破廉恥罪」に該当しないという見解を明らかにした(34)。

これと前後して出された沖縄群島選挙管理委員会の告示は、天願に対する「破廉恥罪」の適用の否定は、法務局の見解よりもさらに明確なものであった。

沖縄群島選挙管理委員会は、ＵＳＣＡＲの選挙無効の指示の内容について、先の琉球政府法務局の見解と併行して、事実関係に慎重な検討を加えていた。法務局は、「軍から取寄せた当時の裁判の記録」「当時の警察における記録」「天願朝行氏からの声明書」を検討した。そして、以下のように判断した。

以上を検討審議したところ同氏の罪状は、当時村長として部下吏員の計画した配給申請書に捺印はしたが実際自分で醸造したのでもなく、その使用の目的が自己のためでもなく、同村出身の某氏の祝賀会に使用されている点を勘案考究するに、当時の社会状態が終戦直後の事とて民心が混乱の状態にあって、道義心が低下していた時代でもあり、なお刑期が僅か一ヶ月半である。

然るに四月四日民政官からの書簡の末尾にある「同氏の議員たる資格の決定あるまで保留する」という主旨に基きその筋に照会したがその意見を参考にすることは出来なかった。[35]

その結果、四月一二日、沖縄群島選挙管理委員会は声明を発表して、「野党連合」の候補であった天願朝行の当選を決定した。

この沖縄群島選挙管理委員会の声明には付記が添えられている。この内容は、米軍が課した「破廉恥罪」の意味を考える上で重要である。以下、引用する。

破廉恥罪という罪名は、従来琉球列島内に施行されていた法律のいずれの条文にもない。米軍占領においてははじめて条文に織り込まれた罪名である。（中略）米国地方裁判所による黒人法律辞典第三版一七六六頁によれば、重罪およびそれ自身罪悪であって頽廃心を暴露するような犯罪等の如き最も重大な罪科に限定されるとし、また岩波法律学小辞典（昭和一二年一一月一五日発行）九〇八頁によれば、破廉恥罪的情操に因って為された犯罪、破廉恥罪的情操とは利欲、権勢欲、名誉欲等の如く社会的下劣な衝動のことをいう（中略）また末川博編法学辞典第二版七八三頁には著しく反道徳的な行為を内容とする犯罪の呼称と説明されている。

（中略）

要はその行為自体が現代の社会通念に照らして道徳的非難の的となり得るか否か。（中略）その様な判決理由案からして、天願朝行の罪状は破廉恥罪に該当するとは思われない。[36]

この付記が興味深いのは、まず、「破廉恥罪」という罪名が米軍占領下ではじめて持ち込まれたものであることを記しているとである。つまり、近代法としての刑法は、日本ではドイツ刑法を参照していたことから、沖縄では米軍の占領統治によって、英米法的な概念に接触したということになるだろう。

次に、米国における用法を紹介し、その際、『黒人法律辞典』によるものとして、「それ自身罪悪であって頽廃心を暴露するような犯罪」という定義を引用していることである。

しかし、ここで『黒人法律辞典』とされているものは実在しているものではない。実は、この『黒人法律辞典』とされているのは、米国で広く普及してきた一般的な法律辞典、*Black's Law Dictionary* のことを指していると思われる。

沖縄群島選挙管理委員会は、*Black's Law Dictionary* のことを故意に『黒人法律辞典』と訳出したわけではないだろう。なぜなら、ここでは、『岩波法律学小辞典』等の日本で一般的に使用されてきた法律辞典と並べて紹介しているからである。もちろん、単純な誤訳かどうかは判断できないが、しかし、この、いわば直観的な誤解に基づく誤訳は、執筆者の意図を超えて、図らずも、天願朝行に課せられた「破廉恥罪」の人種主義的で排斥的な特徴を伝えているのではないか。

"crimes involving moral turpitude"、あるいは「道徳的堕落による犯罪」は、米国の法制史の文脈では、一般に、移民法に関連して登場してくる。入国拒否の対象として、"crimes involving moral turpitude" が明記されたのは、一八九一年の移民法においてである。以後、この犯罪については、第一次世界大戦中に制定された一九一七年移民法でも繰り返された。一八九一年の移民法に先立つ一八八〇年代の中国人排斥法等も含め、こうした入国拒否や国外退去の理由を「道徳」に反するという観点を持ち出すことの背景には、アングロ・サクソン系中心のアメリカ社会が、アジアやラテンアメリカからの「非白人」、また、ヨーロッパ人のなかでも、アングロ・サクソン系が、自分たちよりも「人種的に劣っている」と見なしていた南ヨーロッパや東ヨーロッパの人びとの流入を「脅威」と考えていたこと

がある。(37)

近年では、この "crimes involving moral turpitude" という法概念の曖昧性が、移民法をめぐる米連邦最高裁判所の故ルース・ベイダー・ギンズバーグ (Ruth Bader Ginsburg) 判事による発言をはじめ、さまざまに指摘され続けてきた。「道徳」を基礎として犯罪の概念を作り出すことについては、より根深いアメリカ史の問題として、奴隷制やジム・クロウ法による分離政策等が作り上げた、アフリカ系の人びとに対する「人種」に依拠する白人至上主義的な犯罪観の影響も指摘されている。(38)

USCARがなぜ、そして、いかにして「破廉恥罪」、つまり、「道徳的堕落による犯罪」という概念を沖縄の統治に適用したのかについては、筆者はまだ十分な検証ができていないが、少なくとも、この罪が住民の公民権(公職に関する選挙権・被選挙権)の制限に対して適用されていたことは、アメリカによる沖縄に対する統治の本質を考える上で重大である。「破廉恥罪」は、その後も米軍統治下の選挙における被選挙権の剥奪の理由として繰り返された。(39)今後、より詳細な検証が必要である。

四　統治者の記録

天願事件について、統治者の側はどのようにとらえていたのだろうか。この点は、依然として、USCAR等の資料を通じた検証が十分におこなわれているわけではないが、これまでの沖縄現代史研究のなかで、いくつかの興味深い指摘がある。

一つは、新崎盛暉が一九六五年の『沖縄問題二十年』のなかで指摘していることである。新崎は、天願事件とは、「親米的保守政党」としての民主党が、綱領に「日本復帰」を掲げているにもかかわらず、結成以来、三度の琉球立法院議員補欠選挙で敗北したことによって、投票行動にあらわれた「民衆の民主党批判の動きにろうばいした米軍」が、自ら「直接的な選挙干渉にのり出した」ものであったと考察している。[40] つまり、天願事件は、その後続いた、USCARが前面に出てくる選挙介入の本格的なはじまりを意味していた。こうした点については、時間の幅をさらに広くとった丁寧な調査と考察が必要であり、今後の課題である。

これに深く関連して、もう一つの興味深い指摘は、二〇〇〇年の『日米関係と沖縄』のなかで、宮里政玄がUSCARと民主党の関係に触れている点である。[41]

宮里は、一九九〇年代後半に新たに公開された資料をもとに、天願事件について、「沖縄側の特徴的な行動である」とし、行政主席の比嘉秀平の行動について、資料から以下のように抜き出している。

選挙前に民主党には天願候補の横領罪について知らせてあったが、民主党は故意に天願の失格問題を放置し、選挙管理委員会の決定をまって問題を上訴裁に提訴することにしていた。比嘉主席は、問題が起こるのを待ち、その処理を米国民政府に任せる（それは比嘉主席のやりかたであったとされている）つもりでいたのである。[42]

この内容について検証してみたいと思うが、まず、経過をおさえておこう。

一九五三年四月一五日、USCARの首席民政官であったジェイムズ・M・ルイス米陸軍准将（James M. Lewis, Brigadier General, U.S. Army）は、「植民地化反対共同闘争委員会」に対して解散命令を出した。その理由は、対日平和条約に調印した米国および日本への「侮辱」というものであった。

この運動の声明の目的は明らかに米国に敵意をふくみ、日本政府ならびに対日講和条約調印国を侮辱するものであることが明瞭である。かかる目的は琉球住民の利益に反するものだと本官は思考する。委員会の名称、そのものからして、米国に対して侮辱を加えるものである。したがって諸君がこの目的ですでにとった行動を直ちに中止し、この団体を即刻解散することを命ずる。さらに同様な目的をもつ他の団体の結成を防止するに極力、努力することを命ずる。かくの如き誹謗的な問題は今後の選挙にも絶対に起さないよう諸君の努力を要求する。(43)

この命令を受けて、「植民地化反対共同闘争委員会」は、解散に際して以下のような声明を出している。

われわれは、米国が、琉球を植民地化しないとの最高至純な方針に信頼するとともに、現実がその方針にそわない点を批判し、人権を尊重する民主国家としての米国の民主主義が、琉球においても例外なく行われることを要望し、主張するものであり、そのために民主的闘争に訴えているのである。

われわれの目的が琉球住民の利益に反するものと思考するとのべられているが、われわれが平和条約三条撤廃による完全日本復帰を主張し、かつ、同三条にもとづく政治が軍事占領継続や、植民地化的政治であってはならないと叫び、土地の強制立退きが人権を侵害するものであるとして反対し、あるいは、労働法規の制定により働く者の権利の擁護を求め、人民に責任のある主席の公選を主張するのはすべて琉球住民の切なる要望であり、これに応えるのが住民の利益である。

このためにする政策批判の自由は何人も剥奪することはできないはずである。これをもって敵意あるとし、あるいは侮辱とし、誹謗と解することは民主政治を否定するものである。(44)

「植民地化反対共同闘争委員会」は、土地の強制接収に反対し、また、主席公選労働法規の制定を求めるなど、ここでも一貫して「琉球住民の切なる要望」を述べている。

この解散命令の翌日、四月一六日、ルイス准将は東京に向かい、米国大使館と極東軍司令部に事態の説明をおこなった。[45]先述の宮里政玄が取り上げたのは、ここでの事態の認識のやりとりである。

筆者は、宮里が参照している米国公文書の国務省十進分類番号だけでは引用元の資料の確実で十分な復元性が得られなかったため、ここでは、米国国立公文書館所蔵の国務省在外公館文書記録に収められている、在沖縄の米国副領事であったトーマス・H・マーフィン（Thomas H. Murfin）による国務省宛のメモを使って検証する。[46]

マーフィンは、全体として、USCARの「琉球の自主政治に対する軍の介入」について好意的ではない。その理由は、先に示した「植民地化反対共同闘争委員会」の解散宣言で述べられているようなこと、つまり、USCARが「民主政治を否定」したからではない。

そうではなく、むしろ、マーフィンは、ルイス准将とUSCARのとった「当選無効を宣言する」というやり方は、「目先にこだわったやり方」であって、「USCARの立場をなお一層難しいもの」にしていると考えたのである。

大半の沖縄の住民の感情は、（一九四六年）当時、決定的に不足していた食糧供給を流用した天願に対する憤りではなく、それは天願が単に市長職の特権を行使しただけであり、しかもそれは天願の個人的な利益のためではなく、仲間の村民への配慮であった。占領当局から追加の物資を確保することは、たとえ違法であっても、犯罪ではないという暗黙の感情もあった。

つまり、マーフィンは、こうした住民感情からすれば、天願に対する処分は厳しすぎるものと映っただろうし、当然の帰結として、再選挙をすれば民主党は再び敗北することが目に見えていると見なした。

興味深いのは、マーフィンは、ここで、批判の矛先をＵＳＣＡＲの首席民政官であるルイス准将ではなく、自分たちが成長をはかったものの、思い通りには動かない民主党と比嘉秀平行政主席に向けていることである。

ルイス准将の行動は、疑いなく琉球政府行政主席の比嘉秀平によって扇動されたものである。比嘉には政治的な鋭敏さが欠如しており、頻繁にＵＳＣＡＲをローカルな政治に巻き込もうとする。民主党は、ルイス准将が天願の失格を宣言し、敗れた民主党候補である徳田政雄が当選告知されることを望んでいた。

しかし、民主党が望んだような、次点の徳田が繰り上げ当選となるような結果にはならなかった。

新しく選挙を実施するという決定は、比嘉主席を含め、誰のことも喜ばしたりしていない。そして、比嘉は琉球政府の細ってしまった財政のなかから新たな選挙を実施するための公的な資金を探すという課題に直面している。敗北した徳田候補の支持者たちは、別の選挙に出馬するのに「あと二百万円も？」という反応を示している。民主党の立法院議員は「前の選挙で八千票差で負けたが、今度は一万票差で負けるだろう」とコメントしたと伝えられている。

マーフィンは、こうした状況は社会大衆党と人民党に有利に働いていると考えた。

有権者の反応は、五月三一日の新しい選挙ではっきりと示されるだろう。ＵＳＣＡＲが天願を失格にすることによって、野党はその威信や力量を失ったようには見えないし、選挙後の成りゆきとしては、野党の綱領を支持するさらなる徴候が次々と出てきて、彼らはもっと力をつけていくだろう。選挙に関するＵＳＣＡＲの行動と、家族住宅のための銘苅区の土地の強制接収は、野党の「琉球の植民地化に反対する」「土地の没収と強制退去に反対する」などの野党の綱領の思う壺である。

そして、先に示した解散声明に対する「植民地化反対共同闘争委員会」について、「ますます反米的」になっており、人民党の「急進派」の宣伝手段となっていると述べている。

実際、天願朝行と弁護士の知念朝功による、再選挙を目指した度重なる天願の被選挙権回復の請願をＵＳＣＡＲは拒否している(47)。

その理由について、ＵＳＣＡＲ渉外局のリチャード・Ａ・デイヴィス（Richard A. Davies）は、このままでは当然天願が再び当選してしまうだろうし、それでは「民主党が臍を曲げてしまうだろう」と述べている(48)。つまり、統治者は、被統治者のなかの貴重な米軍への「協力者」を失ってしまうことを恐れていたということである。

結びにかえて

ここまで、一九五三年の琉球立法院議員第四選挙区補欠選挙をめぐって発生した政治事件、天願事件に関して、いくつかの点から考察してきた。天願事件は、一九五〇年代沖縄における人権抑圧の「暗黒時代」を象徴する重要な事件の一つであり、ＵＳＣＡＲの政治介入の特徴や政治社会の特徴が反映されている。

実は、事件そのものの時期は非常に短い。第四区の立法院議員補欠選挙がおこなわれた一九五三年四月一日から、

「植民地化反対共同闘争委員会」の解散に至るまでの時間は二週間ほどしかない。事件のはじまりを民主党議員・天願朝順が急死した二月一三日、あるいは、二月一五日の沖縄群島選挙管理委員会による第四選挙区欠員の宣言にさかのぼっても、わずか一〇週間弱、あるいは、事件の収束を、だらだらと引き延ばされた挙げ句、最終的に第四区の補欠議員が決まった七月中旬頃と考えたとしても、半年に満たない出来事である。(49)

また、実際に、亡くなった天願朝順にしても、その死を予想する者はいなかった。まったく予想されていなかった一つの事件――旧正月を前にした大晦日の那覇の市場でのスリ事件――がなければ、琉球立法院第四区補欠選挙がおこなわれることもなかった。

民主党議員の天願朝順が遭遇した、旧正月大晦日のスリ事件とは、以下のようなものであった。

> 天願氏は、その日（十三日）立法院本会議に出席、議員給与を貰い翌日は旧正《ママ》でもあるので、孫のために手土産などを買って、いそいそと郷里の具志川へ帰るところ、バスに乗り込もうとしあの災難だった。目撃者は「大宝館の横で、泥棒と大声をだしながら、小父さんが走っていった……」といっている。想像するまでもなく、天願氏はあのときスリにやられたと気付くや怒り心頭に発したのであろう、カッとなって持病の高血圧症も忘れ彼を追跡したのではなかろうか。同氏は途中で路傍にしゃがみ、息を入れていたともいわれる。同氏の死因は直接的には肉体的故障によるものであっても、つきつめて考えると確かにスリの暴挙が誘因となっているのではないか。(50)

そして、ルイス准将が「植民地化反対共同闘争委員会」に対して解散命令を出した翌々日、『沖縄タイムス』は、このことについて、以下のように評している。

講和条約発効後一年、今回の政治的混乱は、その遠因はその後の琉球の地位ということにあったのかもしれない。波瀾万丈の中部補選は、その意味では琉球政治の根本に直結していたといえないこともない。名もない一人のスリが投じた一石は、その波紋を今後どこまでひろげていくことか(51)？

つまり、天願事件は、圧縮された短い時間のなかで、偶然によって生み出された自主的な政治の機会でもあった。そして、「植民地化反対共同闘争委員会」それ自体は実に短命な「組織的抵抗」であったが、天願事件以前にある対日平和条約発効以前の「人民戦線」の経験、また、天願事件の以後の一九五〇年代の「島ぐるみ闘争」を考えると、偶然から現実に起こってくる諸契機を、いかにして必然という力に変えていくことができるのかという、米軍支配とせめぎあう沖縄の戦後政治のダイナミズムのあらわれでもあるだろう。

天願事件は、第一次琉大事件やメーデーへの弾圧、また、銘苅の土地の強制接収、労働問題等、同時期のさまざまな事件や課題の脈絡とも深くかかわっている。それらと有機的に結びつけた考察が今後の課題である。

注

（1）琉球列島米国民政府の英語による正式名称は、The United States Civil Administration of the Ryukyu Islands である。
（2）沖縄県文化振興会公文書管理部史料編集室編『沖縄県史　各論編7　現代』（沖縄県教育委員会、二〇二二年）。
（3）島袋邦「天願事件」（沖縄タイムス社編『沖縄大百科事典』中巻、沖縄タイムス社、一九八三年）八五九頁。
（4）島袋邦「植民地化反対闘争委員会」（沖縄タイムス社編、同右書）四四六頁。
（5）宮里政玄『アメリカの沖縄統治』（岩波書店、一九六六年）。
（6）島袋邦「住民の政治的動向」（宮里政玄編『戦後沖縄の政治と法――一九四五～七二年』東京大学出版会、一九七五年）。

(7) 宮里政玄は、一九三一年今帰仁村生まれ。マスキンガム大学を経て、オハイオ州立大学大学院で博士号取得。琉球大学法文学部で教鞭をとった後、国際大学、獨協大学で国際政治学を教えた。二〇〇一年、第二九回伊波普猷賞受賞。一九九八年より沖縄対外問題研究会代表を務める。二〇一九年死去。主著として、前掲『アメリカの沖縄統治』の他、『アメリカの対外政策決定過程』(三一書房、一九八一年)、『サンフランシスコ講和』(渡辺昭夫と共編著、東京大学出版会、一九八六年)、『日米関係と沖縄 一九四五〜一九七二』(岩波書店、二〇〇〇年)、『沖縄「自立」への道を求めて――基地・経済・自治の視点から』(高文研、二〇〇九年)、また、学術的自伝として、『学問と現実の津梁――戦後沖縄を生きて』(琉球新報社、二〇一一年)がある。

(8) 宮里政玄「アメリカの沖縄統治(上)」(琉球大学人文社会科学研究所編『人文社会科学研究』第一号、一九六三年一一月)、同「アメリカの沖縄統治(中)」(『人文社会科学研究』第二号、一九六四年五月)、同「アメリカの沖縄統治(下)」(『人文社会科学研究』第三号、一九六四年一二月)。

(9) 前掲、宮里『アメリカの沖縄統治』六四―六五頁。

(10) 沖縄戦終結から群島知事選挙に至る政治組織の形成と変容については、筆者は、拙著『ジープと砂塵――米軍占領下沖縄の政治社会と東アジア冷戦 1945〜1950』(有志舎、二〇一五年)のなかで考察した。

(11) 沖縄の政党史の研究としては、比嘉幹郎『沖縄――政治と政党』(中央公論社、一九六五年)を参照。社会運動と政党の関係については、新崎盛暉『沖縄戦後史』(中野好夫との共著、岩波書店、一九七六年)を参照。また、土地接収に関連させつつ、民主党の「現実主義」路線を分析したものとして、鳥山淳『沖縄/基地社会の起源と相克 一九四五―一九五六』(勁草書房、二〇一三年)がある。その他、近年の研究としては、人民党に焦点を当てた森宣雄『地のなかの革命――沖縄戦後史における存在の解放』(現代企画室、二〇一〇年)や通史的に概観した櫻澤誠『沖縄現代史――米国統治、本土復帰から「オール沖縄」まで』(中央公論新社、二〇一五年)などがある。ただ、一九五〇年代の政党史については、米軍統治との関係のダイナミズム等、掘り下げられるべき点は多々残されており、今後の研究の発展が望まれる。

(12) 沖縄戦から占領初期の政治史については、前掲拙著他参照。

(13) 前掲、宮里『アメリカの沖縄統治』六一頁。
(14) 『沖縄タイムス』一九五三年三月一六日（中野好夫編『戦後資料　沖縄』日本評論社、一九六九年、一一七―一一八頁）。
(15) たとえば、「現地に見る補欠選挙」（『沖縄タイムス』一九五三年三月二五日朝刊）他参照。
(16) 『沖縄タイムス』一九五三年三月一六日（『戦後資料　沖縄』一一七―一一八頁）。
(17) 一九四九年の「人民戦線」と「人民大会」については、前掲拙著、とくに第七章「自主沖縄」を参照。
(18) 「中部補選／投票あと二日に迫る／負けられぬこの一戦／各党も本部をコザへ移動／ビラも撒いて白熱化／てんやわんやの両陣営」（『沖縄タイムス』一九五三年三月三〇日朝刊）。「中部補選／決選の時は迫りぬ／弁士も聴衆と取つくみ合い／具志川村での得票大きく響くか」（『沖縄タイムス』一九五三年三月三一日朝刊）。「中部地区立法院議員選挙に波紋／教員が選挙違反？／民主党側から訴え」（『沖縄タイムス』一九五三年三月三一日夕刊）他。また前掲、宮里『アメリカの沖縄統治』六一頁。
(19) 「沖縄群島選挙管理委員会告示第一二号」（宜野湾市教育委員会文化課編『宜野湾市史　第八巻　資料編7　戦後資料編Ⅰ　戦後初期の宜野湾（資料編）』宜野湾市教育委員会、二〇〇八年）三四〇頁。
(20) 前掲、宮里『アメリカの沖縄統治』六一―六二頁。一九五一年一二月一八日発布の米国民政府布令第五七号「琉球政府立法院議員選挙法」は、「米国民政府布令／Civil Administration Ordinance 1950年～1952年　第029号～第091号」（琉球政府総務部渉外広報部文書課、一九五〇年一二月二八日～一九五二年一一月一日、沖縄県公文書館所蔵琉球政府文書［資料コード：RDAE000055］）参照。
(21) 「米民政府の選挙管理委員会あて書簡」（『沖縄タイムス』一九五三年四月五日、『戦後史料　沖縄』一一八頁）。
(22) 『沖縄タイムス』一九五三年四月六日（『戦後資料　沖縄』一一八―一一九頁）。
(23) 前掲拙著、とくに第七章「自主沖縄」を参照。
(24) 『沖縄タイムス』一九五三年四月六日（『戦後資料　沖縄』一一八―一一九頁）。
(25) 『沖縄タイムス』一九五三年四月六日（『戦後資料　沖縄』一一八―一一九頁）。

（26）前掲、櫻澤『沖縄現代史』四六頁。
（27）『大辞林　第三版』（三省堂、二〇〇八年）による。
（28）前掲、「米国民政府布令／Civil Administration Ordinance １９５０年～１９５２年　第029号～第091号」（沖縄県公文書館所蔵琉球政府文書［資料コード：RDAE000055］）。
（29）前掲、宮里『アメリカの沖縄統治』六一―六二頁。
（30）『沖縄タイムス』一九五三年四月六日（『戦後資料沖縄』一一八―一一九頁）。
（31）『沖縄タイムス』一九五三年四月六日（『戦後資料沖縄』一一八―一一九頁）。
（32）垣花豊順「米国の沖縄統治に関する基本法の変遷とその特質」（前掲、宮里編『戦後沖縄の政治と法』）三三二―三三三頁。
（33）新城利彦「国際法と沖縄」（前掲、宮里編『戦後沖縄の政治と法』）三一四―三一五頁。
（34）前掲、宮里『アメリカの沖縄統治』六一―六二頁。
（35）「沖縄群島選挙管理委員会告示第一二号」（前掲『宜野湾市史　第八巻』）。『沖縄タイムス』一九五三年四月一二日（『戦後資料沖縄』一一九頁）。
（36）同上。
（37）Benjamin C. Montoya, "Immigration Policy and US Foreign Policy before 1945," *Oxford Research Encyclopedia of American History*, 28 August 2019［https://doi.org/10.1093/acrefore/9780199329175.013.619（二〇二三年四月一五日取得）］。
（38）Elijah T. Staggers, "The Racialization of Crimes Involving Moral Turpitude," *Georgetown Journal of Law & Modern Critical Race Perspectives*, Vol. 12, Issue 1（Spring 2020）. 近年、「道徳的堕落による犯罪」に関する議論は、トランプ政権成立以後の移民排斥をめぐって増える傾向にある。たとえば、Stephanie Hinnershitz, "The Long History of Anti-Immigration Legislation and 'Crimes Involving Moral Turpitude'," *History News Network, George Washington University Columbian College of Arts & Science*, July 4 2019［https://historynewsnetwork.org/article/171665（二〇二三年四月一五日取得）］他参照。法的な概念等、森川恭剛氏（刑法学）から貴重な参考意見をいただいた。

(39) 照屋寛之「米軍統治下における立法院議員選挙——米民政府の選挙干渉と裁判移送問題」（日本大学『政経研究』第五三巻第二号、二〇一六年一〇月）他参照。

(40) 新崎盛暉・中野好夫『沖縄問題二十年』岩波書店、一九六五年、五六—五七頁。

(41) 前掲、宮里政玄『日米関係と沖縄』一〇七—一〇八頁。なお、本書において、宮里が一九五三年に発生した天願事件を「一九五四年」の事件としている点は誤植と思われる。

(42) 同上。

(43) 「植民地化反対共闘委員会に対するルイスの解散命令書」（前掲『戦後資料沖縄』一二〇頁）。A letter from Gen. Lewis to Anti-Colonization Committee, dated April 15, 1953, RG 84, Japan, Tokyo Embassy, Classified General Records, 1952–63, Box no. 25, Folder no. 4：322.3, Ryukyu Islands, National Archives and Records Administration, College Park（以下、NACPと略）。

(44) 新崎盛暉編『ドキュメント沖縄闘争』亜紀書房、一九六九年、六二—六三頁。

(45) 『沖縄タイムス』一九五三年四月一七日（原紙の頁の日付は四月一六日となっているが、これは誤植である）。

(46) Memorandum of Thomas H. Murfin, April 30, 1953, RG 84, Japan, Tokyo Embassy, Classified General Records, 1952–63, Box no. 25, Folder no. 4：322.3, Ryukyu Islands, NACP.

(47) A letter from Choko Tengan and Choko Chinen to Deputy Governor, USCAR, May 2, 1953, RG 260, The Legal Department, Box no. 20, Folder no. 8：Politics—Election, 1950–1956, NACP.

(48) Memorandum of Petition for Clemency（Choko Tengan）, June 22, 1953, RG 260, The Legal Department, Box no. 20, Folder no. 8：Politics—Election, 1950–1956, NACP.

(49) 「沖縄群島選挙管理委員会告示第一号　宣言書」（前掲『宜野湾市史　第八巻』三三六頁）。

(50) 「故天願氏の死とスリ」『沖縄タイムス』一九五三年二月一四日夕刊。尚、「旧正」とは、沖縄で一般的に用いられている、旧正月を指す略語である。

(51) 「波乱万丈の二ヶ月間／スリの投じた一石の波紋どこまでひろがる？」『沖縄タイムス』一九五三年四月一七日。

【付記】本稿は、科学研究費補助金基盤研究C「現代沖縄における思想の生成に関する基礎研究」（二〇一八年度〜二〇二二年度／課題番号18K00116／研究代表者・我部聖）、科学研究費補助金基盤研究C「米軍統治下の沖縄における占領の社会史と秩序意識に関する基礎研究」（二〇一九年度〜二〇二二年度／課題番号19K00989／研究代表者・若林千代）、科学研究費補助金基盤研究C「戦後沖縄における冷戦と占領の社会史の研究——法・秩序・周辺化される身体に注目して」（二〇二二年度〜／課題番号22K00906／研究代表者・若林千代）の助成を受けた。

Ⅲ　沖縄返還交渉にみる有事基地使用
――韓国・台湾・ベトナムを巡って――

豊田祐基子

第一節　沖縄「自由使用」の価値

二〇二二年五月一五日、沖縄の施政権返還から五〇年となるこの日、沖縄での記念式典に出席した岸田文雄首相は演説で日本復帰が戦後四半世紀を米軍統治下で過ごした沖縄県民の悲願であったとした上で「戦争によって失われた領土を外交交渉で回復したことは史上まれなこと」であり、それは「日米両国の友好と信頼」により可能となったと述べた。(1) この時点で日本国土の〇・六%を占める沖縄県には、在日米軍基地の七割が集中している。岸田や日本政府が最重要課題として強調する「基地負担の軽減」が五〇年来進んでおらず、施政権返還とその後の米軍基地の在り方が、県民の要望とは乖離した状況であることをむしろ強く印象付けることとなった。最大の理由は施政権返還を実現させた「日米の友好と信頼」こそが、日米両政府の同意の下に極東最大の要衝である沖縄の基地を返還前と変わらず米軍が使用し続けることに置かれていたからである。

ニクソン（Richard Nixon）米大統領との施政権返還合意を実現した佐藤栄作政権が掲げた沖縄の「核抜き・本土並み」返還は、それまで日米安保体制の「外」にあった沖縄を「内」に迎え入れることを意味した。

一九六〇年の日米安全保障条約の改定では、米軍による日本国内の基地使用に日本政府との事前協議を課す交換公文（条約第六条の実施に関する交換公文）が日米で交わされた(2)。日米安保条約第五条が米国による日本防衛義務を規定するのに対し、第六条はその対価として日本が「極東における国際の平和及び安全」のため米側に基地を貸与することを定めている(3)。この交換公文は、日本の基地供与に関する新たな条件を課する内容であり、米軍の基地使用を通じて日本が直接関与しない第三国の紛争に巻き込まれるとの懸念が日本国内で強まっていたことを受けたものであった。交換公文に基づき、米軍は日本からの直接出撃など域外への戦闘作戦行動や核兵器の持ち込みに関して日本政府の同意を得ることを義務付けられたのである。

米軍の行動を制限する事前協議制度を米側が受け入れた前提には、安保改定に際して沖縄が条約区域から除外され、米軍が「自由に使える」基地が維持されたことがあった。その沖縄に事前協議制度が適用されることは、当時沖縄をベトナム戦争を遂行する上で最重要の後方支援・中継・訓練拠点として使っていた米軍の極東戦略に抜本的な変化を迫るものであった。アジア太平洋地域に配備された米国の核兵器数が最大となった一九六七年には、総数約三二〇〇発のうち沖縄には全体の四割に相当する約一三〇〇発が配備されていた。日本の国内政治の干渉を受けずに核兵器が運用できる面でも、沖縄の軍事的価値は突出していたのである。

沖縄返還交渉時の外務省アメリカ局長東郷文彦は、次のように日米安保体制と沖縄の位置付けを総括している。

安保改定交渉で事前協議の交換公文が出来たのも、アメリカ側からみれば沖縄の自由使用には変わりがなかったからであったのではないかと思う。ところが爾来数年の経過の中に、諾もあり否もある事前協議の諾の影は次第に薄れて来ているので、若し総て否であるとの前提で考えなければならぬとすれば、軍事的抑止の責任を負っている軍当局からすれば、沖縄の基地の自由使用はそれだけ重要性を増したということになる。(4)

日米安保体制下で沖縄の軍事的価値を最大限維持するという難題に対して、沖縄返還交渉に臨んだ日本側は日米首脳による共同声明と首相演説で、事前協議制度に関する日本政府の方針をあらかじめ表明することで対応した。具体的には、韓国、台湾、ベトナム各国の有事に絡む在日米軍基地の使用に関して、事前協議で実質的に「イエス」と回答する心証を米側に与えることであった。返還交渉時に進行していたベトナム戦争だけでなく、朝鮮戦争、さらに一九五四年と五八年の台湾危機においても沖縄は出撃拠点としての役割を実際に担うか、または担うことが想定されていた。これらの地域における将来の有事で基地を使用できるとの確証を得ることが、米国においても沖縄返還に米軍の合意を取り付ける上での必要条件となっていたのである。

本論文では、沖縄返還に合意した一九六九年一一月の日米首脳会談における共同声明、そして直後に行われた佐藤首相の演説を巡る日米交渉において、韓国、台湾、ベトナムを巡る有事の基地使用がどのように協議されたのか、過程を解析する。その際にこれまで公開された日米両政府の公文書を用い、基地の自由使用を巡る認識の乖離と接近の力学を明らかにしていく。一連の作業を通じて、日本有事以外の「地域の平和と安定」に資する米軍基地使用について沖縄返還時の合意が以降の日米関係に与えた影響についても考察を加えることにしたい。

現在も休戦状態にある朝鮮半島に加え、東アジアのホットスポット（潜在的紛争地）として急速に浮上した台湾で想定される有事を語るとき、保守派の政治家を中心に「台湾有事は日本有事」といった緊急時の日本の基地使用を当然視する発言が相次ぎ、日米間では台湾海峡有事を想定した初の合同作戦計画策定で合意したと報じられている。本論文は、台湾とその周辺地域での緊張が高まった事態における日米両政府の対応を考える際の歴史的材料を与えるものとなるはずだ。

第二節　沖縄返還交渉までの道のり

佐藤政権の「新機軸」

沖縄返還を最優先課題として打ち出したのは佐藤政権であった。「所得倍増」計画を掲げ、敗戦後の日本の経済成長をけん引した池田勇人の急逝を受けて一九六四年に首相に就任した佐藤栄作は、翌六五年八月一九日には戦後首相として初めて沖縄を訪問し、「沖縄の祖国復帰が実現しない限り、わが国にとって戦後が終わっていないのは承知しております」と演説し、沖縄返還を事実上の公約として位置付けた。(5)

一九六五年二月の北爆と同時に、米軍は沖縄に配備されていた第九海兵水陸旅団所属の大隊をダナンに上陸させ、ベトナムへの本格介入を開始した。(6) ベトナムでの戦闘を支える後方拠点としての沖縄の比重が膨れ上がる中での沖縄返還の公約表明は自殺行為に等しいと評されたが、米国からの同意を取り付ける上で佐藤政権が行ったのは沖縄の米軍基地が果たす役割を率先して肯定することであった。

ジョンソン（Lyndon B. Johnson）大統領との初の首脳会談に向けた準備作業の中で一九六四年十二月に在日米大使館を訪れた総理府特連局長山野幸吉は、沖縄に関する佐藤政権と前政権の違いを「極東の安全のために沖縄の米軍基地が重要であることを大前提としている」と説明している。(7) 山野の話を聞いた駐日米大使エドウィン・ライシャワー（Edwin O. Reischauer）はこれを「新機軸」と評価し、沖縄返還を触媒に日本がこれまで腰が引けていた防衛問題に向き合う可能性を見て取ったのである。

佐藤政権の発足と平仄を合わせるように米側でも、沖縄返還に向けた胎動が始まっていた。ベトナム反戦運動は日本でも広がりを見せており、ベトナム戦争遂行のための沖縄の基地使用は国会でも野党からの批判の対象となっていた。多くの日本人が共産主義の拡散よりも在日米軍基地を危険視する傾向が強まっていたのである。

こうした状況を受けてライシャワーは一九六五年七月に国防長官マクナマラ（Robert S. McNamara）に宛てて作成した覚書の中で、日米安保条約が延長問題に直面する一九七〇年まで、沖縄を制御しきれない可能性があると警告した。「琉球問題」は急速に高まる日本の民族主義的感情と左翼の反米主義を結び付けて日米関係の「最も脆弱なポイント」と化していると指摘し、沖縄を巡って日米が衝突すれば、その打撃は図り知れないと予測した。その上で最悪の事態を避けるためにも「日本との新たな関係を樹立するための対話に向けた入念な準備」に着手すべきだとして、沖縄返還に向けた迅速な行動の開始を提言した。米国が率先して沖縄における権利の縮小に応じてこそ、日米関係の安定と基地の維持が可能になるとライシャワーは主張したのであった。(8)

米側の準備作業

ライシャワーの提言を受けたジョンソン政権では「米軍基地の価値を損なわずに施政権を返還するための条件」を検討する作業が始まり、一九六六年九月には日米関係に関する研究を託された極東地域グループによる報告書「我々の琉球基地」が省庁間グループの承認を得るなど、沖縄返還に関する論点整理が行われた。(9)しかし、ベトナム戦争の泥沼化を受けてジョンソンが六八年三月に再選断念を表明したこともあり、政権内で食い違う見解を統一化し、実行に移す求心力には欠けていたのである。

国務省は朝鮮半島、ベトナム、台湾防衛に関して広範な基地の使用が事前に保証されていることなどを条件に返還に応じられると判断しており、米側の要請を理解する佐藤が政権を掌握する間に基地使用の権利だけでなく、日本の防衛努力の増強も引き出せる好機だとみていた[10]。一方の軍部は返還後の沖縄に事前協議制度が適用されることによって沖縄の軍事的価値が減ずることを懸念しており、沖縄から朝鮮半島やベトナム、台湾へと展開する米軍の行動の自由を日本政府がどこまで認められるのかが問題であった[11]。「我々の琉球基地」も事前協議制度の適用によって、ベトナムに展開していたB52戦略爆撃機の出撃と核貯蔵という二つの機能に影響が生じると指摘していた[12]。

国務省はジョンソン宛てに作成した進言メモの中で、日米安保改定時に朝鮮半島有事で事前協議なしの日本からの直接出撃を認めた日米の秘密合意に触れ、これをベトナムと台湾の防衛にも拡大する「特別な取り決め」を日本に受け入れさせることが必要だと述べている[13]。これらの地域に絡む基地の自由使用が保証されない限り、国防省や軍部を説得できないと判断していたのである。

なお、朝鮮半島有事での出撃に関する秘密合意とは、非公表の「日米安保協議委員会第一回会合議事録」（朝鮮議事録）のことである。当時のマッカーサー（Douglas MacArthur II）駐日米大使が朝鮮半島有事で米軍が日本から出撃する場合の対応を問われ、藤山愛一郎外相が在韓国連軍に対する攻撃といった緊急事態では「例外的措置」として国連軍の反撃が可能になるよう日本の基地が使われるとの見解を表明する内容となっている[14]。在日米軍が国連軍としてとる行動に事前協議による制限を課さないよう求めた米統合参謀本部（The Joint Chiefs of Staff : JCS）の強い要求を反映し、米政府が岸信介政権に安保改定の条件として受け入れを要請したものであった。日本の同意なしに在日米軍基地が使われることはないと事前協議制度の意義を喧伝していた日本はこれを非公表の文書としたのである。

米側が返還交渉に応じるかどうかは、日本防衛以外の目的で米軍が沖縄の基地を使用することを日本が認める用意があるのかにかかっていた。一九六七年七月の時点で外務省は沖縄の基地使用について「『現状通り』と『本土並み』の間に日米双方が満足し得る取り決めを成しうるや否や」として、戦闘作戦行動については国際情勢が好転するまでは「事前協議の要なきことをするだけの腹づもり」をすべきだとの認識に傾いていた[15]。しかし、佐藤栄作は「極東における抑止力としては何といっても米側が主体なのであるから」「先方から条件を示させるよう努めるべき」として日本側の立場を固めるには至らなかった。[16] 一九六七年一一月にジョンソン政権下で行われた最後の日米首脳会談では、沖縄返還に向けた「継続的検討」で一致し、共同声明で「両三年以内」に返還時期について合意するとのめど付けを盛り込むだけにとどまった。[17] 北爆で火が点いたベトナム反戦運動が拡大する日本では、沖縄の無条件「本土並み」復帰を求める世論が強まっており、佐藤政権に米側が求めるような基地使用の権利を保証する余力はなかったのである。

第三節　交渉開始

「核抜き・本土並み」と事前協議

首相佐藤栄作が返還後の沖縄の基地態様についての見解を明らかにしたのは、一九六九年三月一〇日の参院予算委員会であった。「基地そのものが現地にいる人たちの理解がなければ、基地の効用を十分に発揮できない」「それがいまのように最も嫌う核を持っている、なおさら理解はしにくいんじゃないか」と述べ、事実上「核抜き」返還の方針を表明した。[18] 沖縄の基地態様に何らかの考えを示唆するのにも慎重だった佐藤が、いわゆる「筆おろし」に至った背景には、嘉手納基地での核搭載可能なB52墜落事故や原子力空母エンタープライズ寄港への抗議運動など一九六八年に相次いだ核絡みの事案が反核世論を再燃させていたことが影響していたとみられる。一九六七年には佐藤が非核三原則を表明しており、沖縄での核貯蔵は国是とする原則に真っ向から抵触するものであった。

しかし、日本側が米国から核撤去の同意を取り付けられるかは依然として不透明であった。日本政府内では一九六七年一一月の佐藤・ジョンソン会談後、返還後の沖縄の基地態様について日本側が提示できる条件についての「継続的検討」が続いた。翌六八年の内閣改造で外相に就任した愛知揆一の下でその作業は加速し、核兵器については緊急時の核持ち込みを認める心づもりをした上で核撤去を米側に要求すること、基地の戦闘作戦使用については朝鮮半島、台湾海峡、ベトナムに関連して「事前協議の交換公文との関連で適当な形に纏める」ことを大筋で方向性として固めていた。[19] これは、米側が非公式にベトナム戦争に支障をきたさない作戦行動の自由と、有事の核持ち込みの保証が米軍と米議会を納得させるためにも必要だと日本側に折に触れて伝えていたためである。[20]

愛知は離任前の駐日米大使アレクシス・ジョンソン（U. Alexis Johnson）にも、返還後の沖縄には原則的に事前協議制度を適用し「本土並み」とするが、ベトナム戦争継続中の過渡的な措置として核貯蔵、および自由出撃を認める用意があると説明している。ジョンソンはこのとき「もし本土並みを主張されるなら日本政府が willing and able to take responsibility（率先して責任を取れる状態）であることを米国に説得しなければならない」と指摘したが、佐藤が「核抜き・本土並み」を公約としたことで、こうした responsibility（責任）を果たす上で日本側が提示できる選択肢は限られていくのである。[21]

一九六九年一月のニクソン政権発足後、沖縄返還交渉の実質的な皮切りとなった日米外相会談を前に瀬踏みの訪米を四月に行った外務省アメリカ局長東郷文彦は国務次官に転身したジョンソンらとの面会で「核及び基地の作戦使用の問題の何れについても頗る固い態度」にぶつかることになった。[22] 東郷は沖縄返還交渉に臨む日本の立場をポジションペーパーにまとめ、①返還後の沖縄への日米安全保障条約の適用、②返還に際する核撤去、③返還後の核再持ち込みと戦闘作戦行動のための基地使用については事前協議制度の対象とする、の三条件を提示した。しかし米側の懸念は、返還後の沖縄に事前協議制度が適用されることで日本側が核持ち込みと基地の戦闘作戦使用に「拒否権」を行使する可能性に向けられていた。[23]

東郷は訪米で得た感触に基づいて「自由出撃の問題について軍事的に満足しうるべき了解に達し得る上核の問題に対処しようとするごとくである」と米側の交渉姿勢を報告している。[24] 日本にとっては沖縄からの核撤去が命題となっていたが、米側はそれまでにも「核は実際に使うことを考えているわけではない」「戦闘作戦は現に日々行われていること」などと、重点を戦闘作戦のための基地使用に置いていることを示唆していた。[25] 命題である「核抜き」返還を実現する上で、米軍の戦闘作戦行動の自由について米側が満足するような協力姿勢をどう示すのかが日本側にとっての焦点となった。

米国益最大化の条件

米側ではニクソン政権の発足とともに、沖縄返還交渉に関する対日方針策定に向けた作業が本格化した。大統領補佐官（国家安全保障担当）に起用されたヘンリー・キッシンジャー（Henry A. Kissinger）の下で再編された国家安全保障会議（National Security Council : NSC）は、ベトナム、中東問題などと並んで日本を取り上げ、その検討結果は国家安全保障研究覚書第五号（ＮＳＳＭ５）として一九六九年四月二八日にまとめられた。[26]

ＮＳＳＭ５は、日米関係が直面する喫緊の課題として沖縄問題と一九七〇年に控える日米安保条約の継続問題を取り上げた。安全保障、経済両面における対米依存に不満を抱えている日本を地域における役割を果たす「責任ある日本」へと誘導する上で、沖縄返還は好機になると指摘した。その上で、返還後の沖縄で維持できる軍事的な権利についての選択肢を詳細に検討した。これによれば、最も望ましいのは現状維持であり、反対に維持できる権利が最小限となるのは日本本土と同様に日米安保条約が適用される「本土並み」であった。さらに最も制限を受けるのは、核貯蔵と核を使用した作戦行動、さらに通常兵器による戦闘作戦行動である。

うち通常兵器による戦闘作戦行動では、維持可能な軍事的能力が大きい順に①現状維持②暫定的な自由使用③緊急時やベトナム、台湾など地域に限定した自由使用④本土並み―の選択肢が明記された。「特別な協定」なしに安保条約が沖縄に適用されれば、事前協議なしの直接出撃が認められるのは日本有事のほかに、「朝鮮議事録」に基づき、在韓国国連軍に対する武力攻撃が発生した場合のみである。さらに今後、結ばれるいかなる協定もベトナム戦争の支援作戦を含む必要があるという。核を使用した作戦については、①現状維持②暫定的な核貯蔵と作戦の自由③緊急時の核持ち込み④核搭載艦機・艦船の通過権⑤天候、人道的理由による核持ち込み⑥本土並み、が選択肢とされた。

ＮＳＣは五月一三日、ＮＳＳＭ５の勧告に基づいて対日政策の骨格となる国家安全保障決定覚書第一三号（ＮＳＤＭ13）を作成した[27]。大統領の決定事項として、日米安保条約の変更なしの継続、不可欠な機能を残しつつ摩擦を回避するための基地縮小、過度な圧力を避けつつ防衛における日本の役割拡大を奨励することを定めた上で、沖縄返還交渉に際して次の要素を考慮することとした。①一九六九年中に米軍基地使用に関する基本的な要素で合意することを条件に七二年の返還に進んで合意する②韓国、台湾、ベトナムについて最大限自由な通常兵器による軍事基地の利用を望む③ほかの要素に満足できるなら、緊急時の核貯蔵・通過権を残しつつ、最終段階で核撤去の用意がある④その他の分野で沖縄に関する日本の関与を追求する。

先にＮＳＳＭ５が示した選択肢のうち、米国が日本から引き出せる最大限の負担を慎重に見極めたことが見て取れる。返還に応じる条件は韓国、台湾、ベトナム関連に特化した基地の自由使用である。そして、核に関しては緊急時の核持ち込みと通過権を確保できることを前提に最終的な核撤去に応じることとしたのである。通過権とは、日本の米軍基地を経由して日本以外で核兵器が配備、使用される際の基地使用の権利を指す。嘉手納基地へのＢ52の飛来を返還後も可能にしておく目的も含まれていたとみられる。ＪＣＳには沖縄への核貯蔵に固執する意見もあったが、返還後は日本の同意なしに核の運用はできないという現実政治の問題を考慮すれば、最終局面における核撤去の用意をちらつかせる方が日本から得られる権利が大きいと判断したとみられる。

対日交渉のロードマップ

沖縄返還に向けた日米交渉が実質的に始まったのは、一九六九年六月三～五日にワシントンで行われた外相愛知揆一と国務長官ウィリアム・ロジャーズ（William P. Rogers）による日米外相会談であった。日本側は最大の懸案となる沖縄への事前協議制度適用について、米軍の戦闘作戦行動に関する日本の協力姿勢を共同声明と首相の一方的声明で表明することとした。外相会談に際して日本側が用意した共同声明案は、沖縄返還が米国の極東防衛義務の「効果的遂行」と「両立」することを明記し、日本国内向けに発表する想定の一方的声明案には韓国に対する武力攻撃があった際には「日本の安全に重要な影響を及ぼす」との認識に基づいて事前協議に対応する方針が記載されていた。[28]

共同声明とは別に、一方的声明を用意したのは朝鮮半島有事の際の事前協議で日本が肯定的に回答することを示すのが狙いであった。首相による方針表明という形式をとれば、「日本の同意なしに米国は基地を使用しない」という国内向けの説明との矛盾を問われても外交上の合意ではないと釈明できるためである。朝鮮半島有事に関して、これまでより踏み込んだ基地使用の保証をすることで、日米間の密約であった朝鮮議事録の廃棄に米側の理解を得たいとの思惑も働いていた。駐米大使下田武三は「日本にとって困難な必ずイエスと、米国が呑めない拒否権の中間を行く方法を示唆している」と説明している。[29]

しかし、米側は事前協議に対する日本側の答えが常に「イエス」だとの確証が必要と主張し、韓国だけでなく台湾、ベトナムについても基地使用の自由を強い文言で保証するように求めたのである。緊急時の核持ち込みについても、事前協議に対する答えが「ノー」とは限らないことを示す必要があるとして、核撤去を求める愛知に言質を与えなかった。[30]

外務省は朝鮮半島中心にとらえる日本側と、日米安保条約第六条に在日米軍基地の使用目的としてその平和維持の重要性が記載された「極東」の範囲を超える東南アジアをも視野に入れた米側との見解の乖離は大きいとみていた。日本側は極東防衛のために米軍が自由に基地を使用できるとの文言を共同声明に盛り込み、通常兵器による戦闘作戦行動については大幅に認める姿勢を示したが、国内向けに正当化が困難な台湾、ベトナムに絡む基地使用を確約することには抵抗せざるを得なかったのである。だが、沖縄の核撤去という佐藤政権の公約を実現するためには、さらなる譲歩をする必要に迫られたのであった(31)。

ニクソン政権では一カ月後の一九六九年七月三日、NSDM13の方針に基づく沖縄返還交渉に関する戦略文書がNSC副長官級会議で承認された(32)。六月の日米外相会談の内容も踏まえた六頁の文書は同年一一月に予定される日米首脳会談までの日程を交渉の進捗段階ごとに区切り、達成すべき目標を掲げた。それは「核抜き」の用意があることを最終段階まで日本には伝えず、通常兵器による基地の自由使用と返還費用負担など財政的な取り決めについて佐藤政権から最大限の譲歩を引き出すための日程表であった。佐藤政権が日本の反核世論を背景にして何よりも核撤去を切望していることが、米国を有利に立たせることになった。米側は「核カード」を梃子として、米軍の行動に対する事前協議制度の制限を可能な限り取り払おうとしたのである。

第四節　「自由使用」はいかに担保されたのか

佐藤・ニクソン共同声明とナショナル・プレスクラブ演説

一九六九年六月の愛知・ロジャーズ会談で沖縄施政権返還に向けた正式交渉に入ることで合意した日米両政府は、一一月の日米首脳会談で発表する共同声明の文言を巡る協議を重ねていくことになった。主要な争点は、返還後の沖縄への事前協議制度の適用であり、「本土並み」の全面適用を求める日本側と韓国、台湾、ベトナムを巡る戦闘作戦行動のための基地使用に「イエス」の保証を引き出そうとする米側との攻防となった。まずは、約五カ月にわたる交渉がどのような合意に結実したのか、その帰結をみてみたい。

一九六九年一一月一九日から三日間にわたる会談を終えた日米両首脳は、一九七二年の沖縄返還で合意した。会談最終日に発表された日米共同声明は一五項から構成され、戦後の日米関係に残った「最後の懸案」となった沖縄の施政権返還により、日米がより強固な信頼関係で結ばれることを謳っている(33)。

共同声明は第七項で、日米安保条約が「変更なし」に沖縄に適用されることを確認し、沖縄返還が「極東の諸国の防衛のために米国が負っている国際義務の効果的遂行の妨げ」にならないことで日米が一致したと記載する。続く第八項で、日本の「核兵器に関する特殊な感情とそれを背景とする日本政府の政策」に米大統領が理解を示した上で、「事前協議に関する米国の政府の立場」を害さず、さらには核に関する日本政府の政策に背馳しない形で沖縄返還が実施されるとした。第七、八項で沖縄の「核抜き・本土並み」返還が規定された形である。

戦闘作戦行動のための基地使用に関しては、第三、四項にみることができる。第三項で米国は地域における「防衛条約上の義務」を順守し、「国際における極東の平和と安全の維持」に貢献する意思を表明している。それに対し日本側が、米国が条約上の義務を果たしうる態勢となっていることが重要であるとの見解を表明している。

続く第四項で、韓国、台湾、ベトナムに関する個別の理解を記載する。韓国に関しては、日米両首脳が朝鮮半島に緊張状態があることに触れ、日本側が「韓国の安全は日本自身の安全にとって緊要」との認識を表明している。台湾に関しては米華防衛条約に触れ米大統領が台湾防衛の義務を順守することを表明し、首相が「台湾地域における平和と安全も日本の安全にとって重要な要素」であると応じている。ベトナムに関してはベトナム戦争が沖縄返還時に継続中の場合は南ベトナムが「外部からの干渉を受けずにその政治的将来を決定する機会を確保するための米国の努力」に返還が影響を及ぼさないと強調している。

第四項の含意がわかりづらいが、佐藤が二一日の日米首脳会談直後にワシントンのナショナル・プレスクラブで行った演説と合わせて読むと、韓国、台湾、ベトナムに関する基地使用で事前協議が行われる際の具体的な日本政府の立場がわかるつくりとなっている。[34]「太平洋新時代の幕開け」と題した演説で佐藤は、日米安保条約第六条が定めた日本の施設・区域の提供に関する方針について次のように述べている。

韓国に対する武力攻撃があれば「わが国の安全に重大な影響を及ぼす」として、これに対処するために日本が発進基地に使われる場合は「前向きかつ速やかに」事前協議への対応を決定する。台湾地域の平和維持も「わが国の安全にとって大変重要な要素」だとし、台湾への武力行使が行われ、米国が台湾防衛義務を発動する場合には「国益上、さきに述べた認識を踏まえて対処」するが、一方では「幸いにしてそのような事態は予見されない」という。最後にベトナムに関しては、インドシナ半島の迅速な平和回復に関しての協力を「真剣に探究」するとしている。日本側が六月の日米外相会談で一方的声明として用意した文案が、台湾、ベトナムに対象地域を拡大し、ナショナル・プレスクラブでの演説へと転化したことがわかる。

当時、外務省参事官だった大河原良雄は共同声明とプレスクラブでの演説について「双方一体として読めば日本の立場は分かるということで話を動かした」と述べ、「はっきり自由使用というわけにはいかんと。しかし事前協議という難しい手続きを経なくても米側の作戦上の必要性を阻害するようなことはしないような方法を考えようじゃないか」という発想から生まれたと筆者とのインタビューで述懐している。[35] 共同声明で自由使用の法的保証を与えることは困難だが、政治的な声明である首相演説で事前協議に前向きな対応を打ち出すことで、日本が米軍の戦闘作戦行動について事前協議で「イエス」と回答するとの心証を与えられる仕組みであった。[36]

「朝鮮議事録」に代わる合意

一九六九年一一月の首脳会談で発表する日米共同声明をめぐる交渉は主に三つのレベルで行われた。外相愛知、国務長官ロジャーズによる閣僚級レベル、愛知、駐日米大使アーミン・マイヤー（Armin H. Meyer）による閣僚級レベル、そして外務省アメリカ局長東郷文彦と駐日米公使・沖縄問題担当のリチャード・スナイダー（Richard L. Sneider）による事務方レベルである。六月の日米外相会談後の本格折衝は愛知・マイヤーによる閣僚級レベルでの会合を皮切りに始まった。

七月一〇日から一七日にかけて行われた一連の会談記録によれば、まず問題になったのは朝鮮半島有事における日本の基地使用について、日本側が共同声明において米側が納得のいく保証を声明で与えられるのかであった。米側が求める保証とは事前協議なしでの直接出撃を認める「朝鮮議事録」と同様の合意を指していた。(37)

六月の日米外相会談の際に日本側が提出した共同声明と一方的声明案に基づき日本側は「行政府として法的に可能な最大限を表現することを意図」したと述べている。事前協議の建前を放棄することはできないが、韓国への「武力攻撃」が発生した場合の事前協議への日本政府の回答は「米国の期待する性質のものであろうことは容易に想像されるであろう」とも強調した。つまり「ノー」の回答はありえないという意味である。(38)

一方的声明で別途、韓国有事での対応を記載したのは「一九六〇年了解（朝鮮議事録）との関係から別途の取り扱い」をするためであり、武力攻撃よりも緊急度が低いケースに関しても広範な事態を網羅しているとして密約である朝鮮議事録の破棄を合わせて要請したのであった。日本が事前協議を修正なく沖縄に適用する「本土並み」返還を求める上で、その制度の例外となる朝鮮議事録は廃棄する必要があった。内容が表に出るようなことがあれば、日本政府にとって致命的な打撃を与えかねないと考えられていたからである。そのため、兄の岸信介が首相の際に交わした密約の存在を不快に思っていた佐藤の意向を受けて、日本側は合意議事録の趣旨を一方的声明に織り込むことで、密約の破棄に米側の理解を求めようとしたのである(39)。

七月一七日の会談記録によると、マイヤーはこうした日本側の説明に対し「口約束よりはもっと確実で恒久的なもの」が必要だとして、安保改定時と同様の秘密合意を検討すべきだと回答した。日本側が自由使用を認めるのは政治的に無理なのだから、秘密合意で自動的に「イエス」の回答が出る仕組みが必要だとの認識を示したのであった。

マイヤーは日本側の覚悟を試すように、「韓国における武力攻撃」での対応を問い詰めている。前年一九六八年一月には米海軍の情報収集艦「プエブロ号」が北朝鮮に拿捕されたのに続き、一九六九年四月には米空軍の電子偵察機EC121機が朝鮮半島周辺で撃墜される事件が起きた。マイヤーは二つの事件が「武力攻撃」に当たるのかどうかを尋ねている(40)。プエブロ号事件では、北朝鮮に対する軍事行動を含めた対応が検討され、沖縄へB52爆撃機や空中給油機が配備されたほか、EC121撃墜事件でも第五空軍の戦術機を日本と沖縄の基地から韓国へ派遣することを軍部が大統領に勧告していた。二つの事件は安保改定後、実際に起きた朝鮮半島有事であり、そこでは沖縄と日本の基地からの出撃も視野に入っていたのである(41)。

愛知は韓国領海・領空外で起きた二つの事件は「武力攻撃」とは性質が異なるとして「日本側は常にYESなりと書くのは行き過ぎ」と答えたが、捜索・救出という名目なら「自由使用と実質的に同じ」と述べている。さらに「共通の安全保障上の利益」とみなされ、自衛権発動としての行動が取られるのであれば、事前協議への日本の対応は「主権国家のDECISION MAKINGの権利を奪うこととなる様なあらかじめYESを言わせなくても米国はASSURE（保証）される」と説得にかかった。

しかし、マイヤーはこの日、朝鮮議事録と日本側の一方的声明の違いは「前者が事前協議を免除しているのに対し、後者は日本側に拒否権を与えていることである」と述べ、「事実上事前協議を免除するのと同じこと」と食い下がる愛知に付け入る隙を見せなかった[42]。結局、最終決定権にこだわる日本側と米軍基地の使用制限につながる拒否権を排除しようとする米側との差異は埋まらず、この後日本は事前協議制度の建前を守りながら、自由使用についての心証を米側に与える文言探しに腐心することになったのである。これまでに公開を許された日米の公文書を閲覧した限りにおいては、これ以降の日米折衝において、事前協議の手続きや想定される具体的な緊急事態における日本側の対応について、日米間で議論された形跡は見当たらなかった。

韓国、台湾をめぐる温度差

一九六九年七月の愛知・マイヤー会談の内容を受けて、米側は七月二二日に共同声明案を提出した。沖縄の基地使用を大幅に認めた米側にとっての理想案ともいえる内容で、受け入れが困難と判断した日本側は対案となる草案を八月一二日に提出した。さらに日本側草案についての米国務省の見解を反映した草案が在日米大使館により作成され、八月二三日までにまとめられた[43]。日米双方の声明案が出そろう過程で改めて明らかになったのは、やはり戦闘作戦行動のための基地使用と核兵器の扱いであった。

まずは返還後の沖縄に事前協議制度を適用することと、地域における米国の同盟国防衛義務を履行するための米軍の能力維持という相反する目的を共同声明にいかに盛り込むかが争点になった。日本側草案は六月の日米外相会談で提出した第一次案以降、沖縄返還と極東における米軍の軍事的義務が「両立」すると記載していた一方、米側草案は日本が米国の国際的義務を「contemplate（熟慮する）」との言葉を用いており、日本の積極的な協力姿勢を打ち出す表現となっていた。日本側はこれに「事前協議の（応諾の）予約」（（　）内は筆者記載）を意味しかねないと難色を示したため、最終的には日本が提案した「妨げるようなものではない」との表現で合意し、共同声明の第七項に収められた[44]。

戦闘作戦行動のための基地使用において、最大の焦点となったのは韓国だけでなく、台湾、ベトナムの防衛に関連した沖縄の基地使用を日本側がいかに保証できるのか、その表現であった。密約である朝鮮議事録の廃棄に合意を取り付けたい日本側は、韓国防衛に関連した基地使用に関しては共同声明および一方的声明で最大限認める用意があった。朝鮮戦争での特需を経験した日本ではいまだ休戦状態にある現地情勢の緊張を考慮すれば、国内的な理解を得られるともみていた。日本側草案の「韓国の安全は日本自身の安全にとって不可欠」との表現は、より強い「緊要」という文言に差し替えられ、地域情勢についての日米理解を記した共同声明第四項に盛り込まれた(45)。

同じ日米安保条約第六条が規定する「極東」に属する台湾を巡っては、脅威認識に関する日米の温度差は大きかった。米側は韓国と同様の強い表現で基地使用の保証を供与するよう求めたのに対し、日本側は「遠くなるほど問題が生じる」と慎重であった(46)。八月二〇日の会談ではスナイダーが「韓国と台湾を並立することは米側コミットメント上どうしても必要」と強調したのに対し、東郷は「台湾と韓国では韓国に対する攻撃の脅威の方が明らかであることから客観的事態の相違により表現に差をつける必要がある」と押し返している(47)。台湾防衛への直接関与を示唆する表現を使うことで、中国を過度に刺激するのを避けたいとの意向が働いていたとみられる。

台湾危機と沖縄

一九六九年八月一二日に米側に提出された日本側草案は台湾について、台湾に対する武力不行使の提案を中国が受け入れていないとして、米大統領が米国の防衛上の台湾への義務に言及したのに対し、日本側が米国の立場に「理解」を示しつつ、「日本政府としては台湾海峡における安全保障上の情勢に大なる関心を払っている旨を述べた」との表現にとどまっていた(48)。韓国と台湾の共同声明での文言に差をつけたい日本側は、日本の基地からの台湾の出撃が想定されるのは「米中全面戦争しか考えられない」としてその可能性は極めて限定されると主張していたが、これに対してスナイダーは「物足りない」として「限定的な出撃ありうる」「台湾への出撃は日米安保とDIRECTLT AFFECTといえないのか」と日本の認識を問うたのであった。(49)

米側の認識の背景には、一九五〇年代に起きた二度の台湾海峡危機において沖縄と本土の基地が主要な戦略拠点に位置付けられていたことがあったとみられる。一九五八年の危機では、中国の毛沢東政権が台湾の国民党政権が支配する金門島・馬祖列島に対して大規模な砲撃を実施したのに対し、米国は周辺海域に多数の空母を集結させて中国による侵攻を座視しない姿勢を示してけん制した。このとき、米国が中国に対する核攻撃を想定していたことが後に明らかになったが、有事態勢に突入した在日米軍の核戦力には、嘉手納基地・第一八戦略爆撃航空団所属のF100D／F戦闘機部隊や同基地に米ニューメキシコ州から派遣されたF100戦闘機部隊などが含まれていた。これらの一部は台湾に移動したが、他の部隊は日本の基地で出撃態勢をとっていたのである。(50)

台湾に関して消極的な日本に対し、米側は日本が共同声明で米軍や米議会を納得させる支援を打ち出せないのであれば、別途韓国、台湾、ベトナムへの出撃を容認する秘密了解を結ぶ必要が生じると再三、主張することで日本の譲歩を引き出していった。スナイダーは一九六九年八月二〇日の会談で、「公の文書等で日本案の如き扱いぶりだけでということになると秘密文書も考えざるを得ない」と念を押した上で「米側は台湾自体に駐留することは対中緊張を高めるので、台湾以外の場所に兵力を置くことを方針としている。第七艦隊及び沖縄、在比の航空戦力である」と東郷に説明した。(51) マイヤーも八月二八日の愛知との会談で「米国の台湾防衛能力が欠損せずに残ることをはっきりさせぬと中共の台湾攻撃を招来するがごとき結果となる」と述べ、「武力攻撃の際に米側の手は縛られない」ことを確認する非公開了解を検討中だと言及した。(52) 米側は韓国に関する表現も「いまだ曖昧」として朝鮮議事録を存続させる意向であることも示唆している。

この間、米側は日本側草案への対案として「台湾あるいは膨湖諸島への武力攻撃は日本を含む極東の平和を危険にするものだと合意した」を挿入するよう求めたが、最終的には韓国と同様に「台湾地域」の平和と安全の維持が「日本の安全にとってもきわめて重要」と台湾海峡情勢への日本の関心が第四項に記載されたのである。[53] これは当初の日本案よりは強い文言であったが、日米の脅威感の相違を反映して対象地域の表現は曖昧なものとなっている。

ベトナムに関して、米側は沖縄返還時にベトナム戦争が継続している場合も、返還前と変わらぬ自由出撃を明確に声明で記載するよう求めた。具体的には、一九七二年の返還時期を延期するか、返還後も戦闘作戦行動を認めるかのいずれかを選択することによって、沖縄返還がベトナム戦争の遂行に影響しないことを内外に示すことが前提条件として示された。

「極東」を超える「周辺地域」の位置付けであったベトナムへの出撃を認めることは日米安保条約が規定する範囲を逸脱する恐れがあり、日本側は文言で合意できない場合の一時返還の延期も検討している。[54] B52戦略爆撃機のベトナムへの出撃は、野党による攻撃の的ともなっていたからである。米側は沖縄返還が「米国の軍事的努力」に影響を及ぼさないとの文言を提案したが、これはより穏当な「南ベトナムが政治的将来を決定する機会を確保するための米国の努力」との表現に変更された上、沖縄返還時に基地使用の在り方について協議を行う余地を残して、同様に第四項に盛り込まれた。

一方的声明の帰結

共同声明に関しては、一九六九年九月に再びワシントンで行われた外相愛知と国務長官ロジャーズの日米外相会談を挟んで、韓国、台湾への自由出撃に関する日米の見解は概ね一致し、最後まで調整に手間取ったベトナムに関する表現についても一〇月までには合意している。しかし、米側はこれで対日攻勢の手を緩めたわけではなかった。朝鮮半島有事での日本の事前協議への対応を補足的に表明する日本の一方的声明の対象を、台湾、ベトナムにも拡大するよう求めたのである。

一九六九年六月の日米外相会談で最初に提案された一方的声明案は共同声明案を巡る日米交渉の過程で修正が加えられた。当初、国内向けの演説を想定したものだったが、一一月の日米首脳会談が行われるワシントンのナショナル・プレスクラブでの演説という形式に変更された[55]。そのため米議会や米軍向けにより返還後の沖縄の基地使用について強い文言が要求されることになった。日米両政府の記録によれば、共同声明案の文言で大筋合意した九月初旬以降、米側が一方的声明案に関する要請を相次いで行っている[56]。これは共同声明を巡っては可能な限りの譲歩を引き出したと交渉窓口である在日米大使館や国務省が考えていたことを示すとともに、自由出撃の保証が不十分だとみた米軍部などの要請を一方的声明の文言で満たそうとしたことを示していると考えられる。

一九六九年八月下旬の時点で日本側が策定した一方的声明案は韓国に対する武力攻撃が「わが国の安全にとって重大な影響を及ぼす」との認識を示した上で日本の施設・区域を発信基地として使用する場合は事前協議で「すみやかに態度を決定する」と言及した。これに対し米側は事前協議で「好意的（favorable）かつすみやかに」対応を決めるとの表現に変更するよう求めたが、最終的には「好意的」が「前向きに（positive）」に差し替わった。事前協議の応諾のトーンを和らげたいとの日本側の事情が斟酌された[57]。

台湾に関しては、台湾地域の平和維持も「わが国の安全にとって大変重要な要素」と共同声明とほぼ同様の認識表明が行われ、武力攻撃の際の米国の台湾防衛義務履行に際して日本はこうした認識に基づいて事前協議に対応するとの八月下旬時点の日本の提案がほぼ踏襲された。米側は台湾に関する事前協議にも「好意的」な配慮をするとの表現を求めたが、これは挿入されず「幸いにしてそのような事態は予見されない」との日本側の提案を残すことで韓国に関する対応と濃淡をつけた形となった。米側にとっては、共同声明同様に台湾防衛が日本にとって「大変重要」との表現が盛り込まれた時点で当初の目的は達成したと判断したためだろう。

ベトナムについては、沖縄返還時にベトナム戦争が継続している際には、日本が米軍による基地の継続使用に配慮するとの共同声明よりも強い表現が採用され、インドシナ半島の平和と復興に果たす日本の役割を強調する表現が挿入された(58)。

米軍部の認識

最終的な「核抜き」返還の切り札を温存することで、交渉は基地の自由使用やそのほかの日本の関与について最大限の譲歩を引き出すという米国の戦略通りに進んだといってよい。駐日米大使アーミン・マイヤーは一九六九年九月二日に国務省に宛てた「日本は沖縄次第」と題した公電において、過去数カ月の対日交渉において核問題を除いた課題について米国に有利な条件で合意に導いてきたと振り返っている(59)。実際に核問題について米側は「核についてなど諸問題は一括パッケージで取り扱われるべきもので、両首脳が最終的に決めること」(ジョンソン国務次官)との見解を繰り返し、核交渉は基地の自由使用で米側の要請を満たせるかどうかが前提だと繰り返し述べていたのである(60)。

国務省や在日米大使官は「(JCS議長)ウィーラー(Earle G. Wheeler)をどう説得するか」であり、米軍部や議会を満足させる保証が必要だとして基地の戦闘作戦使用に関して日本側の譲歩を求めてきたが、米軍部はどのように日米交渉を受け止めたのだろうか(61)。

繰り返すまでもなく、JCSにとっての最大の問題は事前協議制度の沖縄への適用の是非であった。朝鮮議事録の文言が保証としては曖昧だと認識していたこともあり、JCSは朝鮮半島のほか、韓国、ベトナムやその他の米軍基地への攻撃の軍事的対応についても事前協議の対象外とすることを求めていた。しかし、国務省主導の対日交渉の中でJCSのこうした要求は日本側から譲歩を引き出す梃子として引き合いに出されることはあっても、今後の長期的な日米関係が懸かった交渉を頓挫させるほどの価値はないとみられていた。

一〇月に入って翌月に控えた日米首脳会談の声明草案および佐藤の一方的声明案を受け取ったＪＣＳは、書面による秘密の保証を日本から得るよう求め、それが無理ならばＮＳＣでの再検討か佐藤・ニクソン会談の延期も要求していたのである。会談を約一〇日後に控えた一一月八日にもＪＣＳは、沖縄を返還後も継続して使用できる権利の保障が不可欠であるとして国防長官レアード（Melvin R. Laird）に対し、米軍部の要求を伝えている。会談直前の一一月一八日にレアードからＪＣＳの要求事項はキッシンジャーに送られ、その回答が一二月三日にレアードに届けられた。そこには、ＪＣＳが指摘した点は佐藤との会談において「慎重な影響」を及ぼしたと記載されていた[62]。

なおＪＣＳが沖縄の基地の自由使用と並んで要求していた有事の核再持ち込みについては、佐藤栄作の密使としてキッシンジャーとの交渉に臨んだ国際政治学者若泉敬が、秘密の合意議事録を用意し、日米首脳会談で両首脳がイニシャルを記載した経緯を一九九〇年代になって自著で暴露した。この合意議事録の原案を作成したのもウィーラーであった[63]。

しかし、最後まで日米交渉に満足することがなかったＪＣＳは記録上、日米首脳会談後は沈黙している。それは、日本がそれまで明言してこなかった朝鮮半島と台湾での有事の際の日本の基地使用の重要性を共同声明と佐藤の演説で内外に認めたからであろう。記録によれば、米側は一九六九年一一月まで基地の自由使用を保証する秘密了解を別途作成することもちらつかせていたが、実際に日米間で自由出撃を巡る秘密合意が作成された形跡はない。この交渉で得られる最善の結果を獲得したと理解したからではないか。日本側が破棄を求めていた朝鮮議事録が沖縄返還以降も温存されたことが米公文書で確認されている[64]。

共同声明が発表される直前の一一月二一日朝、ニクソンは米議会や国務・国防両省の関係者の前で事前の説明を行った。ＪＣＳ議長ウィーラーやレアードは満足すべき内容だとの見解を示した。また、ウィーラーに代わって一九七〇年七月にＪＣＳ議長に就任した海軍提督のトーマス・ムーラー（Thomas H. Moorer）は一九七一年一〇月の上院外交委員会で沖縄返還は不可避だったとして、それを受け入れたと証言した。ムーラーはここで、返還後に日本が沖縄防衛の責任を負うことを含めて、日本が朝鮮半島と台湾との安全保障上の利益を理解したことで北東アジアにおける対等なパートナーシップへと前進したと述べたのである。(65)

第五節　沖縄返還交渉がもたらしたもの

日米両首脳が「核抜き・本土並み」の沖縄返還に合意した一九六九年一一月二一日、日米双方の当局者が共同声明に関しての記者向けの説明を行っている。外相愛知揆一は「本土並み」返還を規定した声明第七項について、日米安保条約と関連の取り決めが「特別な取り決めなし」に沖縄に適用されるとした上で「返還後の沖縄に事前協議が全面的に適用されますので、いわゆる自由使用、自由発進などはなくなります」と述べている。一方、ホワイトハウスで背景説明を行った国務次官ジョンソンは、第七項が「単に沖縄に適用されるだけでなく、日本本土南東部の米軍基地にも同様に適用される」と強調した。(66)米側の考える「本土並み」が沖縄の基地で容認される基地使用が日本本土にも拡大されることを指していることを示したのであった。

一九九〇年代以降の北朝鮮核危機や中国の台頭を受けて改定、再改定された「日米防衛協力のためのガイドライン（新ガイドライン）」、さらには有事・安保法制を通じて、かつて沖縄でしか容認されなかった米軍の施設・区域使用が本土にも拡大された経緯を考えると興味深い内容である。日本全土を挙げての米軍支援体制が日本の国内法で担保されている現在、沖縄返還が本土の「沖縄化」の契機を孕んでいたことがうかがえよう。この間、日米同盟は日米安保条約が規定する「極東」から一九九六年の日米同盟再定義における「アジア太平洋」、そして「グローバル」を活動対象とする同盟へと書き換えられていった。(67)在日米軍基地がその「平和と安定」に資する範囲も同様に広がっているが、依然として沖縄に米軍基地の大半が集中する限りにおいて有事・平事を問わず基地使用の代価も沖縄が偏重して負う構造に変化はないのである。

二〇二一年四月に行われた日米首脳会談の共同声明は、「台湾海峡の平和と安定の重要性を強調するとともに両岸関係の平和的解決を促す」として首脳間の声明としては五二年ぶりに台湾問題に言及した(68)。懸念される新たな台湾海峡の緊張に際して日本が積極的に対峙する表現だが、佐藤演説と合わせて台湾有事での自由出撃を事実上認めた佐藤・ニクソン共同声明で既に日本の理解と貢献は応諾されていたといってよい。

一九六九年の日米共同声明、そしてナショナル・プレスクラブにおける佐藤演説に至る日米交渉は米国が日本に対し、日本防衛ではなく、地域防衛に資する米軍の行動を支える拠点としての沖縄の基地の価値を徹底教育する過程でもあった。最終的に日本がそれを受け入れたことで沖縄の施政権返還は実現したが、そのために「太平洋の要衝」である沖縄の現状を変更する根拠も失われたのである。交渉過程において朝鮮半島、台湾に絡み将来懸念される有事において具体的な基地使用や日本側が負う責任分担の在り方が議論された形跡がないのは、何よりも日本側が米軍に自由な基地使用を容認することによって地域防衛が成立するとの前提に立っていたためであろう。

以来、日米の軍事的融合が進み、核・弾道ミサイル開発に邁進する北朝鮮、それ以上に東シナ海、南シナ海で覇権的な動きを拡大する中国への警戒感が強まる中で、日米の脅威感の差異は消失したかのようである。むしろ、周辺を脅威に囲まれた日本が、内向きに傾く米国の抑止力への不安を払拭できず、長距離ミサイルを軸とした「反撃能力」の保有など来るべき〝戦時〟態勢への整備を急ぎ、協力を米国に求める構図が顕在化しつつある。

それでも、たとえば台湾有事を語るとき「台湾が攻撃されれば地理的に近接した沖縄が巻き込まれる」と日本本土とは切り離した議論が目立ち、有事には当然想定されるはずの住民避難および邦人輸送計画の策定や、戦闘に不可欠な弾薬の確保について具体的な議論は進んでいない。沖縄返還交渉において有事の基地使用に事実上の「イエス」を確約した日本の〝責任〟の実質は、沖縄の基地の価値を積極的に維持すること以上にどれほど進展しているのかは明らかではないのである。それは一方で、沖縄返還合意以降の約半世紀において「沖縄の基地ありき」で構築されてきた日本の安全保障政策の異様さを映し出しているといえよう。

注

(1) https://www.kantei.go.jp/jp/101_kishida/statement/2022/0515okinawa50.html（首相官邸ＨＰ）二〇二二年七月二〇日閲覧。

(2) https://www.mofa.go.jp/mofaj/area/usa/hosho/pdfs/jyoyaku_k_02.pdf（外務省ＨＰ）二〇二二年七月二〇日閲覧。

(3) https://www.mofa.go.jp/mofaj/area/usa/hosho/jyoyaku.html（外務省ＨＰ）二〇二二年七月二十一日閲覧。

(4) 東郷文彦『日米外交三十年―安保・沖縄とその後』（世界の動き社、一九八二年）一二五頁。

(5) 南方同胞援護会編『沖縄問題基本資料集』（南方同胞援護会、一九六八年）六二〇頁。

(6) CINCPAC, *Command History*, 1965, Vol. II, pp. 449–476.

(7) Tokyo 2076, Subject：Sato Visit（December 30, 1964）；Collection of Japan and the United States：Diplomatic, Security, and Economic Relations, 1960–76, JU 401, National Security Archive（NSA）'s website.

(8) Memorandum from Ambassador to Japan to the Secretary of State, Subject：Our Relations with Japan（July 14, 1965）, CF1964–66, RG 59, National Archives（Hereafter NA）, College Park.

(9) Memorandum for Harry H. Schwarz（September 1, 1968）, Folder of "Japan 1965–1967"：Policy Planning Staff；Subject and Country File, 1965–1969, Box 305, RG 59, NA.

(10) Action Memorandum from the Assistant Secretary of State for East Asian and Pacific Affairs to Secretary of State Rusk, Secret, August 10, 1967, *Foreign Relations of the United States*（hereafter FRUS）, 1964–1968 XXIX, Part II, Japan, p. 198.

(11) Memorandum from the Secretary of Defense, Subject：Future Use of Ryukyuan Bases（July 20, 1967）；Collection of

Japan and the United States, Diplomatic, Security and Economic Relations, 1960–76, JU 695, NSA's website.
(12) Memorandum for Harry H. Schwarz (September 1, 1968), op. cit.
(13) *FRUS*, 1964–1968, XXIX, Part II, Japan, p. 198.
(14) 「いわゆる『密約』問題に関する有識者委員会報告書」第三章「朝鮮半島有事と事前協議」、五一頁。
(15) 「密約」調査に伴う外務省公開文書、その他関連文書①—96「施政権返還に伴う沖縄基地の地位について」（一九六七年八月七日）。
(16) 「密約」調査に伴う外務省公開文書、その他関連文書①—98「沖縄小笠原問題（総理との打ち合わせ）」（一九六七年八月九日）。
(17) 内閣総理大臣官房編『佐藤内閣総理大臣演説集』（内閣総理大臣官房、一九七〇年）一六五—一六六頁。
(18) 国会会議録、参議院予算委員会九号（一九六九年三月一〇日）。
(19) 東郷前掲書、一六〇—一六一頁。
(20) 「密約」調査に伴う外務省公開文書、その他関連文書②—118「沖縄返還問題（スナイダー、ハルペリン私見）」（一九六八年九月一二日）。例えば、米国防次官補モートン・ハルペリン（Morton H. Halperin）は「核は常置しないが有事の際迅速に持ち込めることの保証をとることが」必要最小限との見方を日本側に伝えていた。
(21) 「密約」調査に伴う外務省公開文書、その他関連文書②—128「一二月二八日　大臣米大使会談（第二回）」（一九六八年一二月二九日）、その他関連文書②—132「一月一〇日大臣米大使会談録」（一九六九年一月一一日）。
(22) 東郷前掲書、一六〇—一六一頁。
(23) 「密約」調査に伴う外務省公開文書、その他関連文書②—142「沖縄返還問題（ポジション・ペイパー案）」（一九六九年四月二二日）。
(24) 「密約」調査に伴う外務省公開文書、その他関連文書②—147「オキナワ問題（ジョンソン次官との会談）」（一九六九年四月二九日）。
(25) 「密約」調査に伴う外務省公開文書、その他関連文書②—88「北米局長　ザヘレン参事官　懇談の件」（一九六七年六月二九日)。

(26) NSSM5: Japan Policy, Secret, Records of National Security Council, RG 273, NA.

(27) National Security Memorandum 13, Subject: Policy Toward Japan (May 28, 1969), Records of National Security Council, RG 273, NA.

(28) 「密約」調査に伴う外務省公開文書、その他関連文書②―１５８「大臣、国務長官会談発言要領(案)」(一九六九年五月二六日)。

(29) 「密約」調査に伴う外務省公開文書、その他関連文書②―１６３「大臣国務長官第二次会談」(一九六九年六月四日)、―１６４「大臣・国務長官第二次会談要旨(追加)」(一九六九年六月五日)。

(30) Memorandum of Conversation, Subject: Foreign Minister of Japan Aichi's Call on the Secretary (June 3, 1969); Collection of Japan and the United States; Diplomatic, Security, and Economic Relations 1960-76, JU 1082, NSA's website.

(31) 「密約」調査に伴う外務省公開文書、その他関連文書②―１６６「外務大臣訪米随行報告」(一九六九年六月七日)。

(32) Strategy Paper on Okinawa Negotiations (July 3, 1969), Box 1, History of Civil Administration of the Ryukyu Islands; Records of Military History, Records of Army Staff, RG 319, NA.

(33) https://worldjpn.grips.ac.jp/documents/texts/docs/19691121.D1J.html(政策研究院大学・東京大学東洋文化研究所データベース「世界と日本」)

(34) https://worldjpn.grips.ac.jp/documents/texts/exdpm/19691121.S1J.html(政策研究院大学・東京大学東洋文化研究所データベース「世界と日本」)

(35) 大河原良雄氏インタビュー(二〇〇四年一一月一九日)。

(36) 中島敏次郎氏インタビュー(二〇〇四年一一月二四日)。条約課長だった中島氏は一方的声明案の作成にも関与し「日本の立場を約束にまでいかない立場でできるのは何かとぎりぎりまで考えた」と述べている。

(37) 「密約」調査に伴う外務省公開文書、報告書文書２―４「沖縄返還問題に関する愛知大臣・マイヤー米大使会談」(一九六九年七月一〇日)、報告書文書２―５「沖縄返還問題に関する愛知大臣・マイヤー米大使会談」(一九六九年七月一

七日)。Tokyo 5907, Subject: Okinawa Negotiations (July 18, 1969), Box 19, History of Civil Administration of the Ryukyu Islands; Records of Military History, Records of Army Staff, RG 319, NA.

(38) 前掲「沖縄返還問題に関する愛知大臣・マイヤー米大使会談」(一九六九年七月一七日)。

(39) 豊田祐基子『「共犯」の同盟史　日米密約と自民党政権』(岩波書店、二〇〇九年)一二六—一二八頁。

(40) Tokyo 5907, Subject: Okinawa Negotiations (July 18, 1969), op. cit.

(41) 我部政明、豊田祐基子『東アジアの米軍再編　在韓米軍の戦後史』(吉川弘文館、二〇二二年)一一六—一三三頁。

(42) Tokyo 5907, Subject: Okinawa Negotiations (July 18, 1969), op. cit.

(43) 「密約」調査に伴う外務省公開文書、その他関連文書②—172「共同コミュニケ米案の提示」(一九六九年七月二三日)、その他関連文書②—173「共同声明米案に対する日本側見解」(一九六九年七月二四日)、その他関連文書②—180「共同声明案」(一九六九年八月一二日)。

(44) 「密約」調査に伴う外務省公開文書、報告書文書3—4「一九六九年佐藤総理・ニクソン大統領会談に至る沖縄返還問題」(一九六九年一二月一五日)。

(45) 前掲「一九六九年佐藤総理・ニクソン大統領会談に至る沖縄返還問題」(一九六九年一二月一五日)。

(46) 「密約」調査に伴う外務省公開文書、その他関連文書②—177「八月七日スナイダー公使と会談の件」(一九六九年八月七日)。

(47) 「密約」調査に伴う外務省公開文書、その他関連文書②—182「東郷・スナイダー会談」(一九六九年八月二〇日)。

(48) 前掲「共同声明案」(一九六九年八月一二日)。

(49) 「密約」調査に伴う外務省公開文書、その他関連文書②—181「沖縄返還問題に関するアメリカ局長・スナイダー公使会談」(一九六九年八月一二日)。

(50) 新原昭治『密約の戦後史　日本は「アメリカの核戦争基地」である』(創元社、二〇二一年)七九—八三頁、Morton H. Halperin, *The 1958 Taiwan Straits Crisis: A Documented History*. Santa Monica, CA: RAND Corporation, 1966. https://www.rand.org/pubs/research_memoranda/RM4900.html.

(51)「密約」調査に伴う外務省公開文書、その他関連文書②―182「東郷・スナイダー会談」(一九六九年八月二〇日)。

(52)「密約」調査に伴う外務省公開文書、その他関連文書②―186「愛知大臣・マイヤー大使会談(沖縄返還問題)」(一九六九年八月二八日)。

(53) 前掲「一九六九年佐藤総理・ニクソン大統領会談に至る沖縄返還問題」(一九六九年一二月一五日)。

(54) 同上、または「密約」調査に伴う外務省公開文書、その他関連文書②―189「沖縄返還交渉について」(一九六九年九月三日)。

(55) 前掲、大河原良雄氏インタビュー。大河原氏は米側が共同声明と一方的声明のセット案を受け入れた理由として、佐藤の演説会場が各国の閣僚級が重要な会見や演説を行ってきたナショナル・プレスクラブに決まったことも影響していると述べている。

(56) 豊田祐基子『日米安保と事前協議制度 「対等性」の維持装置』(吉川弘文館、二〇一五年)一七九頁。

(57) 前掲「一九六九年佐藤総理・ニクソン大統領会談に至る沖縄返還問題」(一九六九年一二月一五日)、「密約」調査に伴う外務省公開文書、その他関連文書②―185「東郷・スナイダー会談(八月二七日午前)」(一九六九年八月二七日)。

(58) 前掲「一九六九年佐藤総理・ニクソン大統領会談に至る沖縄返還問題」(一九六九年一二月一五日)。

(59) Tokyo 7141, Subject: As Okinawa goes so goes Japan (September 2, 1969) POL 19 Ryu Is, CF 1967–69, NA.

(60)「密約」調査に伴う外務省公開文書、その他関連文書③―91「オキナワ返かん交渉」(一九六九年九月八日)。

(61)「密約」調査に伴う外務省公開文書、その他関連文書②―184「フィン部長発言要旨」(一九六九年八月二六日)。

(62) 我部、豊田前掲書、一三五―一四〇頁。

(63) 若泉敬『他策ナカリシヲ信ゼムト欲ス(新装版)』(文藝春秋、二〇〇九年)。

(64) 豊田『日米安保と事前協議制度』一九八―一九九頁。

(65) JCS, *History of the Joint Chiefs of Staff: The Joint Chiefs of Staff and National Policy 1969–1972* (Office of Joint History, Office of the Chairman of the Joint Chiefs of the Staff, Vol. 10, Washington DC) pp. 238–239,

https://www.jcs.mil/Portals/36/Documents/History/Policy/Policy_V010.pdf

(66) 鹿島平和研究所『日本外交主要文書・年表　第二巻』（原書房、一九八四年）八九九―九〇七頁。

(67) https://www.mofa.go.jp/mofaj/area/usa/hosho/sengen.html
https://www.mofa.go.jp/mofaj/files/000078187.pdf（ともに外務省ＨＰ）

(68) https://www.mofa.go.jp/mofaj/files/100202832.pdf（外務省ＨＰ）

(69) 筆者による玉城デニー沖縄県知事、自民党議員（匿名希望）、防衛省幹部（同）に対するインタビュー（二〇二二年四～六月）

参考文献

〔一次資料〕
「いわゆる『密約』問題に関する有識者委員会報告書」
https://www.mofa.go.jp/mofaj/gaiko/mitsuyaku/pdfs/hokoku_yushiki.pdf
「いわゆる『密約』問題に関する調査結果」報告対象文書
https://www.mofa.go.jp/mofaj/gaiko/mitsuyaku/pdfs/t_list.pdf
「いわゆる『密約』問題に関する調査結果」その他関連文書
https://www.mofa.go.jp/mofaj/gaiko/mitsuyaku/kanren_bunsho.html
鹿島平和研究所『日本外交主要文書・年表　第二巻』原書房、一九八四年
北岡伸一監修『沖縄返還関係主要年表・資料集』国際交流基金日米センター、一九九二年
内閣総理大臣官房編『佐藤内閣総理大臣演説集』内閣総理大臣官房、一九七〇年
南方同胞援護会『沖縄問題基本資料集』南方同胞援護会、一九六八年
細谷千博、有賀貞、石井修、佐々木卓也『日米関係資料集　1945―97』東京大学出版会、一九九九年
CINCPAC, *Command History*, 1965, Vol. II

Digital National Security Archive（https://nsarchive.gwu.edu/digital-national-security-archive）
Poole, Walter S., *The Joint Chiefs of Staff and National Policy, 1969–1972*, Volume X（Office of Joint History, Office of the Chairman of the Joint Chiefs of Staff, Washington DC, 2013）
U. S. Department of State, Foreign Relations of the United States, 1964–1968, Vol. XXIX Part II, Japan（US GPO：2006）
U. S. Department of State, Diplomatic Records：Central Files, RG59, National Archives.
U. S. Department of State, Diplomatic Records：Lot Files, RG59, National Archives.
Records of the National Security Council, RG273, National Archives.
Records of the Army Staff, RG319, National Archives.
Records of Lyndon Baines Johnson Presidential Library.

〔単行本〕
明田川融『日米地位協定　その歴史と現在』みすず書房、二〇一七年
大河原良雄『オーラルヒストリー　日米外交』ジャパンタイムズ、二〇〇六年
我部政明、豊田祐基子『東アジアの米軍再編　在韓米軍の戦後史』吉川弘文館、二〇二二年
我部政明『沖縄返還とは何だったのか　日米戦後交渉史の中で』ＮＨＫブックス、二〇〇〇年
楠田實著、和田純、五百旗頭真編『楠田實日記　佐藤栄作総理首席秘書官の二〇〇〇日』中央公論新社、二〇〇一年
栗山尚一著、中島琢磨、服部龍二、江藤名保子編『沖縄返還・日中国交正常化・日米「密約」』岩波書店、二〇一〇年
マイケル・シャラー、市川洋一訳『日米関係とは何だったのか』草思社、二〇〇四年
U・アレクシス・ジョンソン、増田弘訳『ジョンソン米大使の日本回想』草思社、一九八九年
東郷文彦『日米外交三十年―安保・沖縄とその後』世界の動き社、一九八二年
豊田祐基子『「共犯」の同盟史　日米密約と自民党政権』岩波書店、二〇〇九年
豊田祐基子『日米安保と事前協議制度　「対等性」の維持装置』吉川弘文館、二〇一五年

中島琢磨『沖縄返還と日米安保体制』有斐閣、二〇一二年
新原昭治『密約の戦後史　日本は「アメリカの核戦争基地」である』創元社、二〇一一年
波多野澄雄『歴史としての日米安保条約　機密外交記録が明かす「密約」の虚実』岩波書店、二〇一〇年
アーミン・H・マイヤー、浅尾道子訳『東京回想』朝日新聞社、一九七六年
エドウィン・O・ライシャワー、徳岡孝夫訳『ライシャワー自伝』文藝春秋、一九八七年
若泉敬『他策ナカリシヲ信ゼムト欲ス（新装版）』文藝春秋、二〇〇九年

〔論文〕
日本国際政治学会「沖縄返還交渉の政治過程」『国際政治』第五二号、有斐閣、一九七五年
日本国際政治学会「国際政治のなかの沖縄」『国際政治』第一二〇号、有斐閣、一九九九年
Halperin, Morton H., *The 1958 Taiwan Straits Crisis: A Documented History*. Santa Monica, CA: RAND Corporation, 1966

Ⅳ　山中貞則と沖縄振興

及川　智洋

物故者の事跡は歳月とともに、今を生きる人々の記憶から薄らいでゆくのが常であり、政治家も例外ではない。そんな中で、沖縄返還時の担当閣僚にして初代沖縄開発庁長官を務めた自民党の衆議院議員・山中貞則（一九二一―二〇〇四）の沖縄県における声望は、没後二〇年近くたってもかなり大きなものであるようだ。

生誕百年にあたる二〇二一年七月には、地元新聞で特集記事が組まれ、八重山地区の石垣市で偲ぶ会などが催された(1)。本土（鹿児島県）出身者でありながら、沖縄においては保守・革新を問わず過去のどの政治家よりも幅広い評価を獲得しているといってよい。死去する前年の二〇〇三年一二月には沖縄県が、名誉県民顕彰の第一号とすることを決め、県議会で共産党を含む全会一致によって承認されている。

山中の政治活動を概観すると、財政や税制に長けた政策通である半面、同年代の田中角栄に代表されるような「利益誘導（還元）政治」の実行者という側面も浮かび上がる。沖縄の人々に残る山中への崇敬の念は、総体としての沖縄政治が、日米安保体制および米軍基地の否定ないし強い批判というイデオロギー的な側面を強調する一方で、生活の向上と実利を最も重視してきたことを物語っている。

沖縄における政治勢力は、保革による一定の対立軸を保持しつつも、ある種の役割分担を行いながら経済振興と米軍基地の整理・縮小という共通課題に取り組んできた。小稿では、本土側のキーパーソンとなった政治家である山中の軌跡をたどることによって、戦後保守政治における沖縄返還の歴史的な位置づけを検討し、あわせて山中らが築いた沖縄振興体制の政治的な意味を考察したい。

一 「大蔵族」として沖縄復帰担当大臣に

1 復帰前に衆院本会議質問で沖縄問題を取り上げる

鹿児島県の大隅地方、末吉町（現在は曽於市）出身の山中は、戦前に日本統治下の台湾に設置された台北第二師範学校に進む。当時、この学校に教員として屋良朝苗（後の琉球政府行政主席、初代沖縄県知事）が在籍していたことは、山中が政治家となってから重要な意味を持つことになる。卒業後は台湾で短期間、教員として勤めたあと陸軍第六師団に入営して中国へ派遣され、そこで敗戦を迎えている。

戦後は南日本新聞社の記者を経て一九四七年に鹿児島県会議員に初当選、さらに県議二期目途中の五三年四月に衆議院選挙に鹿児島三区から立候補して二位で当選する。三一歳であった。自由党の公認を希望して立候補届け出の際には得られなかったものの、幹事長の佐藤栄作が追加公認に近い形で所属を認め、その際のやり取りがきっかけで佐藤に目をかけられるようになる。

新人時代は体格の良さから国会審議での「ヤジ将軍」や「乱闘」要員として目立つ程度だったが、二期目に入って自由党が野党に回っていた時期の五五年五月二八日、衆議院本会議で沖縄の軍用地問題などを取り上げるべく、緊急質問に立っている。アメリカ統治下の沖縄で米軍が強引に土地を接収して住民との間で紛争化している現状を指摘したうえで、次のように訴えた。

「政府は、日本領土としての沖縄、日本人としての住民という立場に立って、絶えず米国政府と緊密なる連絡を取るべき責任を持っているものと言わなければなりません」

「われわれは、ともすれば、日本領土に対する米軍の直接上陸の惨をまぬがれて戦争を終結したと思いがちでありますが、本土に直接上陸が行われなかった陰には、沖縄八十万人の同胞が、その惨禍とともに、想起するだに凄惨な犠牲をささげたそのたまものがあることを厳粛に思わなければなりません。日本人全部が感謝を永久に捧げねばならない沖縄の人々が、戦後十年、依然として戦中犠牲の姿を余儀なくされているさえ忍び難いことでありますのに……」

「要するに、本問題解決の根本は沖縄の日本復帰をはかることにあるのでありますが……」

この緊急質問は、いわゆる「朝日報道」(2)をきっかけにアメリカ沖縄統治の圧政ぶりが表面化して、アメリカ議会でも問題となった時期をとらえたもので、ソ連との国交回復に前のめりになっていた民主党・鳩山一郎政権を牽制する意味合いが大きかったと見られる。本土において沖縄に関する情報が乏しかったこの当時に、国会において沖縄の実態を告発した意味は小さくない。後に沖縄に対する「償いの心」を強調する山中の沖縄観が、政治活動の早い段階で確立されていたことを証明している。

大戦中、沖縄戦の行方如何によってはアメリカ軍が鹿児島・志布志湾から上陸し、大隅地方が蹂躙された可能性があることを、軍隊経験のある山中は意識していた。地元の曽於市立図書館前に、自作の感傷的な短歌の碑文が立っている。

沖縄にて　戦死せし友の臨終（いまわ）は何處（いずこ）ならむ　甘蔗（きび）の穂並みに　風渡るのみ

2　佐藤栄作が大蔵政務次官に抜擢

保守合同後の自由民主党では河野一郎の派閥に身を寄せた山中だが、佐藤栄作との関係の方が深かった。当選三回生となっていた一九五八年には、岸信介内閣で蔵相となった佐藤の希望で、大蔵政務次官に抜擢されている。この際の政務次官で三十歳代は三八歳の山中だけで、多くは当選四、五回生だったからかなりの厚遇といってよいだろう。佐藤の期待の大きさが分かる。

政務次官時代の五九年二月、政府が通常国会に提出した関税定率法の改正案では、国内産テンサイ糖および沖縄産糖（いわゆる黒糖）の保護育成をはかるために、輸入砂糖の関税引き上げについて大蔵委員会で説明に立っている。確認できる記録では、山中が沖縄に関連する具体的な政策に政府側から携わったのは、これが最初のようである。

高度経済成長へ向かう時期に、「最強の官庁」といわれた大蔵省の官僚たちから「ずいぶん勉強したに違いない」と有能ぶりを認められた(3)山中は、六〇年代にかけて自民党政調会の副会長、衆院大蔵委員会の委員長などを務め、若手の政策通として頭角を現わしてゆく。この間、六四年に佐藤が首相に就任して、沖縄返還を政権公約として対米交渉に取り組むことになる。六五年八月には首相として戦後初めて沖縄を訪問して、有名な「沖縄の祖国復帰が実現しない限り、わが国にとって「戦後」が終わっていない」との演説を行った。この際は山中も同行している。

そして六九年一一月の日米首脳会談による「七二年、核抜き、本土並み」返還の発表を経て七〇年一月、当選六回となっていた山中は第三次佐藤内閣に総理府総務長官として初入閣を果たし、本土復帰が決まっていた沖縄問題を担当することとなる。ただしこれは決して山中の希望に沿った人事ではなかった。

3　「償いの心」というキーワード

このとき山中が希望していたポストは農相であり、選挙区の鹿児島県大隅地方では肉牛の生産を推進するなど畜産関係の実績も挙げつつあった。総理府総務長官という軽量閣僚の提示には不満があったが、佐藤から最重要政策の一つといえる沖縄返還の担当を任されたことで、むしろ積極的に取り組むようになる(4)。

当時の沖縄は、米軍基地撤去を求め日米安保条約に反対する革新勢力が保守勢力をしのぐ勢いで、自民党にとって望ましい状況ではなかった。琉球政府はアメリカの認可を得て六八年に初の公選による行政主席選挙を実施して、自民党はこの選挙で前那覇市長の西銘順治を擁立した。しかし地域政党の社会大衆党、同じく共産党系の人民党、労働団体などによる革新共闘会議が推す元教職員会会長の屋良朝苗に敗れていた。屋良陣営には「即時復帰」に加えて一部には「米軍基地の全面返還」との主張もあった。

保守の中央政府と革新の琉球政府というねじれた関係による復帰に向けた共同作業は、その困難さゆえに山中にとって絶好の見せ場とも言えた。そして幸運のひとつが、屋良が沖縄側の責任者だったことである。

山中は台北第二師範学校で直接、屋良の授業を受けていたわけではなかったものの、閣僚になってから屋良と会談する際には「屋良先生」と呼んで、ことあるごとに師弟関係を強調した(5)。こうした態度も手伝って、革新主導の琉球政府と一定程度、信頼関係を取り結ぶことに成功する。

反基地、反安保を掲げつつ早期本土復帰を目指してきた革新側にとって、日米安保体制を「国是」のように扱う保守政治家はイデオロギー的に妥協できない相手ではあるが、復帰を前提とすれば県民の生活向上に必要な政策は日本政府を通じて得るほかない。首相の佐藤の信頼と予算配分を司る大蔵省との強いパイプを背景に、屋良と親しい関係にある山中は、保守の中でも例外的な存在という雰囲気を自ら作り出すことに成功する。

また、沖縄の復帰対策に際して「償い」という言葉を使うことで、山中は沖縄側の感情に配慮を見せた。政府の沖縄復帰対策要綱（第三次）が閣議決定された直後のインタビューで、次のように述べている。

「われわれは沖縄に対していかなる努力をしても償いきれない責任がある。それは償いきれなくても、少なくとも償うための全力をあげる義務が本土にあるんだということですね。これは本土の側の全国民が理解してほしいことだと思うんです(6)」

さらに返還協定の批准と本土復帰関連法の審議が焦点となった七一年一一月の「沖縄国会」において、担当閣僚として行った関連法案趣旨説明でも「償い」を繰り返した。

「われわれ日本国民及び政府は、多年にわたる忍耐と辛苦の中で生き抜いて来られた沖縄県民の方々の心情に深く思いをいたし、県民への償いの心をもって事にあたるべきであると考えます」

この「償いの心」は沖縄の人々の琴線にふれるキーワードであり、その後も基地問題や沖縄振興予算に関連して、沖縄側からときに持ち出されることになる。「償い」の具体的な根拠は、山中が説明したように戦禍の犠牲やそれに続くアメリカによる占領統治という忍苦の歳月という歴史的な経緯が強調されてはいたが、実際にはむしろ沖縄が現在進行形で負担を続けている米軍基地の問題が多く含まれていた、と言える。

後述するように、特別措置法に基づく沖縄振興体制が長期化するなかで、この基地負担が続いていることこそ「償い」の中核的な対象であることを政府側・沖縄県側の双方が明確に認識するようになるのは、米軍関係者による犯罪被害に県民の怒りが高まる一九九〇年代以降のことであろう。まだ敗戦後三〇年を経ていない復帰当時、沖縄への償いという感情は、本土側の人々にもある程度、共有される環境があった(7)。

従軍経験を経て生還した山中は、前述した若手衆院議員時代に本会議での質問で示したような沖縄への思い入れを持っていた。加えて鹿児島県の出身者として江戸時代初期の薩摩藩による琉球侵攻（一六〇九年）に対しても、政治家として罪を償わなければならないという意識もあった、と後年明かしている(8)。

復帰関連法案の国会提出に先立つ自民党総務会では、担当相として説明に立った際、沖縄戦での現地軍「玉砕」前に大田実・海軍中将が打った電文「沖縄県民かく戦えり。県民に対して後世、特別のご高配を賜らんことを」と引用して、しばし絶句したという(9)。後述するドル円の通貨切り替えにあたって重要な役割を果たす日本銀行の初代那覇支店長（復帰前は日銀沖縄対策準備室長）に、この太田の電文を受信した鹿児島・鹿屋の基地に従軍していた新木文雄を充てるよう働きかけて実現した、とも語っている(10)。

「沖縄国会」を中心に山中は六〇〇を超える復帰関連法案を所管して成立させた。主要なものとしては、沖縄振興開発措置別措置法や沖縄開発庁と沖縄総合事務局の設置、同じく沖縄振興開発金融公庫の設置などがある。これを起点とする沖縄振興体制の枠組みが、その後半世紀以上にわたって続くことになるとは、おそらく山中自身も想像していなかったのではないか。

二　沖縄振興体制の確立

1　高度経済成長下の潤沢な財政措置

山中を実質的な長とする総理府沖縄北方対策庁は、七〇年から七一年にかけて三次にわたって発表された復帰対策要綱に基づいて準備を進めた。それは屋良を長とする琉球政府の意向を確認しつつの作業であったが、国会での関係法案が提出されて審議中の段階で、琉球政府が突然「復帰措置に関する建議書」（いわゆる「屋良建議書」）を政府に提出しようとするなど混乱も見られた。これについては後述する。

本土と琉球の両政府は、経済格差の縮小に向けて特別措置法に基づいた振興体制を選択する。佐藤内閣は高度経済成長と並走する形となった新全国総合開発計画（新全総）を一九七〇年から実施中で、沖縄県では重点的な開発を展開するために、公共事業には通常より高率の国庫補助などを可能にする内容である。この時代、新幹線や高速道路などの交通網、工業地帯、大規模住宅や商業地などのインフラ整備が全国で進む一方、自然破壊や環境汚染に対する批判も高まっていた。

行政組織上は、復帰準備に取り組んできた総理府内の沖縄北方対策庁に代えて、同じく総理府の外局として沖縄開発庁を設置して閣僚をその長とし、復帰日である五月一五日の発足時から総務長官の山中が初代の沖縄開発庁長官を兼ねた。振興開発の政策に関して省庁間の調整を行い、予算は沖縄振興開発費として一括計上される。こうした機構は、五〇年に設置されていた北海道開発庁に倣ったものである。

一方、北海道開発庁の北海道における現地機関である北海道開発局が開発行政のみを所管していたのに対し、沖縄県の場合には沖縄総合事務局を設置して開発行政に限らず政府の各省庁が所管する許認可機能を集約した。これは、政府の出先機関が集中する福岡市まで許認可等のために出向く手間を軽減するための措置であったという[11]。同様に、沖縄振興開発金融金融公庫も、琉球開発金融公社など複数あった琉球政府系および中央政府系の公庫を一本化することを目指し、およそ七つの金融機関の機能をまとめたものだ。

これらの政策には、中央政府、琉球政府の双方から反対意見も出たが、最終的に山中のリーダーシップによって決着したといってよい。「償いの心」に基づく沖縄への配慮は、復帰にあたって公共事業に対する国庫補助率を、沖縄においては事業の種類を問わず全国各地の中で最高の水準まで引き上げるという基本方針に最もよく表れている。北海道開発の特例や、早期に返還された奄美群島の復興特別措置法などの補助率を踏まえて、全分野で最も高い補助率を適用した。特に港湾設備を「一〇分の一〇」すなわち全額国庫負担とすることには大蔵省の抵抗が強かったが、政治判断で押し切った[12]。

また時期は復帰の少し後になるが、山中は田中角栄内閣の防衛庁長官を短期間ながら務めた七三年、米軍用地の地主に支払う賃貸の地料を大幅に引き上げた。これを沖縄県軍用地等地主連合会（土地連）は特記して感謝している[13]。算定方式を土地連の要望に沿って変更したのに加えて「見舞金」を支払うことで、地料は復帰前のおよそ七倍に達した。ただしこの結果、基地収入への依存を強めた地主と自治体は、基地用地の整理縮小の際には復元補償を要求することが多くなり、返還や跡地利用が進まない一因となっているとの指摘がある。

さらに、復帰時のドルから円への通貨切り替えにあたって、補塡として約三〇〇億円の財政支出を大蔵省に認めさせたのも山中である。ちょうど七一年八月、アメリカ・ニクソン政権がドル防衛策として変動相場制への移行を発表し、固定相場で一ドル三六〇円だったのが復帰前には三〇五円台前後にまで円高が進んだ。日常物資の多くを日本からの「輸入」に拠っていた沖縄では手持ちの現金や金融資産が実質的に目減りするとの不安が広がっていた。

それを抑えて円滑な切り替えを実現した山中の政治力を多とする声は、屋良や副主席（副知事）の宮里松正ら琉球政府（移行後は沖縄県）幹部の間でも多い[14]。もっとも復帰後の沖縄は急激なインフレに見舞われたこともあり、通貨切り替えの過程全般に関して県民の損失額は大きかったとして、中央政府の経済対策の失敗として批判する意見も存在する。にもかかわらず、山中の手腕への評価だけは高い。

ともあれ、沖縄に対するこうした特別な財政措置を可能にしたのは、大蔵省に対する山中の影響力であり、山中の背後にいた佐藤首相の支持も少なからず働いた。税制上の優遇も同様である。その背景として、高度成長末期で右肩上がりの潤沢な税収増が続き、沖縄の本土復帰を寿いで多年の労苦に報いるため、経済格差の縮小を進めるのが中央政府の責務であるとの政官界に共通した認識もあった。山中が「保革を超えた沖縄の恩人」と称えられるのは、敗戦国から豊かさへの疾走という高度成長の果実を、一〇年あまり遅れて沖縄にもたらした象徴的な政治家となったからであろう。

2　屋良建議書と沖縄振興開発計画

一〇年間の時限立法である特別措置法に基づく沖縄振興開発計画の策定は返還後の作業となった。沖縄県が原案を作って七二年一〇月に政府へ提出し、政府が一二月に計画を決定した。次のような目標を掲げている。

「沖縄の各面にわたる本土との格差を早急に是正し、全域にわたって国民的標準を確保するとともに、そのすぐれた地域特性を生かすことによって、自立的発展の基礎条件を整備し、平和で明るい豊かな沖縄県を実現する」

格差是正、自立的発展、そして平和はその後も沖縄側の要望の柱となる。具体的には、①社会資本の整備、②社会福祉の拡充と保健医療の確保、③自然環境の保全および伝統文化の保護育成、④豊かな人間性の形成と県民能力の開発、⑤産業の振興開発、⑥国際交流の場の形成――が盛り込まれた。本土復帰の七二年、県民一人あたり平均所得は国民平均の六〇％程度で経済振興の具体化が急がれており、これが即効性の高い公共事業への傾斜へとつながることになる。

県原案の作成の過程で、沖縄県側から開発庁側に次のような趣旨の要望が出されたことは、革新勢力が主軸となっていた当時の沖縄県関係者が本土復帰に込めた思いを物語っている。

「振興計画は単年度計画として毎年度見直したい」

「米軍のみならず自衛隊も含めて基地撤廃を計画の前提としたい」

「振興開発計画は『本土の償い』であるとの文言を入れたい」

いずれも開発庁および政府側が難色を示し、県との協議によって基地撤廃は「米軍施設区域の整理・縮小」という表現にやわらげ、「償い」の文言も見送られた。特に基地撤廃に関しては県知事案の政府への提出直前に内閣官房副長官（事務）の後藤田正晴が、入れるべきではない旨を強く指示したという(15)。

復帰前後、沖縄側の、特に屋良の支持母体であった革新政党や労働組合の一部では、復帰作業が米軍基地の存置を前提とする政府の主導で進んでゆくことに強い不満があった。それが「屋良建議書」の作成と提出に表れ、さらに振興開発計画への要望にもつながったといえる。

もともと「祖国復帰」運動は沖縄の革新勢力が、早期復帰に慎重だった沖縄の経済界や保守勢力に対抗して積極的に進めてきた経緯がある。ところがベトナム反戦運動下で革新勢力が掲げてきた「日米安保反対、米軍基地撤廃」との運動スローガンに沿った返還とはならないことが明らかになるにつれ、沖縄でも一部革新勢力の主張は先鋭化し、中央政府との板挟みとなった屋良は辞任の意向をもらす場面もあったという(16)。

すでに返還協定批准と復帰関連法案の国会審議に入っていた七一年一一月の段階で、屋良建議書は「県民は基地のない平和な島を望んでいる」「返還協定は基地を固定化するもので、大半の県民は協定に不満を表明している」として、米軍基地の「完全ではないまでもある程度の整理なり縮小」のうえでの返還と、返還後の沖縄に自衛隊を配備しないことを求めた内容だった。その一方で「佐藤総理はじめ関係首脳の熱意とご努力はこれを多とし、深甚なる敬意を表する」とも述べている。

仮に政府が建議書を受け取って少しでも沖縄側の要望に沿った政策変更を実現しようとすれば、返還日程をかなり延期して日米交渉の段階からやり直すことが必要になる。琉球政府と実務的なすり合わせをしながら三次にわたる復帰対策要綱をまとめてきた総理府沖縄北方対策庁の幹部職員は、建議書に予定された内容と提出への動きを伝え聞いて「愕然とすると同時に憤慨した」と振り返っている(17)。

屋良側としてはおそらく「ちゃぶ台返し」までの意図はなく、革新勢力の顔を立てつつ復帰時の県民感情を政府へのメッセージとして、公式記録にとどめておきたかったのだろう。そしてかなりの程度、それに成功したといえる。一一月一七日、屋良が建議書をこの政府に提出すべく羽田空港に到着したころ、衆議院の沖縄復帰特別委員会では野党の反対を押し切って自民党が強行採決で関連法案を可決、本会議に送っていた。これがかえって劇的な効果を生んだ。これに先立つ一一月一四日には返還協定に反対する学生らのデモが一部暴徒化し、東京・渋谷で警察官を殺害する事件を起こしている。

ベトナム戦争と反戦運動のさなか、野党第一党である社会党は日米安保体制と自衛隊の解消を目指す「非武装中立」政策を看板にしていた。「アメリカ帝国主義」への知識人層や官公労系労組の批判は強く、沖縄返還闘争と屋良建議書も反安保、反自衛隊という「革新」的主張から生まれた。

その後、建議書は「沖縄県民の意向が十分に反映されない〝ゆがめられた返還〟を象徴[18]」する「幻の建議書」とも呼ばれ、主に米軍基地問題で中央政府の不当性を批判し沖縄の理想と正当性を示す歴史的な文書として、二一世紀に至るまで「証拠能力」を保ち続けることになる。二〇二二年、復帰五〇年にあたって知事の玉城デニーは、屋良建議書を引き継ぐ形で新たな「建議書」を発表し、中央政府に改めて米軍基地の整理・縮小と基地負担の軽減を求めている。

屋良は後年、返還事業を振り返って「沖縄の最大の理解者である山中総務長官の協力なしには、とても解決できないと思っていた」と、立場の異なる保守政治家に対して最大級の感謝を示している[19]。その一方で、建議書を残すことで米軍基地と安保政策に関しては譲れない「革新」の一線を保ったといえる。

3　沖縄振興体制の定着と「保守県政」への転換

山中が主導した沖縄振興開発体制には、当初から批判もあった。最大のものは前項でふれた通り、振興開発計画案を作成するのは県だが最終的な決定権は政府が保持していることだ。また沖縄へ新全総に則った「開発」行政を展開することが、当時大きな社会問題化していた環境破壊につながるとの意見があった[20]。

とはいえ、計画の策定に政府がまったく関与せずに沖縄県知事にフリーハンドを与えることは、沖縄振興が特別措置法に基づく政府からの財政移転である以上、法制度的に不可能であろう。沖縄県にのみそれを認めるとすれば事実上「一国二制度」となる。

その後、振興開発体制が一九八〇年代から二次、三次と継続、定着するにつれて、これが沖縄側の主体性を奪い、「自治」を破壊しているとの指摘や、開発によって潤うのは主に本土企業であって、沖縄の内発的な発展を阻害しているとの指摘も出てきた。こうした沖縄振興に関連した「自治」「自立」さらには「独立」という論点については、結びにおいて分析と考察を試みたい。

革新共闘会議を支持母体に本土復帰を果たした屋良は、知事を一期務めたのみで七六年に引退した。同年六月の知事選では、再び革新統一候補として沖縄の革新地域政党である社会大衆党の委員長だった平良幸市が当選したが、七八年一一月に病気で辞任する。一二月に急きょ行われた知事選で、自民党の衆院議員だった西銘順治が、積極的な企業誘致と政府自民党とのパイプを強調して当選し、戦後初の保守県政を実現することになった。これ以降、沖縄県の政治状況は復帰前の革新優勢とは異なり、保守がやや優勢で推移する。

西銘が三期務めたあとの九〇年知事選では、再び革新共闘候補の大田昌秀が当選して西銘の四選を阻んだものの、これは県民の支持が再び革新寄りへ動いたというより、保守の内部対立、分裂から一部が大田支持に回ったことによると見た方が妥当だろう。とはいえ全国的な革新勢力退潮の中にあって、沖縄県は二一世紀に至るまで左派勢力の強い地域であり続けていることは確かで、それには現在進行形の米軍基地問題、米兵による犯罪被害への反発が大きく作用している。

その半面で、復帰後に生活水準の向上や教育施設、社会・生活基盤の整備が進んだことで、沖縄県において保守の支持層が徐々に広がっていったことは各種の選挙結果から明らかで、それには沖縄振興開発体制による財政移転が大きく寄与していたと思われる。復帰前に全国平均の六〇％弱だった一人当たり県民所得が復帰後四年目の七五年には七〇％超まで伸びている。これは本土側が石油危機による景気後退に見舞われたことも大きかったとはいえ、七〇年代後半以降も県民所得自体は右肩上がりを続けた。

当時の自民党国会議員の中でも「台湾派」の一人に数えられる山中貞則は、もともと反共意識がかなり強い性格だった。もちろんイデオロギー的には革新勢力とは相容れるものではなく、返還前の日米交渉の過程では、マイヤー駐日アメリカ大使、ランパート高等弁務官との協議の中で、長期的な「反米闘争の緩和、左翼分子の弱体化」に向けた懐柔政策措置の必要性に言及するなど、保守政治家のリアリズムを垣間見せている[21]。

自らが主導した沖縄振興開発体制が徐々に定着してゆくことによって、革新勢力の弱体化という効果を生むことも、あるいは期待していたのかもしれない。

4　特措法と「3K経済」

復帰一〇年の八二年、沖縄振興開発特別措置法は期限の一〇年を迎えて、さらに一〇年の延長が決まる。中央政府では財政悪化のため行政改革が大きな課題となっていた時期ではあったが、沖縄振興を特措法でテコ入れすることへの大きな異論は出なかった。政府の沖縄振興審議会内の第一次計画における中間報告では、本土との経済格差は縮小しても依然として大きく、観光関連産業は一〇年間で順調に伸びてきたものの、新規工業立地、本土からの工場進出が乏しいことによって安定した雇用が増えず、県民所得の伸びが見込みにくいことなどが指摘されている。

二次計画の策定にあたって政府内で「想定外」の声が上がったのが沖縄県人口の急増である。復帰時の約九五万人が一〇年を経ずして約一一〇万人にまで達していた。少子化が大きな政策課題として本格的に認識されるのは九〇年代に入ってからで、沖縄の「特異現象」は、八〇年代の時点では詳しい分析の対象とならなかった。沖縄の県労働力人口の増加は県内市場の潜在能力を示す半面、劇的な雇用環境の改善が見通せない状況下で、やがて子どもの貧困といった問題の顕在化にも結び付いてゆくことになる。

特措法は九二年、二〇〇二年、二〇一二年と延長を重ねてゆく。二〇〇二年では法改正が行われて「開発」を削除して「沖縄振興特別措置法」へと刷新した。内容にも「沖縄の自主性尊重」「自立的発展」などがうたい込まれたものの、二一世紀になってからも公共事業への依存度は高く、県内では「3K経済」（基地、観光、公共事業が主な収入源となる経済）などと自嘲的に呼ばれた。

二〇〇一年には中央省庁の再編により沖縄開発庁は廃止され、内閣府の沖縄担当部局が業務を引き継ぐ。沖縄担当の閣僚は継続して置かれ、沖縄振興予算の一括計上方式は変わらなかった。ただし依然として多い公共事業費に関して、本土企業が発注の多くを獲得して予算は中央へ還流するため沖縄へ富をもたらすところが薄い「ＯＤＡ（政府開発援助）沖縄版」であるとの不満の声も高まっていた。[22]

三　保守政治家・山中が目指したもの

1　「族議員の総合者」として消費税導入

沖縄振興体制を確立する中心にいた山中貞則は、返還後も沖縄県政に強い影響力を保ち続けた。その一方で、佐藤内閣から田中内閣にかけての約五年の間に複数の閣僚および党政調会長を歴任して、近い将来の首相の座をうかがう位置につける。所属派閥の領袖であった河野一郎の没後は、その大部分を中曽根康弘が引き継ぐ形となり、いったんは山中も中曽根派に身を置いたが七〇年代後半の一時期、中曽根から離れて独自の政策グループを立ち上げた。しかし長くは続かず中曽根派に復帰する。八二年には第一次中曽根内閣で通産大臣として久々の入閣を果たした。竹下登、安倍晋太郎といった当時の「ニューリーダー」に準ずる格付けである。

ところが、海外出張が続く中で持病の糖尿病が悪化して脳梗塞を発症、就任半年あまりでの辞任を余儀なくされる。すでに六一歳であり、これによって総理総裁への道は事実上断たれた。しかしそこから山中の個性的な後半生が始まった。復活に向けて体調を整えリハビリに取り組む一方、特に石垣島など八重山諸島での保養を好み、毎年二月には避寒のため長期滞在することが恒例になった。

八六年八月に自民党税制調査会の会長として復帰、「売上税」で一度は失敗した中曽根内閣の懸案を、約三年かけて竹下登内閣の「消費税」として実現した。大型間接税は七〇年代以来の大蔵省の悲願だった。山中が大蔵政務次官の頃には「ずいぶん勉強した」などと「上から目線」で評価していた大蔵官僚も、それからおよそ三〇年たってみると、現職の主税局長が山中に「彼には僕が税制を教えた」と言われるような力関係になっていた(23)。

もともと党政調会の下に置かれた税調が別格の存在となったのは、高度成長期以降、税制が減税や複雑な控除などを繰り返して、他の部会・委員会より幅広く多くの業界の利害と密接に絡んでいたからとされる。様々な団体が自民党政調の各部会を通じて税制改正の要望を上げ、それを大蔵省と調整しつつ政治的に裁断する役割は、次第に高度な政治力を必要とするようになった。

「政策通」と言えば褒め言葉となるが、「族議員」といえば、利権絡みで政策を左右するマイナスのイメージがつきまとう。特に八〇年代以降は、「族議員」の活動が注目され、「利益政治」とともに批判を受けるようになった。それが頂点に達したのが八八年のリクルート事件、そして八九年の消費税導入にかけての時期であろう。

政治学者の山口二郎は、この時期の山中の活動に注目して、族議員の中でも「総合族」であると指摘した(24)。複数の政策領域にまたがる総合調整機能は本来、首相ないし党三役が担うべきものだが、党税調会長の山中をはじめ、それを代行する議員が出現した、という分析である。

八〇年代以降、自民党内では派閥政治が爛熟化する一方、行政の専門分化につれて族議員も増えて、政策の調整は錯綜していた。そうした時期に、政権の命運をかけた政策課題として浮上した大型間接税などには政治力を持った調停者が必要とされ、それに最も適合したのが山中だった、ということになるだろう。

税調での議論は予想通り難航したが、税率や免税点などの重要事項は、最終的に山中が政治決断した――という形を大蔵省も竹下首相も了承した。実際の政治過程は、山中がマスメディアを通じて語ったよりもずっと複雑だったろう。しかし、「ミスター税調」「税調のドン」と呼ばれて、そのように振る舞った山中は、消費税の象徴となることを自ら望んだと思しい。むしろ不人気政策であればこそ、政治家として一世一代の晴れ舞台を務めたといえる。

ただしその代償もあった。九〇年二月の衆院選で、社会党候補と二八票差で落選したのは、鹿児島三区の定数が一つ減って二になっていたという事情はあるが、消費税の「生みの親」として野党の標的となったことが響いた。

この落選はしかし、その後に山中が自民党長老として君臨する政治的な迫力につながった。予想通り社会党が圧勝したものの、自民党も逆風の中でそこそこの成績を収め、有力議員の中で落選したのは山中くらいだった。自身で思いもよらなかった結果だろうが、消費税を通したことによる犠牲を、自ら引き受けた形になったわけである。

九三年の衆院選で議席を回復して以降は、党税調最高顧問である一方、長老議員の代表として党総務会にも選ばれ続け、ときに後輩の党執行部に諫言、忠告し、場合によっては叱責してみせたりもした。衆院が小選挙区制になってからも盤石で、二〇〇三年の小泉純一郎首相による「郵政解散・総選挙」でも鹿児島五区で六割を超える得票を得て通算一七回目の当選、自民党の最長老議員となった。

2 「沖縄復帰を担当してよかった」

一九九七年、日本経済新聞の人物連載「私の履歴書」に登場した山中は、半世紀を超え政治生活を振り返って「「政治家山中は何をなしたか」と問われれば、私は迷うことなく真っ先に「沖縄問題」をあげるだろう」と記した。「沖縄の恩人」と呼ばれ、「沖縄族のドン」とも称された鹿児島県出身の保守政治家には、歴史的にも米軍基地の問題でも沖縄に負担をかけ過ぎたという心情と、沖縄振興の自助努力を叱咤する心情が交錯していたようである。晩年は取材などの際に沖縄の歴史的な労苦にたびたび言及する一方で、「自立」を促す発言も多かった。

他界したのは二〇〇四年二月、沖縄県で初となる名誉県民顕彰が決まってほどなくしての時期だった。これが県議会の全会一致で承認されたことを、非常に喜んでいたという。山中には後継者たりうる子弟がいて、後援会など関係者にも親族による選挙区世襲の希望が強かったにもかかわらず、「政治家は一代限り」と遺言したと伝えられる。これも世襲議員の多さが問題視されていた政界、とくに自民党にあって、一種の美談として語られることになった。

亡くなる二年前に、西表島から五キロほど北にある離島、鳩間島に関する思い出をつづった文章がある。この島は復帰前後に山中が訪れた頃には、過疎化が進み二世帯の高齢者が住むだけになっていたという。このまま無人島にしてはいけないと沖縄電力などを強引に説得して電気と水道を引き、船着き場を作った。その後徐々に人口が増え、およそ一五年ぶりに再訪すると、小中学生の鼓笛隊が山中の乗る船を演奏で迎えた。

やや長くなるが、五五年体制下の「利益誘導型」保守政治家の政治観がよく伝わってくる内容なので引用しよう。

――十五年前には子供など一人もおらず、学校もない島だった。それが電気や水道が通ったことで、魚も獲れる、キビも植えられる、生活ができると帰島する者が増え、結婚する者があり、子供が生まれ、学校に通うようになり、わずか十五、六人とはいえ、目の前の鼓笛隊になっているのだ。人前で泣くわけにはいかないが、胸のあたりまで慟哭に近い嗚咽がこみ上げてきた。政治というのはこれだ。自分のやってきた政治は間違っていなかった。これを見てくれと叫びたかった。やがて幼い子供たちの演奏が終わり、「山中先生、ありがとう」と一斉に頭を下げられたときには、思わず顔がゆがんだ。政治家になってよかった、沖縄復帰を担当してよかったと、このときほど実感したことはなかった。(25)――

大時代的かつ牧民思想的ながら、「豊かさの配分」や「国土の均衡ある発展」といった、かつての保守政治が目指した政治理念をよく物語る述懐といえる。そうした経済発展や利益誘導政治の前提条件となっていたのが、日米安保体制である。

冷戦下で日米同盟を外交の基軸とすることで、「西側」すなわち経済的には資本主義陣営、政治的には自由民主主義圏の一員として、「利益の配分」によって豊かな社会を実現する。それにより支持を獲得・拡大して政権を継続するのが、保守政治の基本戦略であった。

しかしその日米安保体制は沖縄県民に過重な負担を強いるものであり、利益政治は一定以上の経済成長なしには不可能である。沖縄県民の基地負担に対する受忍の感情が限度を超え、中央政府からの移転すべき財源が不足してくれば、前提は崩れることになる。

3　沖縄県に「自立」求めた晩年

「これが最後です。「後世格別のご高配をたまわらんことを」のご高配はこれで終わりだ。今度は沖縄が自分でやる番だ」

二〇〇一年一二月、新たな沖縄振興特別措置法の施行に向けた金融特区や中小企業振興などの税制改正で大蔵省を説得した際に、山中はそう述べたという[26]。

山中は冷戦初期に国会議員として出発し、高度成長下で有力政治家へと成長した。低成長時代に移り、悪化した財政の健全化を目指した消費税の導入に際して中心的な役割を果たしたが、その後も政府の財政状況は悪化の一途をたどる。利益政治の行き詰まりと新自由主義の台頭を目の当たりにした晩年、沖縄県を財政・税制上で特別扱いするのがいずれ困難になる将来を予期していたのではなかろうか。

それが、自分の政治生活が終わりに近づいていることを意識したうえで、沖縄に「自立」を求める言葉となったように思われる。

四　沖縄振興体制の未来と「自立」への道

沖縄振興体制に冷静な評価を下すことは、独特の困難さが伴う。

何よりも構造的差別とされる過重な米軍基地負担の問題とは切り離せない。そして、冷戦後の中央政治において急速に衰え、ついには事実上の「死語」と化した「革新」的なイデオロギー、すなわち「反日米安保」「非武装中立」を奉ずる勢力が、基地問題が継続するがゆえに、沖縄においては相当程度、残ったと思われることも影響した。また、そうした政治的な特徴は、さかのぼれば第二次大戦下の沖縄戦による甚大な犠牲のみならず、明治政府によって琉球王国が「強制終了」させられたことと、その後に受けた差別に対する政治的ルサンチマン（遺恨）が絡んで、県民の強い被害者感情が補強されてきたことにも関係している。それが一向に改善されない（と沖縄側が主張する）米軍基地問題と響き合って、政治的には沖縄県の「自治」「自立」、さらには「独立」への志向となって表れる。

小稿の結びとして、複雑な背景を可能な限り整理したうえで沖縄振興の今後の展望についての考察を試みたい。

1　基地問題を争点化しないための沖縄振興体制か

山中貞則が主導した沖縄振興体制に対する批判は様々に存在する。その有力なものの一つに、沖縄振興体制は利益還元政治を沖縄に導入することによって沖縄の主体性を奪い基地問題を中央政治で争点化させない役割を果たした、といった分析がある。例えば近年の論者の中で、島袋純の評価は次のようなものである。

沖縄振興について国の責任を果たしていくとされた沖縄開発庁が、基地から派生する問題は責任外、つまり沖縄の現状についての地元の要求を、振興開発事業、公共事業に限定する役割を持っていた。それにより国政レベルでの沖縄基地問題を政治的問題として浮上させないこと、つまり「非争点化」の役割を担った。振興開発計画の策定主体は沖縄開発庁であり、いくら県や市町村からの要望があっても、基地の整理縮小を前提とする計画を策定することは不可能であった。(27)

こうした主張は、原因と結果を混同した議論のように思われる。

島袋が指摘するように、琉球政府が沖縄県として日本政府に統合されるにあたって沖縄側が強く求めていた基地の整理・縮小について、担当する部局が中央政府に新設されることはなかった。実務上は外務省と防衛庁(防衛施設庁)がそれに該当したのだが、これらの省庁が沖縄の基地問題において機能していたとは言い難い。現実に特措法に基づく沖縄振興開発体制が二次、三次と延長された間に、米軍基地の返還は(沖縄県側が望む水準では)進まなかった。その側面のみ見れば妥当な指摘と言い得るだろう。

ただし、保守・自民党政権による利益還元政治は全国津々浦々に張り巡らされていたことに留意する必要がある。琉球政府→沖縄県は、基地問題とは別個に、そうした構造に加わることを主体的に選択した。米軍基地の撤去よりも早期復帰を優先したのは、県民の多数が復帰および生活水準の向上を望んでいたからにほかならないだろう。ナショナル・ミニマム的な観点からは、復帰時の沖縄県の財政力に照らせば当然に、中央政府からの財政移転を他の自治体に比べて特別手厚くする必要があった。それが特措法に基づく沖縄振興体制の本質である。もちろん現在進行形の基地負担に対する代償という側面もあり、年月の経過とともに徐々にそれが拡大してゆくのだが。

しかし仮に復帰時、革新勢力が主張していたような「基地の全面返還」が実現していたとしても、やはり財政的に同種の特別措置は相当な長期間、必要とされただろう。沖縄振興体制を基地問題と絡めて批判するなら、中央政府はどのような政策を準備すべきだったのか。この点で具体的かつ現実的な例示がなければ、いささか説得力に欠ける印象を持たざるを得ない。

2　沖縄版ユートピア＝大田昌秀「国際都市形成構想」

前記のような沖縄振興体制への批判を政策として具体化したのが、一九九六年一一月に大田昌秀知事が発表、政府に提出した「沖縄国際都市形成構想」である。その内容についてここで詳細には立ち入らないが、構想の主要な柱は次のような内容だ。

① 米軍基地の整理・縮小を進め二〇一五年までの全面撤去を目指す計画「基地返還アクションプログラム」。
② 関税の撤廃や各種の規制緩和によって沖縄を自由貿易地域とする「特別経済区」設置。
③ 都道府県よりも強い自治権限を有する「特別自治制度（琉球諸島自治政府）」。
④ 基地返還を前提に、跡地を国際交流やリゾートの拠点として使用してアジア太平洋地域とのネットワーク形成を目指す。

ここには、復帰前から沖縄側に強く存在した「独立」論ないしは「自治」論——国際法、国内法上の「沖縄（琉球）独立」が難しいとしても、一国二制度的な特別な地位を獲得すべきとの考え——の影響が見て取れる。実際に、特別経済区や特別自治制度などは実現すれば一国二制度に近い。

またこの構想は戦後革新勢力の中核的政策であった非武装中立と日米安保体制の解消——知事である大田の政治信条でもあった——を事実上、前提にしたものであり、さらに琉球王国時代の「万国津梁」の復活をも意図した内容であった。(28)

革新勢力が国内政治において終焉を迎えつつあった中で、沖縄の背負わされてきた歴史の止揚と革新的イデオロギーを結晶化させたユートピア論といえる。ちなみに、革新知事である大田は屋良とは違って山中との関係は良くなかったらしい(29)。

この当時、沖縄県側の主張に中央政府が向き合わざるを得ない状況となったのは、言うまでもなく九五年に米海兵隊員が起こした少女暴行事件の報道による。県民の間に蓄積していた反基地感情、さらに本土との構造的差別への怒りは沸点に達し、大田が民有地の軍用地使用に関する代理署名を拒否するなどして、基地問題の争点化に成功した。

これによって日米安保体制が沖縄の負担に支えられた不安定な状態にあることが初めて浮き彫りになり、危機感を持った日米首脳は米軍普天間飛行場の返還などで合意した。その代替施設の建設をめぐって中央政府と沖縄県側の駆け引きが続くさなかに、県側がやや唐突にこの構想を持ち出した経緯がある(30)。

東西冷戦の終結によって世界的な緊張緩和と軍縮が進むはずという楽観的な見通しも、構想の背景にあった。九五年のあまりに悪質な米兵犯罪は、本土の保守政治家たちの「償いの心」を呼び起こすのに十分であったし、県の要求に政府も当初は低姿勢で耳を傾けた。しかし、九六年から九七年にかけて中央政治のプレーヤーとして注目を集めるようになった大田の行動は、その意図はともかく、客観的には基地負担を取引材料に「一国二制度」的な振興策を引き出そうとする姿勢と映ったことは否めない。

また米海兵隊の沖縄からの移転という要求は日米安保体制の根幹にかかわるもので、沖縄県外の人々にも相当な説得力を持った構造的差別の告発とは、質的に異なる面があった。

逡巡の末に普天間飛行場代替施設の政府案を拒否した大田は、九八年の知事選で自民党などが擁立した稲嶺恵一に敗れ、国際都市形成構想も立ち消えとなる。稲嶺県政下では、省庁再編によって沖縄開発庁が廃止となる一方、特別措置法は改正されて継続し、沖縄の経済振興と「自立」を強調する内容となった。それでも、二〇〇二年の名護市の金融特区・情報特区指定など、国際都市形成構想の基調であったアジアとの物流・情報の交流拠点を目指す方針は一定程度、受け継がれたと見てよいだろう。

特措法の改正にあたって稲嶺は山中を訪ね、支援を要請した。「従来の格差是正ではなく、自立のために努力する制度をほしい」と願い出ると、山中は「沖縄からその言葉を聞けるのを三十年待っていた」と応じたという[31]。

3　半世紀後も継続する「特別措置」

二〇二二年、政府は沖縄振興特別措置法を改正のうえ延長することを決めた。二〇三二年度までの一〇年間の時限立法となるのは従来と同じだが、今回は必要な場合、五年以内に見直しを行うとの付則が盛り込まれた。沖縄振興開発金融公庫も、前回の延長時に行政改革推進法で日本政策金融公庫への統合を求められていたが、沖縄県内から存続要望が相次ぎ、さらに一〇年延長することになった。

特措法の延長は五回目となり、半世紀の間に投下された振興関連予算は約一三・五兆円に及ぶ。米軍基地問題で政府に批判的な論者の間からも、特措法を続けることに対する批判が出ていた[32]。

特措法の問題点として、高い国庫補助率から公共事業への依存度が高いこと、予算の一括計上方式が事業の効率性の精査や県の政策立案能力向上の障害となっていることなどが、指摘されて久しい[33]。

しかしそこから脱却するために即効性のある対策は半世紀かけても見いだせなかった。輸送コストが高く大規模工業化に適さない離島という沖縄県の経済的「自立」の難しさが、そのような現状に表れている。人口の多い地帯から距離があり、四周を海に囲まれた立地条件は、代表的な国際都市である香港やシンガポールとは本質的に異なり、どちらかといえば米州ハワイやグアムに近似している。

二〇一〇年代に急速な勢いで伸長した沖縄県の観光業は、二〇二〇年からの新型コロナウイルスの世界的流行によって大きな打撃を受けた。この間、県民所得は全国平均の七五％前後で伸び悩んでいる。ただしこれは、出生率が高く全国でも珍しい人口の自然増地域であることにも留意する必要があるだろう。

特別措置を延長するにあたり自民党は沖縄振興と安全保障を関連づけて、沖縄の発展が「総合的な安全保障としてアジア・太平洋地域の安定に資する」との新たな提言を打ち出していた。[34] 一方、沖縄県側も、これまで強調してきた沖縄の特殊性（歴史的条件、地理的条件、自然条件、社会的条件＝基地負担）に加えて、排他的経済水域の管理といった「国への貢献」を強調するなど、[35] 微妙な変化があった。これは、後述する「基地振興リンク論」の影響もあると見られる。

4　「基地振興リンク論」の推移

二〇〇四年の山中の死去後、沖縄の本土復帰半世紀に至るまで、振興体制をめぐる政治環境がどのように変化してきたのか、概観しておこう。

山中と前後して、自民党内で沖縄問題にある程度の熱意を持って取り組んできた他の有力政治家も、他界または引退という形で政治の舞台から姿を消していった。主な名前を挙げれば梶山静六、橋本龍太郎、小渕恵三、野中広務といった面々である。いずれも旧田中派、経世会の流れを汲む政治家であることは、様々な意味で示唆するところが深い。

沖縄振興の枠組みを主導した山中は田中派ではなかったが、経済的に恵まれなかった地方のインフラを整備することで、豊かさの配分を地域均等に近い水準で行おうとする保守的政治家としての心情は共通していた。そうした利益誘導政治は自民党が政権党であり続けた現実的な理由でもあった。

また、この世代は山中に代表されるように、多くの保守政治家が「戦争体験」を抱え、歴史的な「償いの心」を大なり小なり共有していた。それは日米安保体制を揺るがせない限りにおいて、という前提つきではあったが、彼らが推進した沖縄振興体制が社会資本を蓄積し、本土との経済格差をある程度、縮小したことも事実である。

彼らが健在の間は、基地負担の受け入れと沖縄振興政策が実質的に取引関係にあるという「基地振興リンク論」も、表立って語られることは少なかった。沖縄の歴史に対する政治的責任を意識していたことの表れと言えよう。

しかし世代交代と安全保障環境の変化は、このリンク論を公然化させかねない状況を生み出した。分水嶺となったのが、二〇〇九年から三年あまりの民主党政権の時期である。

首相となった鳩山由紀夫の「普天間飛行場の代替施設は最低でも県外に」という公約とも受け取れる発言は結局、県外の候補地も見つからずアメリカ側も同意せず、実現しなかった。とはいえ、辺野古代替施設建設の受け入れでひとまず沈静化していたこの問題を沖縄県側が再検討するきっかけとなり、「新基地建設反対、海兵隊は県外移管へ」という要求に県民の多数意思が収斂してゆく。

世界がアメリカ発の同時金融危機を乗り切った二〇一〇年代は、好調なグローバル経済によって観光客の増加が見られ、特に沖縄では失業率や求人状況が大幅に改善してゆく。そうした背景から沖縄の保守層の間にも、米軍基地の存在が経済振興の阻害要因になっているとの認識が広がるようになっていた。これが二〇一四年の知事選で、従来の保革の枠を超えた「オール沖縄」による翁長雄志の当選という結果につながる。

かつて大田知事時代には県議として辺野古移設に賛成する立場で、その後も自民党県連幹事長、那覇市長などを務めた翁長が、知事就任の約二年前に「沖縄に経済援助なんかいらない。税制の優遇措置もなくしてください。そのかわり、基地は返してください」という啖呵（たんか）を切った。この発言は沖縄の変貌ぶりを象徴している[36]。知事就任後は公約通り、辺野古代替基地建設の中止を求めた。

他方で、二〇一〇年の尖閣諸島周辺で海上保安庁の巡視船に中国漁船が衝突した事件は、政府側の安全保障に関する認識を微妙に変えていた。これ以降、中国の軍事的拡張と海洋進出に対する警戒感は日米両政府で徐々に高まり、二〇一二年に政権復帰した自民党・公明党の連立政権の下で日米同盟はより緊密化する。安倍晋三―菅義偉政権では、二〇一四年に日米同盟における集団的自衛権の容認に踏み切る一方、辺野古代替基地問題で日米両政府の決定を受け入れるよう求めつつ、それまで控えてきた「リンク論」を点滅させるようになった。[37]これに対して沖縄側は強く反発してきた。[38]

前述の翁長の発言は、ある意味でリンク論を間接的に認める内容だった。しかし現実には米軍基地の有無にかかわらず、中央政府からの財政移転なしに沖縄県の経済は――他の多くの地方自治体と同様に――まず成立し得ない。[39]基地問題に関連して一部論者が主張してきた「独立」「特別自治」論も、県民の間で生活水準を下げるまでの覚悟が共有されていなければ、ほとんど空理空論に近い。

リンク論に対する感情的なまでの反発は、沖縄が強いられた苦難の歴史を中央政府および本土の人々が忘却することへの怒りが大きいだろう。それに加えて、常に中央政府に責任を求め得る環境にあることで、財政・税制的に中央政府への依存度が高い体質と構造を正当化したい心理が働いているように思われる。[40]

5　最後の「革新」と沖縄振興体制の行方

「辺野古新基地建設反対」を掲げて政府と対峙してきた翁長雄志は任期途中の二〇一八年に病没し、同年の知事選で「オール沖縄」体制を引き継いだ旧民主党系の衆院議員・玉城デニーが自民党系候補を下して就任した。

二一世紀に入り、中央政治において、さらには全国的にも左派政治勢力を表す「革新」の呼称が死語と化してゆく中で、日米安保体制の矛盾もしくは負の側面が明確に可視化されている沖縄県においては「革新」という表現が報道にも使用され続けてきた。日米安保体制を是認したくない本土の旧「革新」勢力の人々にとっても、沖縄県はある意味で最後に残ったイデオロギー的な希望の地でもあっただろう。それでも変化は進んでいる。

革新県政によって本土復帰を果たした沖縄県が、約半世紀の曲折を経て、日米安保体制について発表した公式見解は、次のようなものだ。

「（日米安保は）日本と東アジアの平和と安定の維持に寄与してきた」「沖縄の米軍基地の機能や効果、負担のあり方など、安全保障全般について国民的議論が十分なされてきたとは言えず」「辺野古新基地建設問題等を通して、日米安全保障の負担のあり方について、改めて日本全国の皆様で考えて頂きたい」(41)。

つまり日米安保体制・在日米軍基地の必要性を明確に認めたうえで、負担の公平化を求めるところまで「革新」色は薄らいだことが分かる。

こうした変化には、近年の中国軍の海洋行動や中国政府の香港での強圧的な施策、台湾への軍事侵攻の懸念なども間接的に影響していると考えられる。大田県政時代に策定された沖縄振興体制のアンチテーゼ「国際都市形成構想」には、明らかに中国の冊封体制下にあった琉球王国時代への郷愁が見て取れた。しかし近年の安全保障環境の変化は、沖縄県と中国の親和性が高いことに対して少なからぬ国民の懸念を増幅している。

さらに二〇二二年にロシアがウクライナへ軍事侵攻したことは、自由民主主義体制と専制・権威主義体制の対立を際立たせ、アジアにおける日米安保体制の存在意義を高める結果となった。

以上のような国際情勢や、中央政府の債務残高が一〇〇〇兆円を超えるほど悪化した財政状況を踏まえれば、沖縄県が、基地の大幅な整理縮小と従来通りの財政移転に頼った振興策を並行して求めることに対して、厳しい見方が増してきていることにも理由はある。

とはいえ沖縄県が民意を基に中央政府の政策に対して異議申し立てを続けていることは、民主主義政治という観点からは至極正当な行為である。米海兵隊の県外移転に関しては、現実的な受け入れ先と日本政府・米政府双方の合意が不可欠であり、近い将来の実現は至難の業といえる。それでも要求を続けることで、次善の策として例えば日米地位協定の改善などにつながる可能性は否定できない。

これまで述べてきたように、山中貞則の主導した歴史的な「償いの心」に基づく沖縄振興体制は、生活水準の向上や社会基盤の整備に一定の役割を果たしてきたものの、半世紀を経て耐用年数を超過したことは明らかだろう。二〇二二年特措法改正においての「五年以内の見直し」の追加がそれを証明している。

突出した基地負担を特別措置継続の理由にすることが、沖縄県外の国民に対して最も分かりやすい説明の方法ではある。場合によっては基地負担が続くことの代償に、一国二制度に近い特別な自治を認めることも、不可能ではないだろう。しかしこれは、沖縄側が最も避けたい基地の長期化・固定化につながる危険をはらむジレンマがある。

沖縄という存在は、戦後日本の民主主義政治に対して根源的な問いを発し続けてきた。復帰から半世紀たち、近い将来に予想し得る団塊世代の退場とともに、戦後「革新」勢力は沖縄においてもほぼ終息を迎えるであろう。苦難と隘路の連続であった沖縄の「戦後」もまた終わるのか、その先にどんな未来を描くことができるのか。小稿が次世代の構想への素材として利用されることを願っている。

（文中敬称略）

注

小稿の一部は『法学志林』第一一七巻第二号（二〇二〇年）掲載の及川「沖縄振興体制の政治史――山中貞則と「償いの心」――」を基にしている。

（1）『沖縄タイムス』二〇二二年七月九日付広告特集「沖縄に寄り添い振興に力」。『八重山日報』同年七月一〇日付。
（2）『朝日新聞』が一九五五年一月一三日付朝刊で「米軍の「沖縄民政」を衝く」との見出しで強制的な土地収容の実態を報じた記事は、アメリカ本国を含め広く反響を呼んだ。
（3）朝日新聞政治部『自民党　保守権力の構造』（朝日新聞社、一九七〇）三六―三八頁。同紙の長期連載をまとめたもので、山中は一回分の主人公として登場した。大蔵政務次官に就任した当初は「勇ましいだけの、的外れの意見を言って、役人たちの失笑を買っていた」が、しまいには「ずいぶん勉強したに違いない」と、大蔵省内で言われるようになった、との記述がある。
（4）入閣の経緯は『日本経済新聞』一九九七年六月二〇日付朝刊「私の履歴書」などで山中が語っている。
（5）『朝日新聞』一九七〇年一月一八日付朝刊「記者席」「〝屋良先生〟と〝山中生徒〟」
（6）総理府『時の動き』一五巻一八号（一九七一年九月刊）「進んでいる沖縄復帰対策」一六頁。
（7）例えば『朝日新聞』夕刊の連載漫画「フジ三太郎」は、復帰当日の七二年五月一五日掲載分で、沖縄史を読んだ主人公が富士山を背に守礼の門に向かって平身低頭する様子を描き、沖縄側でも話題になったという。
（8）『顧みて悔いなし　私の履歴書』（日本経済新聞社、二〇〇二年）一八八頁―一八九頁。同書は前記日経新聞連載「私の履歴書」を基にして「沖縄と私」を加筆した。
（9）『朝日新聞』二〇〇四年三月二三日夕刊「惜別・山中貞則さん」
（10）『本土復帰を前にした沖縄の社会情勢と政府の復帰施策に関する調査報告書』（一九九六年三月、財団法人沖縄協会）＝一九九五年度、沖縄開発庁委託調査、三一頁（同書で「荒木」となっているのは誤記で、「新木」が正しい）。
（11）前記沖縄開発庁委託『調査報告書』（一九九六年三月、財団法人沖縄協会）二九頁、山中と小玉正任（同庁の初代総務課長）との対談で、小玉の発言。
（12）同右、一三九頁。沖縄開発庁で初代総務局長となった岡田純夫が「これは果断実行の際たるもので、山中さんが大臣であったからこそできたと断言しても決してはばからない。他のどんな人が大臣であろうと、そこまでは行きつかないだろうと思います」と述べている。また『琉球新報』二〇二二年二月七日付で、山中の下で特措法の作成に携わった藤田康夫（当時、自治省から転出して沖縄北方対策庁職員、のち沖縄開発事務次官）が、山中の主張で高補助率を実現した様子を証言している。
(13) 土地連ホームページ資料編、二〇二二年五月一五日検索確認。
(14) 宮里の証言に関しては前掲『調査報告書』六五頁。
(15)『調査報告書』一四一―一四二頁、および一四七頁。開発庁総務局長だった岡田純夫の証言。計画の知事案が一〇月下旬に提出される直前の一〇月一〇日、岡田は日帰りで沖縄を訪れ、知事の屋良に面談、政府の意向を伝えて説得して屋良もそれを了承したという。
(16) 櫻澤誠『沖縄現代史』（中公新書、二〇一五年）一四八頁。
(17)『調査報告書』一八五―一八六頁。小玉正任の述懐。「屋良建議書」の作成の背景と経緯については、琉球政府側で復帰対策室長職務代行だった瀬長浩も批判的に証言している（一二三―一二四頁）。
(18) 江上能義「五五年体制の崩壊と沖縄革新県政の行方――「六八年体制」の形成と崩壊――」日本政治学会『年報政治学１９９６　５５年体制の崩壊』所収、一八〇頁。
(19) 屋良朝苗『激動八年　屋良朝苗回顧録』（沖縄タイムス、一九八五年）一七六頁。
(20)『法律時報』一九七二年五月号（四四巻六号）特集＝沖縄関連法案総批判など。
(21)『産経新聞』二〇一五年一二月二四日朝刊など。同日に公開された機密解除外交文書によると、一九七〇年四月に当時の愛知揆一外相らと米側の討議の席で総務長官の山中は、沖縄返還決定で米軍に解雇された基地日本人労働者に対し日本政府が払った見舞金について「長期的には現地の反米闘争を緩和する効果を持ち、沖縄の左翼分子の弱体化、日米関係の正常化に役立つものと考える」と説明している。この問題では全沖縄軍労働組合（全軍労）が解雇撤回を要求していた。
(22) 沖縄総合事務局で調整官を務めた宮田裕の指摘。宮田の論考は宮里政玄・新崎盛暉・我部政明＝編著『沖縄「自立」への道を求めて』（高文研、二〇〇九）所収、一一八頁。
(23)『朝日新聞』一九八八年五月九日付朝刊二面「自民党税調、仕組みと主役たち（上）」。もっとも、当時の主税局長に

「税制を教えた」というのは、山中らしい誇張かもしれない。

(24) 山口二郎『一党支配体制の崩壊』(岩波書店、一九八九)一五八頁。ただしこの評価は「族議員」を肯定しているわけではない。山口は本書で、当時流行してきた多元主義的な政治分析——自民党の一党支配を実証に基づき機能的に評価しようとする——に対して正面から批判を加えている。

(25) 前掲山中『顧みて悔いなし』二二八頁—二三〇頁。「沖縄と私」の部分は二〇〇三年三月執筆。

(26)『沖縄タイムス』二〇〇四年五月一一日付、山中の沖縄県民顕彰・追悼式についての特集記事。

(27) 前掲宮里・新崎・我部『沖縄「自立」への道を求めて』一四二頁。島袋の論考「沖縄振興体制で奪われた沖縄の主体性」。

(28)『朝日新聞』二〇〇〇年五月一六日付朝刊のインタビューで大田は「私は平和憲法を大事にする立場を取ってきた。日米安保条約は軍事同盟の側面が強すぎる。平和友好条約を結べばいい」「外国の軍隊を主権国家にとどめておくことがおかしい。基地の本土移転は問題の本質の解決にはならない」と語っている。また大田昌秀・新川明・稲嶺恵一・新崎盛暉『沖縄の自立と日本　「復帰」四〇年の問いかけ』(岩波書店、二〇一三年)二一一頁、座談会での大田はこう発言している。「私は国際都市形成構想を作って、琉球王国時代に負けないように広く東南アジア諸国との交流を深めることを計画しました」

(29) 一九九八年の知事選後、大田を破った稲嶺が山中にあいさつに赴くと、山中は「沖縄をずっと面倒みてきた私に、大田知事は相談に来なかった」と不快感をもらしている(『琉球新報』一九九八年一一月二五日付「ニュース透視鏡」)。一方、大田は山中と沖縄のモノレール建設の発注をめぐって意見が違っていたことを示唆し、山中が「沖縄の恩人」であることに必ずしも同意していないニュアンスの発言をしている(『戦後沖縄の証言　JSPS科研費　15K03283　研究成果報告書』二〇一八年発行、三九三頁)。

(30) 大田県政時の国際都市形成構想は公式には九二年から県が検討を開始したとされているが、『日本経済新聞』一九九六年一二月二日付朝刊によると「この構想は県民の合意どころか、ほとんど認知もされていないのが実態」「数年前、東京のシンクタンクに作成させたもので、十分な検討がないまま、基地使用の強制使用をめぐる政府との対立の中で、昨年（九五年）末に突然「駆け引き材料」として提起された経緯がある」と報じている。
(31)『沖縄タイムス』二〇〇四年五月一一日付、山中の沖縄県民顕彰・追悼式についての特集記事。
(32) 例えば川瀬光義『基地と財政』（自治体研究社、二〇一八年）一〇二頁。「沖縄振興特別措置法がないことを前提とした沖縄の将来像を模索することが必要」
(33)『日本経済新聞』二〇二二年五月三日付朝刊、「沖縄復帰50年　データで読む半世紀」④「「自立経済」道のり遠く」
(34)『読売新聞』二〇二一年七月二九日付朝刊「沖縄振興　自民は提言案」
(35)『琉球新報』二〇二一年六月二日付、県が策定する新たな振興計画に関する解説記事。
(36)『朝日新聞』二〇一二年一一月二四日付朝刊「乱流　沖縄の保守が突きつける」。当時、翁長は那覇市長。
(37) 二〇一六年八月四日に菅官房長官と鶴保庸介・沖縄担当相が記者会見で「リンク」を認める発言をした。
(38)『沖縄タイムス』『琉球新報』は八月五日付朝刊で、県および県民の反発を詳しく伝える紙面を展開した。特に『沖縄タイムス』は一面トップ、二、三面および両社会面まで見開きで「県幹部　強い不快感」「本音露骨　怒る県民」「闘争宣言だ　アメいらぬ　リンク論に批判続出」と猛反発の紙面を展開した。同紙に論評を求められた宮田裕は「沖縄振興の原点である「償いの心」は完全に瓦解し、風化してしまった」「何のために沖縄は復帰したのか。償いの心はどこにいったのだろう」と嘆いた。
(39) 大田・新川・稲嶺・新崎『沖縄の自立と日本』一七四頁。稲嶺が二〇一二年の翁長の発言を紹介して「本当のことを言うと、現実に交付金・補助金が全くなくなったら、沖縄は成り立たないんですよ。（中略）そこまで言わない限りは、いつまでたっても（中略）沖縄の基地を考えてくれないということを突きつけて、ある意味では強いインパクトがあった」と評価している。
(40)（33）に同じ。沖縄の県内総生産のうち公共投資など公的支出の割合を示す「公的依存度」が三九％で高知、鳥取、岩手に続く全国四番目。財政力指数は全国三五位とそう低くないものの、そのわりに公的依存度が高いと指摘している。
(41) 沖縄県が二〇一七年に発表した「沖縄から伝えたい。米軍基地の話。Q&A　Book」（二〇二〇年改訂版）。

V 「生存の危機」にある沖縄戦後の運動史を捉え直す

上原こずえ

はじめに

「今も沖縄は生存の危機にある」――世界的な疫病の危機が始まっていた二〇二〇年二月、沖縄戦後の大衆運動を担う一人であった崎原盛秀はそう語った(1)。軍事基地と観光産業が経済の土台となっている沖縄では感染拡大で医療危機が長く続いている。米軍や自衛隊は軍事訓練・演習を遂行し、爆音は昼夜続き、部品落下、有毒化学物質による水源汚染が人々の生活を危険にさらしている。こうした、生存が軽視されている状況は、人間にとっての危機だけを意味しない。SACO「合意」以降の米軍新基地建設、そして二〇一六年以降の与那国島、宮古島への陸上自衛隊駐屯地の新設でたくさんの生物や植物が死んだ。やんばるの森の守り人でチョウ類研究者の宮城秋乃は、高江のオスプレイパッド建設が動植物を「絶滅に促進させる、もしくは直接殺し」、未来に生存するはずだった生き物の命まで奪う人間の暴力を告発し続けている(2)。軍事基地用地の埋め立て資材の土砂採取のせいで鉱山は無惨に削られ、沖縄戦死者が追悼されず埋もれたままになってきた沖縄本島南部の土砂までもが採取されようとしている。辺野古沖・大浦湾のサンゴを生き埋めにするだけでなく、沖縄戦がもたらした死の実態を解明することも不可能になってしまう。「死」が幾重にも重なって複合的な「生存の危機」として顕現しているのが現在の沖縄である。

しかし、こうした「生存の危機」は今に始まったことではない。人々は沖縄戦の後、米軍と日本政府と資本による本源的蓄積という新たな危機にさらされてきた。生殺与奪の権を握る軍隊や国家や資本との攻防のなかで、囲い込みと蓄積の対象に繰り返しされてきた難民、労働者、住民、女性、プレカリアートといった多様な存在は、田畑や小屋をブルドーザーでしきならされ、海が土砂で打ち固められてなお、現実に抗うさまざまな方法を生み出してきた。対峙する状況や相手に向かって繰り広げる問答、行動の場に居合わせた者たちが行う交渉や直接行動を通じて、支配や抑圧によらない生存のあり方が模索され、上意下達ではない行動方針の決定のあり方や意思疎通の方法など、民衆闘争の豊かな技法が編み出されてきた。戦争や占領の支配を生き延びた人々が、生きるための関係を模索して作り上げた闘いをたどり直すことが本稿の課題である。

一　沖縄戦という地獄から

「鉄の暴風」が降りかかった沖縄戦と続く軍事占領は、米帝国主義の歴史に位置付けられてきた。先住民を文字通り「駆逐」しながら行われた開拓が西海岸に到達する一九世紀後半以降、米国は囲い込みの対象をプエルトリコやハワイ、フィリピンへと拡げて植民地化し、軍事基地建設を行った。第二次世界大戦時には大西洋・太平洋各地に加えて南アジアや北アフリカにおける連合国の植民地にさらに基地を設置し、一九五〇年の朝鮮戦争以降は「自由主義」国家・米国の覇権を冷戦期において維持するための常備軍を建設していく(3)。資本主義システムを安定化させるための暴力装置としての米軍基地・軍隊の駐留とともに戦後が始まった沖縄では、ウェンディ・マツムラが指摘しているように、一度の土地接収では終わらず、「新たな囲い込み」としての土地接収と住民の労働力化が繰り返されてきた。(4)

土地接収に始まる「囲い込み」は、民衆の生活や交渉の記録、それらの分析を通じた研究で明らかにされてきた。「戦後沖縄における社会変動を、民衆の日常感覚までを含めて描き出す」必要を指摘した新崎盛暉、(5)具体的な地域における生活の営みのなかから「さまざまに交渉の領域を拡げようとしていた」ことを占領期の「政治の原動力」と捉えた若林千代、(6)「地域の生活の営みを通して基地の重圧を描き出」し「抵抗」と「協力」の根底にある占領の暴力と支配を明らかにした鳥山淳(7)などの先行研究はその代表例である。それらは、「抵抗する人々に対して、歴史の埒外に置かれた人々もまた、占領に生を規定されていた事にはかわりがない」実態を示したと謝花直美は指摘する。(8)そして、「狭い政治の場以外、とりわけ個々の生存の在り方が現れる生活の場」として、時間的連続性や地域の移動を伴いながら形成された「人々が生存のために作り出す「生活圏」」(9)に焦点を当てている。

謝花が「生活圏」と捉えた営みの中心に労働がある。「島全体が捕虜収容所になっていて、住民はそのなかで奴隷的な捕虜生活をしいられているようなもの」(10)だった戦後の沖縄で、難民や捕虜が強制的に労働力として動員された経緯を鳥山は記述している。居住地域を奪われた住民たちは民間人収容所に入れられ、食糧や物資を配給される代わりに米軍による監視の下に置かれ、労働を搾取されていく。(11)

食糧の配給量には地域差があった。米軍が駐留する中南部の収容所に比べ、北部の収容所では食糧が圧倒的に不足し、餓死や病死の恐怖が常にあった。だが、悪性マラリアの流行で多くの収容者が病死しても自主的に食糧獲得を行うことは禁じられ、見つかれば厳しく処罰され殺害される危険さえあった。(12)食糧配給が改善されることもないまま、労働力需要はさらに高まった。米軍兵の米国への帰還に伴う部隊要員の不足を補うため、すでに動員されていた住民に加えて、嘉手納や牧港などに配置されていた日本軍捕虜が駆り出された。沖縄出身の引揚者も現地人労務部隊として編成され、生活再建のためであった住民の労働力は米軍補助に向けられるようになった。生存が切り縮められていく状況下で、米軍物資をかすめて生活の糧を得るため多くの住民が軍作業に従事していく。食糧配給が極度に不足し、軍用地としての土地接収で生活再建がより困難になったせいで、「基地難民」状態はさらに長期化され、住民は基地労働力として固定化された[13]。軍政府は強権的に労働力を動員し、無償であった物資や食料の配給を有償にすることで住民を軍作業に縛り付けた。賃金遅払いや米兵からの暴力、そして劣悪な生活環境のせいで労働力は常に不足していたが、そうした労働環境は改善されないまま、人々は強制動員され、生業である農作業を放置せざるを得ない状況に陥った。鳥山が牧港篤三の言葉を引用したように、「アメリカ軍が、生殺与奪の権を握っていることが、ここでハッキリと示された[14]」。米軍の土地解放後も、表土が削られコンクリート固めされた土地での農業再開は難しく、生産意欲も失われていた。群島各地を含む基地のない地域を人々は去り農作業を離れ軍に従事していく[15]。

二　過酷な基地労働と土地の再接収への抗い

こうした基地労働でも、港湾労働は「戦争捕虜の労働」であり、「敗者の労働」であった[16]。捕虜の本土帰還に伴い、彼らの労働が沖縄の民間人労働者に引き継がれていく。米軍兵士、住民や労働者を管理するフィリピンスカウト、監視するアフリカ系アメリカ人兵士の複雑なヒエラルキーが形成された。その末端に置かれた住民は厳しい管理の下で過酷な労働を強いられたが、それに対する抗議もあった。米軍が食糧配給停止の恫喝を行い、実施に踏み切った一九四七年九月五日、みなと村那覇港湾作業隊では「那覇港湾自由労働組合」が結成されようとしていた。その試みは頓挫させられるが、理路整然とした労働組合規約には、戦前の下層労働者としての経験に基づき習得された「組織化の知識や技術」の痕跡があった。それは占領下で、「人々が自律的な空間を求めて、米軍支配の構造の隙間を掻き分け、掘り返しながら、自ら起き上がる道を探ろうとしていた動きの一端」であった[17]。

みなと村の労働者たちの抵抗の一端を描こうとした若林の議論に続き、謝花は軍作業化が人々の生業を奪い、壊し、働く人々を疎外していく過程を詳述している。軍作業を拒否すれば、食糧調達する共同売店は閉鎖を強いられ、食糧配給が停止された。住居などを優遇されていたかに見えるみなと村は実際には厳しい労働環境にあり、生活の場に及ぶ権力の統制で人々は分断された[18]。

人々が軍作業に強制動員されていくとともに、生産手段である土地の新たな接収も始まっていた。冷戦の激化を背景に日本の再軍事化が始まり、沖縄では軍事力強化のための基地拡大に伴う軍用地接収が行われる。一九五〇年四月には琉球列島米国軍政本部特別布告第三六号「土地所有権証明」が公布され、契約を拒否する実際の土地所有者に代わって村長が土地使用を許可する任務を課された。同年にはマッカーサーが日本の自衛権を認めて警察予備隊令が公布・施行され、沖縄の長期統治を目的とした米国民政府が設立された。その下部組織としての琉球政府が発足した一九五二年四月には、サンフランシスコ講和条約・日米安保条約が発効する。

土地使用をめぐるこうした法的措置を取った米軍は、地代支払いの要求に応じることなく、囲い込みをさらに拡大させていく。一九五二年九月には石川県の砂丘を砲弾試射場として使う米軍に抗う内灘闘争への支援が全国に拡がり一九五七年に試射場は撤収されるも、地域に残った兵器産業の存在によって冷戦や日米安保体制のインフラは供給され続けてきた。また、新規に土地を占有する必要に迫られた米軍は沖縄で囲い込みを強行した。一九五二年一一月に軍用地の賃貸契約方法、期間、地料を定めた府令八一号「契約権」が公布され、一九五三年四月には布令一〇九号「土地収用令」によって軍用地料の「一括払い方式」が定められた。真和志村の安謝・銘苅、小禄村の具志、伊江村の真謝、宜野湾村の伊佐浜などでは武装兵が動員され、抵抗する農民が暴力的に排除され土地が奪われていった。戦時中捕虜となり、慶良間島、今帰仁、本部、石川への移動を経て、一九四七年三月にようやく帰島した伊江島住民は、島の六割以上を米軍用地に奪われ「死の寸前まで追い込まれるほどの飢饉」[19]に苦しんだ。そうした住民の生活は、五〇年代からの再軍事化によりさらに追い詰められていく。急襲した三〇〇人の米兵は収穫直前の畑をブルドーザーでしきならし、抵抗する老人を武器で殴打した。力で抑圧する米軍に対峙する伊江島農民たちは問答によって権力の不当性を可視化させた。そして生きるために畑を耕す人々を殺す米軍やそれを黙認する行政が人々を「乞食」にしていると糾弾し、生きる権利を訴えた[20]。「一括払い」を固持する米軍に対して琉球立法院は四者協議会（琉球政府、立法院、市町村長会、軍用土地連合会）を結成し、「土地を守る四原則（一括払い反対、適正補償、損害賠償、新規接収反対）」を決議、「四原則貫徹」を支持する島ぐるみ闘争が各地で組織されていった。

「暴力の例外的な形態だけに焦点を当てるのではなく資本主義的社会関係が形成される時の強制力に焦点を当てる必要がある」とマツムラは主張している[21]。土地接収に対して住民たちが掲げた「金は一年、土地は万年」という言葉が、米軍が提示した資本主義的私有財産と貨幣の価値とは異なる土地の価値を示していたと彼女は強調する。当時の琉球政府主席の比嘉秀平も、米軍が貨幣経済に還元する土地の価値が根本的に誤りであると訴え、産業発展を伴わない軍用地の収用が生み出した余剰人口を支えるための負担は米国資本が負うべきだと要求した。土地を失った土地所有者たちを賃労働で吸収し得るほどの産業はないという島の経済的現実が、土地の価値には反映されなければならないという重要な認識がそこにはあった[22]。

先の四原則を無視し沖縄の「永久核基地化を主張[23]」した一九五六年六月のプライス勧告に対し、沖縄各地の住民は住民大会や県民大会に結集して抗議した。その波は本土にまで拡大していくが、「島ぐるみ闘争」と呼ばれる運動のうねりは困難の始まりでもあった。米軍側からの反撃として、基地の街へのオフリミッツ（無期限立ち入り禁止）の経済制裁措置が発動された。そして一九五六年の第二次琉大事件では占領を疑問視する学生に圧力がかけられ、那覇市長選挙で当選した瀬長亀次郎は公職追放された。一九五四年三月一日のビキニ環礁水爆実験後の第五福竜丸事件を発端とする本土の反米・反基地闘争と島ぐるみ闘争の間には連帯が芽生えはじめていたが、闘争の成り行きは本土と沖縄で異なる様相を見せた。一九五五年九月に浮上した東京立川基地の拡張計画は中止となる一方、沖縄では米軍の新規接収が強行され、軍の支配がもたらす危険はより露わになる。一九五八年六月には宮森小学校へのジェット機F100D墜落で一七人が死に二一〇人が負傷し、同型機は一九六一年一二月にも具志川市川崎に墜落し二人を死亡させた。

三 労働運動の台頭と「島ぐるみ」の困難

島ぐるみ闘争の結果、軍用地料は増額されて前払いとなり、大量のドル貨幣が投入された。一九五八年九月のB円からドルへの切り替えは、沖縄経済がドル経済に取り込まれることを意味した[24]。同時期には銀行も設立され、復興金融基金は琉球開発金融公社に移行し[25]、琉球セメント社をはじめとする島内企業への融資も進んだ[26]。世界最大の米金融機関や日本の財閥が進出し、島内で流通する貨幣量が増加した。一九六二年一〇月のキューバ危機、一九六四年八月のトンキン湾事件、一九六五年二月の北爆開始に象徴されるような米国自由主義による共産主義への攻撃も強まり、資本経済の囲い込みが冷戦の軍事的包囲として行使された。

こうしてもたらされる一九六〇年代の沖縄の高度経済成長は「占領期沖縄における労働運動の高揚期[27]」の始まりであった。対日講和条約発行後の一九五二年には人民党那覇支部が沖縄戦後はじめてメーデーを開催し、占領初期の軍作業のサボタージュとは異なる労働争議が本土土建業者などを相手に組織されはじめた[28]。賃金不払いや解雇、劣悪な宿舎に抗議する労働者の権利要求の動きが高まり、一九五三年の第二回メーデーでは沖縄の軍事基地化に対する抗議があり、琉球政府立法院は労働三法を可決する。これに対し、米国民政府は即座に布令一四五号「労働組合の認定手続」を公布し組合設置の際の役員名簿の提出や民政官からの認可を得るよう定め[29]、また布令一一六号「琉球人被用者に関する労働基準及び労働関係法」では一般労働者に適用された琉球政府による労働法は基地労働者には適用されないとし、団体交渉権や争議権を剥奪した[30]。争議参加者は厳しく取り締まられ、解雇され、本土にも渡航できなくなる一方、メディアは米軍批判を回避し、奄美籍者の「隠匿幇助」などを理由に人民党員が大量逮捕される。「罪なき者に罪を被せる刑罰権力が非常に抗しがたい力[31]」で人々の抵抗を弾圧していく状況に抗うように、一九五四年一一月には人権や待遇改善を求めて沖縄刑務所暴動が起こる。

島ぐるみ闘争の成果として、一九五〇年代前半には組織し得なかった労組の組織化が進み、一九六〇年代前半には認可労組と組合員の数が急速に拡大していく。一九五八年には沖縄原水協が発足、一九五八年には官公労、一九六一年には全沖縄労働組合連合会と全沖縄軍労働組合が結成され、一九六二年には全沖労連による統一春闘が戦後沖縄ではじめて組織された。だが、こうした労働運動における共闘の拡がりは一九六〇年代中頃には綻びを見せ、その現れとしての労働運動と農民運動の瓦解について古波藏契は注視している[32]。労働組合の「健全育成」を目指す方向[33]」に労働政策をシフトさせた米国民政府は、国際自由労連の介入を利用しながら「労働組合内部においては民政府の懸念する共産主義者を指導的地位から追い落とす[34]」ことを目論んでいく。また、宮古農民による製糖会社合併阻止闘争では「個々の農民の不満を対面上で受け止め、その解決策を模索する村のリーダーたちを相手に、琉球政府の合理化計画に自発的に協力するよう取引を持ちかける」役割を果たさせていく[35]。米国民政府が行った労働運動の共産化・急進化阻止の一連の工作は結果的には「反基地闘争へと向かう根拠を奪い去ってしまう」ことにつながり、それは、「反軍闘争に向けた新たな根拠」をどこに見出すかという新たな課題を生んだ[36]。

だが、ベトナム戦争が激化し沖縄が前線化すると、沖縄が戦争に利用されかつそれに加担しているという内在的な批判が反戦運動の組織化につながっていった[37]。沖縄の基地機能の重要性を追認した一九六五年八月の佐藤首相来沖時、「首相にたいする祖国復帰要求県民大会」後に二万人のデモ隊が一号線を占拠し、深夜まで解散せず残った人々に警官約一千人は襲いかかった。(38) 一九六五・六六年には琉球政府裁判所で係争中の裁判を米国民政府裁判所に移送することを命じた高等弁務官に抗う自治権要求の動きがあり、一九六七年二月二四日には教公二法を実質上の廃案に追い込んだ。一九六八年には嘉手納空軍基地への常駐・飛来を始めたB52撤去闘争が始まる。嘉手納村議会は同年一月に基地撤去を決議、復帰協嘉手納支部が県民大会を開催し、二月には沖縄原水協がB52の撤去を求める抗議大会を主催した。基地撤去要求の動きが高まるなかで、屋良朝苗行政主席当選直後のB52墜落に対して「いのちを守る県民共闘」が結成され、反戦の機運が高まるが、二月四日ゼネストは屋良朝苗主席の要請を受けた県労協幹事によって回避されてしまう。嘉手納総合グラウンドで決起したのは、県労協抜きの労働者たちであった。

軍事資本に包摂されてしまった全軍労労働者は労働を停止しベトナムへの補給を停止することで戦争に抗うという軍事資本主義への根源的な抗いを実践した。全軍労の労働運動でもとりわけ厳しい闘いを強いられたのがミルクプラントの労働者たちである。米国から輸送された原料をもとに、米軍部隊とその家族向けに乳製品を製造していた米軍と請負契約を結ぶ民間企業であるメドウ・ゴールド社の労働者は、(39) 基地労働者の間で賃金・労働条件を差別化する「第一種（米軍政府割当資金から支払いを受ける直接被用者）、第二種（米軍政府非割当資金から支払いを受ける直接被用者）、第四種（契約履行中の米国政府請負業者の被用者）(40)」の最底辺に位置付けられ、過酷な労働環境、不安定な身分制度に対して一九六一年八月にミルクプラント組合を結成し、「基地内実力闘争」として乳製品製造ラインで作業を遅らせ製造を止める順法闘争で超勤拒否や退職金要求の闘いを行った。(41)

だが、施政権返還時には合理化を推し進める米軍の大規模解雇計画を前に、全軍労の労働者たちは困難に直面していた。全軍労は大量解雇への抗議として一九六八年六月に解雇撤回の二四時間スト、一九七〇年一月にも解雇撤回闘争を展開し、一九七二年三月には無期限ストライキを開始したが、執行部が一方的に決定し三五日で打ち切られる。

「より有利な離職者対策や退職金の増額」を模索する全軍労執行部に対して、「基地の再編合理化を阻止し、そのことを通じて基地撤去」を求めた青年部が対立しただけでなく、十分な共闘が得られず孤立し多くの基地労働者が解雇された[42]。軍事資本に組み込まれ、自律的なサブシステンスの上に生活できない基地労働者の問題を明確にし、乗り越えようとしたのが、施政権返還後の住民運動であった。

四　合法化される囲い込みと抵抗運動の犯罪化

一九六八年一一月、佐藤訪米・共同声明は阻止勢力を厳しい弾圧の下に置きながら遂行された[43]。一九七〇年一二月二〇日にはコザ暴動が決起され、翌七一年四月二八日には二万人が那覇に結集して復帰粉砕を訴え、五月一八日には返還協定粉砕のゼネストが組織され、一〇月一九日の沖縄国会では爆竹を鳴らし抗議した沖縄青年同盟の三人が逮捕された。

ドルの変動相場制、第四次中東戦争を背景とする石油ショックに連動した米軍基地の合理化に伴う大量解雇で失業者の再就職が課題となるなか、冷戦下日本の軍産複合体として形成された原発・石油産業が施政権返還後の沖縄への進出を模索し、沖縄においても「開発に期待を託し、それを受容していくプロセスの存在、すなわち開発主義的な社会統合の力学」[44]が生まれていく。施政権返還時、日本本土と沖縄の経済的な「格差」を是正し、合理化により失業した労働者を吸収するという名目の下に西原村、中城村、与那城村への石油産業や石川市へのアルミ産業の誘致を含むさまざまな経済開発が導入された。その一つが「金武湾地区開発計画」（一九七二年）である。一九七〇年に国際石油資本ガルフが平安座島で操業を開始すると、与那城村が提起し日本工業立地センターが策定した金武湾地区開発計画の下で、金武湾一千万坪の公有水面の埋め立てと、火力・原子力発電所、アルミニウム産業、石油化学コンビナートの建設が提起され、三菱は平安座島と宮城島を結ぶ新しい陸地を作る大規模な海の埋め立て、石油備蓄基地（Central Terminal Station, CTS）と石油精製工場の建設を計画した。

占領期に形成された基地依存の経済構造からの「脱却」に見えて、むしろそうした依存を強化する産業が生活水準の向上を建前に推し進められていく。自らの再生産の場を有する住民たちは、自律的コモンズを資本から守る住民運動を組織していく。一九六八年からの琉球セメント煤塵被害抗議の公害反対運動では「団交を重ねるごとに正論を生み出す論理的思考の体験」が積み上げられ[45]、東洋石油基地反対闘争の抗議行動を展開した中城村民は四日市などの本土の農民の闘いを導入し[46]、ガルフの進出に抗議した宮城島土地を守る会は土地の分散所有形態を生かして地主の囲い込みを阻止し、ガルフが進出した平安座島でも出稼ぎ労働者たちによる組合運動と無期限ストが展開[47]、石川市でもアルミ精錬工場進出に反対する市民協が本土の経済成長の実態を告発しながら住民の公害への危機感を喚起していった[48]。こうした施政権返還前に組織された各地域の抵抗と同様に、金武湾沿岸住民もまた、海の生態系と漁場の汚染をもたらす開発に対して「金武湾を守る会」を組織し、集会や座り込み、大衆交渉といった直接行動で沖縄県や与那城村に抗議した[49]。金武湾を守る会組織以前から大学の垣根を越えて活動していた東大「自主講座」青年らは金武湾を守る会運動に同伴し、一九七四年からの裁判闘争では反ＣＴＳ闘争を拡げる会が支援に加わったが、県は埋め立て承認を撤回せずに工事を黙認し続け、金武湾を守る会が「死文」と諌めた、企業との公害防止協定を策定した[50]。

国家権力を動員することで可能となった資本の本源的蓄積の結果、度重なる事故で金武湾は原油に覆われ広範囲の海岸が廃油ボールで汚された。金武湾でとれる魚は石油臭がひどく漁師たちは海を追われて賃労働者に成り果てた。こうした破壊を開発の名の下で合法化する沖縄県・与那城村に金武湾を守る会は抗議するが、代表を置かない住民組織であるとの理由で金武湾を守る会との共闘を中部地区労や県労協青年部、全逓を除く多くの団体は拒んでいく。復帰運動以降、運動の中心であった教員たちの「安住」と「保守化」、「タテに細分化され横のつながりがなくなってきたという、いわば構造の変化」があると新崎盛暉は一九七八年に指摘していたが[51]、それに先立って、金武湾を守る会の青年行動隊の一員であった金城清二郎は金武湾闘争初期の一九七四年の座談会で「必然的に進行する資本主義のなかで闘うのだ、というようなことでは、もはや闘えない[52]」と語っていた。階級闘争が再定義される時代でもあった資本主義の移行期としての一九七〇年代、一九七一年のニューヨーク・アッティカ刑務所暴動をはじめとする囚人暴動が注目され[53]、囚人への大規模な聞き取り調査を行ったフーコーによる『監獄の歴史』も一九七五年に上梓された。沖縄青年同盟の活動を経て沖縄労働者の会の活動を行っていた青年たちも、一九七〇年代半ば以降の沖縄出身者の非行・犯罪・自殺などの事件が新聞などで報じられるのを目にして労働者の現実に相互扶助の活動を持って向き合う「がじゅまるの会」や「ゆうなの会」を結成させた[54]。個人を「非行」や「犯罪」に至らせた背景に施政権返還に伴う囲い込みと疎外があることを認識しながら、金武湾闘争と続く白保の空港建設反対闘争、琉球弧の住民運動に伴走する独自の運動であった[55]。

施政権返還後、開発がもたらす「豊かさ」のイデオロギーが蔓延していく一方で、開発に反対する住民運動は越境し、一坪反戦地主の運動が創起され、軍隊と性暴力に対するグローバルな抵抗運動を担った個々の女性や団体、身体を監視と収容の標的とすることに抗う「障害者」を含む多様な主体が、工場生産だけではない「生産」のありようとサブシステンスの問題を提起していたが、こうした闘争が非合法化されていくのもこの時期であった。企業による本源的蓄積は開発の名の下で保護され、それを「国益」の名の下で追認する司法が制度的権力であることも露呈し、開発誘致派の暴力が容認される一方、サブシステンスを奪われまいと開発に抗う人々の動きは警察の監視や弾圧の対象とされていく。金武湾闘争以前の東洋石油基地建設反対闘争に対しても連日機動隊が導入され、一九七〇年一月二二日の抗議行動では高校生を含む四六名が逮捕、一三名が起訴され、一人五〇〇ドルの保釈金を課す「沖縄の地域住民闘争史上未曾有の大弾圧」が行われ、機動隊や私服警官が部落内を監視する状況下で「闘争は一気に沈滞し、村民大衆の意識の底には、権力に対するいい知れない恐怖心が沈殿していった」[56]。一九八〇年には、金武湾闘争の海上デモで船を出した漁民が海上保安庁の遊漁船登録がないことを理由に拘束され、一九七〇年代末からの白保空港建設反対闘争では、環境アセス調査阻止行動中の弁護士と阻止委員長が威力業務妨害の容疑をかけられ逮捕された[57]。

囲い込みに抗する闘いが犯罪化されるのと同時に、施政権返還が近づく一九七〇年前後の沖縄闘争では、一九五二年サンフランシスコ講和条約発効と同時に公布・施行された破壊活動防止法が一九六八年四月二八日の沖縄デー、そして一九七一年一〇・一一月の沖縄返還協定批准阻止闘争という、沖縄を再び軍事戦略基地化することへの抗議運動に対して発動された[58]。施政権返還を前に、自衛隊が沖縄に移駐し、また施政権返還後は警察職員が増員され、警備部機動隊、第二機動隊が増強され「集団警備力の強化」が図られていった[59]。沖縄海洋博の開催に伴う皇太子来沖には全国からの三七〇〇人の警察官が派遣され、伊江島への来島に際しては八〇〇人の機動隊が駆り出された[60]。「犯罪者もしくはそのような行為を行う危険性がある者」を国が監視の対象に置く保安処分の一九七四年導入の動きに連動して、沖縄県警による県環境保健部予防課を動員した精神障害者の名簿作成も行われた[61]。

辺野古・高江への新基地建設反対運動に参与する個人に対する発動で再燃した刑特法による運動弾圧の問題が復帰後沖縄においてはじめて焦点化されたのが金武湾闘争とほぼ同時期に組織された喜瀬武原《きせんばる》闘争であった。一九七三年四月、県や民主団体の抗議と中止要求にもかかわらず、米軍は県道一〇四号線を封鎖し実弾射撃演習を行った。県道を挟んでの実弾演習開始に抵抗する人々が着弾地に潜入して実力阻止を試み、一九七五年には阻止団が三日間にわたり金武岳の山頂を占拠し、実弾発射の阻止に成功した。しかし一九七六年には県道越え実弾砲撃演習の砲弾破片でゲリラ行動中の阻止団が爆風で飛ばされ高木から落下し、砲弾の破片を腕と脚と胴体に浴び目と耳を負傷した[62]。同年には県道越え実弾砲撃演習阻止行動で労組員四名が刑特法違反により逮捕され、続く一九七七年にも学生三名が刑特法違反により逮捕され、米軍は演習を強行した[63]。

一九五二年に制定された「刑事特別法」の第二条は、「正当な理由がないのに、合衆国軍隊が使用する施設または区域であって入ることを禁じた場所に入り、又は要求を受けてその場から退去しない者は、一年以下の懲役または二千円以下の罰金もしくは科料に処する」[64]としている。沖縄で刑事特別法に基づく裁判が開かれたのははじめてであり、日米安保条約に基づく米軍駐留を憲法八条違反とした砂川事件の裁判長・伊達明夫が喜瀬武原闘争のための弁護団を組織し、刑特法の違憲性と無罪を主張するが、地裁、高裁ともに執行猶予付き有罪判決が下された。「刑特法被告を支える市民の会」の一員であった平良修は喜瀬武原闘争で被告となった七人について「〃殺し合いはやめよう〃〃殺し合いの準備もやめよう〃と」、「命がけで訴えた」彼らは、「審かれていると見えて、その実、彼らを被告席に坐らせている体制を正当に審いているのである」[65]と支持した。

沖縄での戦争準備としての軍事演習が合法化され、サブシステンスの囲い込みに対する抵抗が非合法化される状況に対し、未来の死を生む戦争につながる軍事演習を阻止する喜瀬武原の闘いは、直接行動で戦争に抗う重要な闘いを作り出した。軍事演習がもたらす荒廃から山林を守る運動は、一九八〇年代後半から展開される都市型戦闘訓練施設反対闘争へと引き継がれていく。

五　施政権返還後に再編される社会関係と沖縄戦の記憶

米軍基地の駐留は、土地接収という一度の「囲い込み」に終わらない。基地の駐留を維持するために、絶え間ない社会関係の更新が必要とされる[66]。軍用地料によって作られた利益構造に加えて、基地を中心とする産業構造、グローバル企業の競合・参入、軍用地の金融商品化などを通じて地域組織・規範が再編成されてきたと桐山節子は指摘する[67]。米国では一九七〇年代、ベトナム反戦運動や金融危機を背景に行政部門の民営化を含むさまざまな改革が行われ、その余波は軍隊にも波及していた。徴兵制は志願制となり、それまで兵士の仕事であった洗濯、炊事、清掃などが民間企業に業務委託され、世界の旧植民地地域の国民が安価な労働力として動員されていく。今日の日本・沖縄の米軍基地の維持・管理において業務委託を行う民間請負企業を防衛局は競争入札で決定するが、沖縄の中小企業ではなく、軍産複合体を構成するグローバル企業が受注し、請負企業に雇用された英語圏旧植民地であるフィリピンやインドなどからの移民が低賃金で働いた。基地の町でありながら事業請負の機会にあずかれないことが、観光業まで射程に入れた産業振興を必要としてきた所以である。(68)基地維持の代償として投下される補助金や振興策を欲望する利益構造は「システムの中央の代行(69)」を促し、大規模地域開発によりサブシステンスはもっと破壊される。「復帰後約一〇倍にはねあがった軍用地料をはじめとする基地関係の財政支出は飛躍的に増大」し、「軍用地所有者や基地のある市町村の基地依存度」がさらに強化され(70)、沖縄は「豊か」だが「不平等な社会」へと変容していく。そして、「島ぐるみ闘争の再現」は復帰後より困難になった(71)。

軍用地料というインセンティブが通用しない反戦地主に対して、日本政府は法を新たに制定することで囲い込みを合法化していく。一九七七年五月一五日に公用地法の期限が切れると政府は三日後に地籍明確化法を成立させ、一九八二年四月には未契約軍用地の五年間強制使用を決定した。一九八五年八月には那覇防衛施設局長が反戦地主の土地の二〇年強制使用を採決申請し、翌八六年二月の公開審理には警察機動隊を動員しながら県収用委員会が一〇年の強制使用を採決した。こうした新たな囲い込みが行われていく一九七〇年代後半以降、保守系雑誌が自衛隊を肯定し革新政治・新聞メディアを批判する「明確な政治的主張」を行っていく一方で、「政治的な主張を「経済」「生活」と切り離すような認識」を提示していったと秋山道宏は指摘する(72)。これらの誌面は、施政権返還時からの「開発」がもたらした変容を「豊かさ」と定義しながら、産業振興の領域にとどまらない「開発」が沖縄の人々の内面の変容にとって不可欠であるとし、それは一九八〇年代以降の学力偏重とメリトクラシーの余波のなかでは「非行（性）」を回避しながら「学力向上」を目指す態度として示されるようになっていく。[73] 競争に耐え得る「自己」への矯正――それは一九五〇年代後半からの集団就職・本土就職でも合宿訓練などを通じてすでに行われていた[74]――を経て「評価」される、望ましい個人が定義されていく。こうして学校に評価され企業に求められる個人は、警察の監視・弾圧の対象となって非合法化された反基地・反開発運動に積極的に参与する個人の態度とは相容れない。そして、沖縄戦体験を原点とする歴史認識も希薄化していく。

能力偏重主義は青少年の「犯罪」への監視の目線を強め、保守陣営は「ナショナルなレベルでの「教育」」、「国家主義的な徳育や「公」＝国家に対する愛国心教育の強化[75]」が必要であると主張していく。愛国心強化の手段とされた「日の丸・君が代」の実施率は少年犯罪発生率と因果関係を当然持たない。しかし当時の中曽根康弘首相が、昭和天皇在位六〇年の一九八五年に「国旗掲揚並びに国歌斉唱の徹底について」を通達し、悉皆調査「公立小・中・高校を対象における入学式及び卒業式での国旗掲揚及び国歌斉唱に関する調査」を実施したことで、小中高校ともに日の丸・君が代の両方の完全実施率は特に一九八五年から一九九〇年代にかけて急増した。[76] 主任制導入に続く日の丸・君が代を通じた国の教育現場への徹底的な管理と監視は、一九八七年の海邦国体を控えつつも日の丸・君が代実施率の低い沖縄を標的としていく。[77] 沖縄県議会もそれに追随し、賛成多数で「国旗掲揚と国歌斉唱に関する決議案」を可決する。

住民虐殺の記述が削除されようとした一九八二年の第一次教科書事件に対しては沖縄県、市町村議会に抗議決議の動きがあったが、文部省を頂点とする縦割り指示系統に組み込まれた校長は「教育課程」「学習指導要領」を理由に日の丸・君が代を強行していく。一九八六年の卒業式では、掲揚途中の日の丸が抗議のために途中で降ろされ、生徒たちが式をボイコットする動きもあった。翌一九八七年には県立高校の五七校中五四校（九五％）で国旗が掲揚され、集団自決で八五人が犠牲になったチビチリガマのある読谷村の高校卒業式では卒業生が日の丸を奪い去り投げ捨て抵抗したが、彼女の抗議は「判断力、批判力にかける」「雰囲気に呑まれた。アクシデント的なもの」と沖縄県教育庁らに貶められた[78]。こうして開催された海邦国体では天皇来沖に備えて沖縄は「警察の戒厳令下」に置かれ、県内二〇〇〇人、県外から五〇〇〇人の機動隊・警察の動員の下過剰に警備された[79]。その後一一月には右翼によってチビチリガマが襲撃され、沖縄戦体験に基づく集合的記憶までもが抑圧されようとしていた。そのような状況にあった一九八〇年代後半、垂直離着陸戦闘機ハリアーの離発着場建設が国頭村安波で阻止されるも結局は伊江島が使用され、海上自衛隊のP-3C（対潜哨戒機）送信基地建設が本部町豊原区民の闘いで撤回されるも那覇市の第五航空群一九九〇年に配備されてしまう。冷戦期に「朝鮮有事」「ソ連軍侵攻の懸念」の名の下に行われてきた有事法制をめぐる議論が、冷戦後、捏造された新たな脅威に対して行われるようになる。

六　生の再生産労働を担う女性たちの闘い

日米が再び沖縄に軍事化を迫るなかで起こった一九九五年の少女暴行事件と加害兵士たちがその後も繰り返した自他への暴力は軍事主義が個人の生を破壊する現実を見せつけた。だが、そうした軍事主義を体現する日米安保構造を私たちはいまだに覆すことができていない。一九九五年九月に大田知事が県議会で代理署名拒否を表明し、一〇月二一日には県民総決起大会が行われるも、村山首相は大田知事を職務執行命令訴訟で提訴、翌九六年三月には福岡高裁那覇支部に代理署名を命じられた。一九九六年の「日米防衛協力の指針」では「有事」に際しての日米協力の必要性と日本の役割が再規定された。

軍隊の戦時・平時における暴力性が顕在化してなお、軍隊の駐留は沖縄に局地化し、さらに沖縄内でも離島や北部に周縁化されてきた。「正規の手続きに則った反対の意思表明」を政府が無視し、補助金で海や土地を囲い込む「合意」を取り付けていくなかで、「少しでも補償を多く勝ち取る方が現実的選択」という諦念がもたらされてきた。[80]軍隊の駐留の代償としての補助金で生活を成り立たせ、同時にその基盤であるサブシステンスを破壊するという矛盾が経済的に脆弱な地域に押し付けられてきた。破壊と大量死を生み出す戦争に加担することを拒否する意思さえ麻痺させてしまうほどの利益構造の再編・強化が、国策および安保体制の下、地域社会で巧みに作られてきた。一九九五年の暴行事件は、補助金への欲望が黙認してきた軍事性（性）暴力の現実を改めて露呈させた。そしてこの事件に対する抗議が、すでに組織化されつつあった日本帝国陸軍による虐殺や慰安婦の強制動員の問題を含む軍事性（性）暴力の問題を告発する女性たちの運動と接続され展開していく。先行する一九七〇年代末からの石垣島白保の空港建設反対闘争で獲得されたグローバルな運動への参加経験やネットワーク、一九七〇年代以降のグローバルなフェミニズムの潮流も、[81]軍用地料の排他的配分の不平等性を追及する女性たちを後押しした。

喜瀬武原闘争が組織された恩納村に隣接する金武町には、名護市、宜野座村、恩納村にまたがる米軍海兵隊のキャンプ・ハンセンが駐留する。米軍占領期の一九五五年六月、米軍第三海兵師団支援航空部隊の沖縄配備が決定すると、米軍は村の広範囲の土地を接収し、水源まで奪い、村の人々の暮らしを追い詰めていった。同時に、一九五二年以降、軍用地料がわずかに生じるようになると、軍用地として接収された山林を琉球王府時代に共有地として払い下げていた村民の子孫らが入会団体を発足させ、軍用地料の利益を得ていく。[82]島ぐるみ闘争後、軍用地料には生活保障や見舞金、迷惑料などが含まれるようになって増額するが、区外出身人口の増加に伴って排他的利権構造に対する不公平感は顕在化していった。基地の受益が不平等に分配され、基地周辺に暮らし危険を負担する女性たちが男子孫でないという理由で入会から排除され損失補償の対象からも除外されてきたことを「ウナイの会」は女性差別として告発した。この運動の意義を論じた桐山節子は、「基地経済」が人権侵害や低賃金労働や人身売買を伴うとの前提に立ち、「基地経済を支える底辺労働者」としての女性たちが運動の主体となる可能性を提示した。[83]「祖先が汗水流して求めた土地」からもたらされる軍用地料を男性たちが享受してきたのに対し、入会権や漁業権といった排他的権利を女性たちは享受してこなかった[84]。家事労働者であり、さまざまな移動を繰り返しながらインフォーマル・セクターに置かれてきた女性たちの運動は、軍用地料を要求しながら補償政治を乗り越えようと試み、いまだ実現していないセックスワーカーたちとの連帯という課題も示した。玉城福子が指摘したように、「性の二重基準による女性の分断が温存されたまま運動がすすみ、最も影響を受ける売春女性の意見を汲み取る機会が作られなかった」これまでの状況は運動において克服される必要がある[85]。

軍事基地に対する抗議が拠り所としてきた「平和」概念では表現し得ていなかった「食べていくこと」と「生きていくこと」を権利として求めながら、暴力からも身を守ることを求める女性たちの運動は、サブシステンスを確保しながら闘うことの困難と可能性を示している。基地に抗うか、経済的に安定した生活を守るかの二者択一を強いる圧力に対して、女性たちは運動を通じて、「反基地」を不可欠とするものへと「生活」の意味を拡大させた。こうした女性たちの運動は、死を大量生産する場へと地域を改変させてきた日米合作の死の政治に対して生存の空間を拡げていく運動である。

ここで思い起こされるのが今日の辺野古や高江における基地建設反対運動の根っこにある一九七〇―八〇年代の金武湾や白保を含む「琉球弧の住民運動」である。女性運動として位置付けられることはほとんどなかったこれらの「住民運動」においては、資本主義に抵抗するサブシステンスとしてのコモンズの回復・再生が手探りで取り組まれた。闘争小屋で長時間過ごしたり、交流合宿をしたり、援農にやってきた労働者を受け入れるなど、飲食を伴う「生活」の時間を多く共有する運動現場でのしかかる再生産労働負担の問題が女性たちからは提起されていた。住民運動が抵抗していた「総生産」の数字にカウントされないサブシステンスを取り戻し、かつ「生産」の意味を問い直す作業へと彼女たちの提起は接続されなければならなかった。

七　結集する「個人」の直接行動とプレカリアートという課題

女性たちからのサブシステンスをめぐる問題提起が運動を喚起していったのは、世界規模の米軍再編に伴う新基地建設計画に対する新たな抵抗運動の機運においてであった。一九九六年の県民投票では地位協定見直しが要求され、一九九七年の名護市民投票では辺野古沖移設反対が過半数を占めた。しかし、日米政府の「沖縄に関する特別行動委員会（ＳＡＣＯ）」は普天間飛行場機能の県内移設を当事者抜きで「合意」し、名護市や沖縄県の行政の長も民意に反して受け入れを表明、那覇防衛施設局は二〇〇四年四月に辺野古新基地建設に着手していく。住民運動で主体化された「個人」は、新基地建設候補地となった沖縄島北部東海岸で組織されてきた抵抗運動においても重要な担い手となり、さまざまな背景を持つ個人が運動現場や集会に結集し超党派組織が生み出された(86)。運動現場でのさまざまな取り組みは運動参加者らの文章や写真、映像に記録され、拡散されながら、運動への支援も拡がっていった。

異なる経験をしてきた人たちが集い、同じ空間で長時間をともにしながら権力構造に抗う過程において、相互に交渉し折り合いをつけていくこと自体が運動内部のヒエラルキーや関係を問い直す政治の実践になった。二〇〇四年の辺野古・大浦湾沖でのボーリング調査に反対した単管ヤグラ座り込み行動では長時間座り込む女性たちが女性用トイレを作り(87)、権力に抗う運動に内在する理不尽な権力構造に基づくハラスメント行為を運動の仲間たちの間で許さない態度を示した。互いの体調を案じたり水を分け合ったりする相互扶助も現場では意識的になされている。次なる行動をどうするか全員で話し合って決める行動方針の決定のあり方や、目前の警察や機動隊に抗議しつつ粘り強く語りかけて交渉し阻止行動の主張を貫くことも現場で行われている参加民主主義の重要な実践である(88)。現場で個々人が主張する自立を実践すると同時に相互扶助を忘れない、そうした緊張関係を保つことで、さまざまな主体が運動に参加することが可能となる。

しかし、個人参加を中心とする超党派的な運動では抱えきれなかった問題もある。米軍再編の過程で前景化した補助金行政を容認する地域住民の存在は、謝花直美が描き出した「生活のために働くけど、気持ちまでは取られない」(89)と立場を明確にした基地労働者の姿とは異なっていた。新自由主義経済の日常への影響や地域の現実を汲み取れない運動への失望や距離感を表す地域住民を運動は主体化できず、戦争と米軍占領、支配や抑圧に対する抵抗運動の経験・記憶の継承は困難になっている。(90)人々は消費資本主義社会における消費者としての自己同定しかなし得ず、組織し得ないプレカリアートとしての孤立をより深めている。この状況は、雇用形態別構成比で正規社員が全国を下回り、非正規社員が全国を上回る沖縄においてはより深刻な問題だ。非正規労働やインフォーマルセクターで働くプレカリアートとしての青少年労働者たちが困窮や暴力に対峙させられている日常は言説面で氾濫している。(91)にもかかわらず、彼ら彼女らの現実は軍事資本主義に抗う運動に十分に接続されてこなかった。一九八〇年代以降の学力偏重主義の教育システムから排除され、逸脱行為の意味は汲み取られず、「非行」「不良」と扱われてきた彼ら彼女たちは、進学せずに就業する先で不安定な低賃金労働を強いられ、暴力の恒常化した厳しい関係性に翻弄されながら働くことをも強いられていく。

新自由主義の逆風に個人がさらされると同時に、コモンズだけでなく記憶までもが収奪されようとしている現状が明らかになっていく。日本軍による「集団自決」の「強制」をめぐる記述の教科書からの削除に対して二〇〇七年八月には教科書検定違憲撤回を求めて一一万人が集結した。二〇〇八年三月には沖縄戦死者の靖国神社への合祀取り消しを求める裁判も提訴され、援護法が沖縄に適用された過程についての認識も深化していく。(92)二〇〇八年四月には国外・県外移設を求める県民大会に八万人が集い、二〇一一年一二月には辺野古新基地建設を進めるための環境影響評価書の手続きを阻止する座り込みの直接行動が県庁を拠点に闘われた。二〇一二年九月には「空飛ぶ棺桶」のオスプレイ配備に反対する人々が普天間飛行場周辺に集結し基地を封鎖した。それでも強行されたオスプレイ配備に続く米軍機の／からの墜落・落下事故は軍事基地の危険を露呈させ、人々の抗議の声を土台にしながら、経済保守も巻き込んだ「オール沖縄」のうねりが生み出されていく。二〇一三年三月には「沖縄「建白書」を実現し未来を開く島ぐるみ会議」が結成された。沖縄防衛局や県庁を中心に連鎖して起こった直接行動の後の二〇一八年八月、ついに県は承認取り消しを発表した。

だが、現場での日々の抗議行動や投票、沖縄県の埋め立て承認撤回で示された反対の意思を政府は完全に無視して埋め立て工事を強行し、それを支持し、黙認する世論が基地反対の運動のうねりを潰していった。オール沖縄を象徴する翁長元知事の逝去で拠り所を失った経済保守は、疫病の感染拡大に伴う不況に抗えず辺野古新基地建設を推進する自民党支持を表明するに至る。(93)「オール沖縄」の基盤を曖昧な「アイデンティティ」に求めてきた隘路がここにある。現存する運動現場を多くの人たちが直面する生活問題に接続できてこなかった運動研究にもそうした限界は表れている。

大衆化できない運動に権力は容赦なく襲いかかる、と新崎が書いたのは佐藤訪米阻止デモに警察の弾圧が降りかかった一九六七年についてであった。二〇〇八年の高江座り込みにおけるＳＬＡＰＰ（strategic lawsuit against public participation）に始まり、二〇一六年の高江へリパッド建設抗議者に対する器物損壊容疑での逮捕と長期不当勾留、北部訓練場の軍事演習で放置された空砲や廃棄物を集める個人に対する家宅捜索と在宅起訴など、軍事化に抗する運動への警察権力の弾圧は深刻化している。

八　採取主義への抵抗

弾圧にさらされる抗議行動をさらに追い込んだのが疫病の感染拡大であった。安倍政権下の二〇一七年から強行されている米軍基地拡張のための土砂搬入と埋め立て工事は停止されることなく続き、それを確実に遂行するために警察や機動隊、海上保安庁などの国家権力が動員され、多額の警備費用が注ぎ込まれている。こうした国家予算を投入した「新たな囲い込み」としての米軍再編が進行中であり、新基地建設のための大規模な土砂採掘は沖縄島の南北で行われている。戦没者を追悼する場としてあった南部の土壌は、埋め立て用の資材資源という商品に変質されようとしている。土砂採取をめぐる現在の状況は、ナンシー・フレイザーの言葉を借りると、沖縄の自然を根こそぎ掘り尽くして売り物にして傷付けたままにする、軍事資本による自然に対する捕食的な、採取主義的な関係を示している。[94]土佐弘之が書いているように、「マルクスが本源的蓄積（ないしは原初的蓄積、primitive accumulation）と命名したものは過渡的な歴史（資本の前史）ではなく、資本主義の危機のたびに間歇的に現れる同時代的現象であ」り、「世界内戦や社会の全面的軍事化を介する形で、資本の本源的蓄積は新しい形態で推し進められている」。[95]実際、一九八〇年代以降の沖縄の再軍事化は冷戦後に新たに生み出されてきた脅威がもたらす「有事」とそれに対する「対テロ」という至上命題の下推し進められてきた。同時に、高額予算で入札している企業の下請けである沖縄のダンプ・建設労働者たちの賃金が全国平均の七割に過ぎないことが労働者たちの陳情を通じて明らかになっている。[96]「搾取し続けるために生かしておくべき労働者」として扱われている現状に「資本による採取主義（extractivism）の新たな段階という問題」が垣間見える。[97]

採取主義が沖縄の土地を根こそぎ掘り起こし、海を生き埋めにする現在においてはどのような抵抗があり得るだろうか。山城知佳子の映像「リフレーミング」[98]は現在の軍事化・軍事的囲い込みにおいて不可欠な「死んだ労働」を象徴的にあぶり出している。海を埋め立てる土砂を掘り起こす労働者がゾンビのように働き続け、死んだ労働者は工事現場や集落に時折亡霊のように現れる。「資本は死んだ労働である。それが吸血鬼のごとく、生きた労働を吸って生きかえり、さらに労働を吸えば吸う程に大きな生命を持つに至る」というマルクス『資本論』の記述[99]は沖縄においては単なるアナロジーを超えたものとして顕現する。現在の沖縄で強行されている大規模な土砂採掘と埋め立てを伴い建設されている軍事基地は、建設や駐留、演習の過程で生態系を破壊する。それは、いずれ戦争の前線となって海外で死を生み出し、トラウマから自殺する兵士を再生産する死の政治のインフラに他ならない。将来の戦争につながる基地に抗議する人々を弾圧・抑圧する警察や機動隊、海上保安庁職員や警備員の労働は、ゆえに世界中に死を拡散する米軍基地というシステムの形成につながっている。

では、死の政治が経済を凌駕する沖縄において抵抗の契機をどこに見出していけるだろうか。「この集落の人々に脈々と流れるなにものかが、固結した岩石の地下で眠る熔岩の如くいずれ地表に現れてくる[100]」ことの予感であると山城は「リフレーミング」の着想について語る。急速に地域の風景を改変させる力が及ぶ地域で遭遇した親子――「森と海を守る闘いの記憶を持つ老人と、傷ついた珊瑚のカケラを拾って再生させる男」の存在に見出された希望は、ダンプ・トラックに積まれた土砂の運搬を止めるため非暴力の市民的不服従行動を、毎日、早朝から夜まで続けてきた本部町島ぐるみ会議の人々や、沖縄・全国各地からの有志の個人によっても体現されている。砂埃を上げながら迫ってくるダンプ・トラックに、県警や機動隊の嫌がらせを受けながら身一つで抵抗する、意思を持って結集した一人ひとりが、道路を牛歩で渡る。このシンプルな行為に工夫を凝らし、加速する基地建設に抗う直接行動の営為を作り出してきた。二〇一八年、全国の団体が「辺野古土砂搬出反対全国連絡協議会」を結成した。その後から現在に至って、建設業界で労働運動を展開してきた関西地区生コン支部の人々による沖縄意見広告運動の取り組みなどは辺野古新基地建設とそれに伴う土砂採掘への抗議に連なる労働者の重要な活動である。さまざまな場所で、さまざまな方法で行われてきた個々の行動が予想できない形で交差している。土砂採取は、二つの意味においての囲い込みである。まず、それは島の軍事化とそれに伴う社会関係を強化する資本主義的囲い込みであり、同時に戦死を強要した国家の責任をうやむやにし戦死者を記憶するための場を消し去る意識の囲い込みである。そこでは死者との関係、自然との関係を民衆がどう奪還し築き直すかという新たな課題が提示されている。

おわりにかえて

「生存の危機」にある沖縄の運動について、運動研究は何ができるか。個の自立と相互扶助の緊張関係のなかで闘争の主体が生まれる瞬間を見出し、組織的行動によらずに意図せざるところで生起する民衆蜂起の過程を記述することで、過去の運動や現在の運動から学び取った抵抗の方法や経験を共有することではないだろうか。二〇一二年九月の普天間飛行場ゲート封鎖を振り返り、山城博治はこう述べている。「……この時、誰しもがいずれ機動隊の強制排除が始まるであろうことを予想し、それでも封鎖を解かない決意をしていた。なぜなら、そうでもしないと自分たちの市民・県民の当たり前の平穏な暮らしが守れないとの強い思いがあったから。同時に警察権力においても、そう理解していたから一人の逮捕者も出さないでことを処理した、沖縄戦後史に残るあっぱれな攻防戦であった」[101]。運動に結集したさまざまな人々の思いが融合した瞬間の行動のうねり、それによって現場の支配関係を一瞬でも転覆させ得る契機を読み取り、言語化して共有していくことが不可欠だ。

異なる現場が連帯していくための「接続」もさまざまに試みられている。沖縄戦の迫る島々の各地に軍隊の駐留に伴い設けられていった慰安所を「記憶の場」と捉え、その空間に居合わせた沖縄住民の記憶と証言から戦場の「恐怖」が人々に浸透し、行為に作用していく過程を洪玧伸は綿密に記述し、次のような問題提起を行なっている。「…「恐怖」が実際に自分の身を襲った際、私たちはどのように「行動」すればよいのだろうか。その「暴力に抗する」ためにも、「恐怖」そのものがいかに目に見えない暴力と繋がっているのかを考えなければならない[102]」。合意してないプロジェクトが二〇二〇年六月に出した「Black Lives Matterへの連帯声明」では、米国内における警察軍事化の問題が沖縄の軍事化および基地建設反対運動に対する警察暴力の問題と接続され、「共に生きられる「命の場」のために声をあげる」[103]ことの必要性が強調されている。

疫病の感染拡大の最中においてさらに可視化されたプレカリアートが運動の主体になる可能性も追求していかなければならない。生活と闘争の両立を運動全体の課題として共有し、さらにいえば、日米安保構造の下で形成された問題として貧困を捉え直し、搾取や抑圧のない生産と生活を模索することが運動にとって必須である。二〇二一年一月二八日未明、沖縄の「若者」たちが、警察暴力を受け失明した仲間に連帯し、四〇〇人を超える人数で沖縄署を取り囲んだことは、辺野古・高江新基地建設反対闘争で不当勾留された仲間たちの解放を求めた複数の瞬間を想起させた[104]。警察暴力を同じく受けてきた反基地の運動現場を少年たちの経験と接続し、闘争の主体と射程を拡大していくことは不可欠だ。

人々が抱く生活上の困難や問題を運動の課題としてすくい取り、過去の運動において築かれてきた、相互の生存を支え合い、助け合う関係のあり方を学ばなければならない。さまざまな交渉を通じて作り直されてきた運動内部の関係を問うと同時に、自然との関係も問うていかなくてはならない。それは戦後沖縄を支配してきた開発主義を根本から問い直し、人間の営為を生態系のなかに位置付け、土や海との互恵的な関係を取り戻していくことを意味する[105]。軍事資本主義的な囲い込みに抗い、それに代わる共同の世界の契機をさまざまな主体に見出していくことが私たちに課されている。

注

（1）崎原盛秀（聞き手・上原こずえ）「生存の危機にある沖縄」『月刊琉球』第七八号、二〇二〇年九月、五九頁。

（2）ドキュメンタリー映画「いのちの森 高江」謝名元慶福監督、二〇一六年。
（3）林博史『暴力と差別としての米軍基地』かもがわ出版、二〇一四年、一八―二一頁。「「国防という観点」ばかりでなく「国際的な軍事コミットメントと通商上の国益という観点」」の上に「戦後に必要とする基地」についての検討を米統合参謀本部では一九四三年から始めていた。明田川融『沖縄基地問題の歴史―非武の島、戦の島』みすず書房、二〇〇八年、一〇二―一〇三頁。
（4）Matsumura, Wendy "The normal and exceptional forms of enclosure in Okinawa : Going beyond the so-called base problem." *Viewpoint Magazine*, February 2018.
（5）新崎盛暉「沖縄戦後史論序説」『沖縄文化研究』四号、一九七七年、二八七頁。
（6）若林千代『ジープと砂塵』有志舎、二〇一五年、七頁。
（7）鳥山淳『沖縄 基地社会の起源と相克 一九四五―一九五六』勁草書房、二〇一三年、三、五頁。
（8）謝花直美『戦後沖縄と復興の「異音」』有志舎、二〇二一年、一一頁。
（9）同前、一〇―一四頁。
（10）国場幸太郎（新川明・鹿野政直編）『沖縄の歩み』岩波書店、二〇一九年、二二一頁。
（11）前掲鳥山、一八―一九頁。
（12）前掲鳥山、二五―二六頁、沖縄県教育委員会編『沖縄県史第一〇巻各論編九沖縄戦記録二』一九七四年、八四九、八七二、八七四―八七五頁。
（13）前掲鳥山、四一―四六頁。
（14）前掲鳥山、八八頁。牧港篤三「食料配給停止事件」『新沖縄文学』第五〇号、一九八一年一二月、一二頁。
（15）前掲鳥山、一一五―一二一頁。
（16）前掲若林、一〇六頁。
（17）前掲若林、一一六頁。
（18）前掲謝花、一〇二―一〇九頁。

(19) 阿波根昌鴻『米軍と農民』岩波書店、一九七三年、一七頁。
(20) 同前、一二六—一二七頁。
(21) 前掲 Matsumura. 訳は筆者による。
(22) 前掲 Matsumura.
(23) 新崎盛暉編『ドキュメント沖縄闘争』亜紀書房、一九六九年、一〇七頁。
(24) 中野好夫・新崎盛暉『沖縄戦後史』岩波書店、一九七六年、一〇九頁。
(25) 冨山一郎「国場幸太郎における民族主義と「島」」森宣雄・冨山一郎・戸邉秀明編著『あま世へ—沖縄戦後史の自立にむけて』法政大学出版局、二〇一七年、一二四頁、古波藏契「沖縄戦後史における「島ぐるみ」の問題」『歴史学研究』第一〇〇六号、二〇二一年三月、二〇頁。
(26) 石原昌家『うまんちゅぬすくぢから』晩聲社、一九七九年、一八二頁。
(27) 古波藏契「沖縄占領と労働政策—国際自由労連の介入と米国民政府労働政策の転換」『沖縄文化研究』四四号、二〇一七年、七七頁。
(28) 前掲中野・新崎、六五頁。
(29) 前掲古波藏(二〇一七)、八五—八六頁。
(30) 前掲中野・新崎、六六—六七頁、成田千尋「二・四ゼネストと総合労働布令—沖縄保守勢力・全軍労の動向を中心に」『人権問題研究』一四号、二〇一四年、一五〇頁。
(31) 森川恭剛『沖縄人民党事件—米国民政府軍事法廷に立つ瀬長亀次郎』インパクト出版会、二〇二一年、三一一頁。
(32) 前掲古波藏(二〇一七)、前掲中野・新崎、一四二頁。
(33) 前掲中野・新崎、一二三頁。
(34) 前掲古波藏(二〇一七)、八三頁。
(35) 古波藏契「米国は一九六五年の宮古農民「暴動」をどう見たか」『沖縄文化研究』第四七号、二〇二〇年三月、七一五頁。

(36) 前掲古波藏(二〇一七)、一二三頁。
(37) 前掲中野・新崎、一四六―一四七頁。
(38) 前掲中野・新崎、一四八―一五〇頁。
(39) 沖縄タイムス中部支社編集部『基地で働く―軍作業員の戦後』沖縄タイムス社、二〇一三年、および池原盛助氏からの聞き取り、二〇二二年三月七日。
(40) 全駐労沖縄地区本部『全軍労・全駐労沖縄運動史』一九九九年、一一四頁
(41) 池原盛助氏提供の資料から。
(42) 新崎盛暉「孤立した沖縄全軍労闘争―革新「勝利」の選挙総括のなかで」『展望』一九七二年九月(新崎盛暉『沖縄同時代史別巻一九六二～一九七二 未完の沖縄闘争』凱風社、二〇〇五年、五〇九―五二二頁所収)。
(43) 前掲中野・新崎一九八―一九九頁。
(44) 秋山道宏「日本復帰後沖縄の「豊かさ」をとらえる視座―社会経済変容と保守系総合雑誌に着目して」平良好利・高江洲昌哉編著『戦後沖縄の政治と社会』吉田書店、二〇二二年、九四頁。
(45) 前掲石原、一五一頁。
(46) 佐治靖「ソフト・レジスタンス 離島・農村社会の在地リスク回避と開発：宮城島における伝統的土地所有形態の分析」松井健編『島の生活世界と開発3 沖縄列島―シマの自然と伝統のゆくえ』東京大学出版会、二〇〇四年、一七、二〇、二七頁。
(47) 梅津文夫・高原六郎「東海岸石油基地闘争の軌跡」沖縄研究会編『沖縄解放への視角』田畑書店、一三三頁。
(48) 沖縄県石川市石川高校公害研「〈住民運動報告〉沖縄アルミ進出と市民運動」『自主講座』第一八号、一九七二年九月。
(49) 安里清信『海はひとの母である―沖縄金武湾から』晶文社、一九八一年、崎原盛秀「沖縄は拒否する―反CTS金武湾住民闘争の経過」『季刊労働運動』第一七号、一九七八年、上原こずえ『共同の力―一九七〇～八〇年代の金武湾闘争とその生存思想』世織書房、二〇一九年。

（50）一九七六―七七年にかけ、与那城村と沖縄石油基地と沖縄ターミナル、沖縄県と沖縄石油基地、沖縄県とその他全ての石油関連企業が公害防止協定を結んだ。「埋め立てによる被害に対して一切責任を負わないという立場」を固辞し続けた沖縄石油基地は「「協定」を自ら「空文化」するに等しい」と金武湾を守る会は批判した。昭和五二年（ヨ）第八五号危険物貯蔵所等建築工事禁止仮処分申請事件　準備書面（第一）「第二、本件ＣＴＳタンクの危険性および防災対策の不備について」の「九　公害防止協定の限界」。

（51）宮里政玄・岡本恵徳・玉城真幸・新崎盛暉座談会「八〇年代の沖縄―沖縄の位置の質的変化と新たな運動論理の構築」『新沖縄文学』第四三号、一九七九年一一月、二五頁。

（52）安里清信・大城昌夫・伊波義安・金城清二郎・関広延座談会「沖縄の反ＣＴＳ闘争」『自主講座』第三六号、一九七四年一月二八日、五頁。

（53）Thompson, Ann Heather *Blood in the Water: The Attica Prison Uprising of 1971 and Its Legacy*. New York: Pantheon, 2016.

（54）本村紀夫「沖縄の主体性獲得を求めて」『うるまネシア』第一六号、二〇一三年八月、一二七―一二八頁。

（55）上原こずえ「金武湾とプレカリアート」『アジア・アフリカ研究』第六〇巻第一号、二〇二〇年三月。

（56）前掲梅津・高原、一三五―一三七頁。

（57）前掲上原（二〇一九）、一五〇頁、鵜飼照喜『沖縄・巨大開発の論理と批判―新石垣空港建設反対運動から』社会評論社、一九九二年、八六頁。

（58）浅田光輝「いまこそ全国に破防法闘争を―せん動罪攻撃を阻止しなければならない」破防法研究会編『「破防法研究」別冊　破防法を弾劾する！―第一次・第三次破防法裁判における証言（下）』一九八四年五月、一六頁。

（59）沖縄県警察史編さん委員会『沖縄県警察史　第三巻（昭和後編）』二〇〇二年、八〇三―八〇四、一三〇四頁。

（60）『琉球新報』一九七五年七月四日（朝刊）、刑特法被告を支える市民の会『沖縄は訴える―キセンバルの火』現代書館、一九七八年、一〇九頁。

（61）『琉球新報』一九七五年六月二七日（前掲刑特法被告を支える市民の会、一〇六頁）。

(62)『琉球新報』一九七六年七月二日（前掲刑特法被告を支える市民の会、四五—四六頁）。
(63)一九九〇年、復帰後一〇〇回目の県道上での実弾演習が行われ、一九九六年、日米両政府は演習を本土に移すことに合意した。一九九七年までの二四年間で、米軍は上陸地点で約四万四〇〇〇発の弾薬や榴弾砲を発射した。演習は矢臼別、日生台、北富士などにも拡がった。実弾演習は現在もキャンプ・ハンセンで行われている。
(64)「昭和二十七年法律第百三十八号　日本国とアメリカ合衆国との間の相互協力及び安全保障条約第六条に基づく施設及び区域並びに日本国における合衆国軍隊の地位に関する協定の実施に伴う刑事特別法」（https://elaws.e-gov.go.jp/document?lawid=327AC0000000138）（二〇二一年五月二日取得）。
(65)平良修「沖縄は訴える」一九七八年九月二五日の日付が付されている（前掲刑特法被告を支える市民の会、二一—三頁）。
(66)前掲 Matsumura。
(67)桐山節子『沖縄の基地と軍用地料問題—地域を問う女性たち』有志舎、二〇一九年、六〇—八六頁。
(68)同前、八五頁。
(69)栗原彬「水俣病という思想—「存在の現れ」の政治」『立教法学』第六一号、二〇〇二年三月、一八頁。
(70)新崎盛暉「「復帰後八年」「安保後二〇年」のいま」『毎日新聞』一九八〇年六月一〇日（新崎盛暉『沖縄同時代史第二巻　琉球弧の視点から』凱風社、一九九二［二〇〇四］年、一〇七頁）。
(71)新崎盛暉「今問われているものは何か—島ぐるみ闘争から二五年」『新沖縄文学』第五〇号、一九八一年一二月三〇日（前掲新崎（一九九二［二〇〇四］）、一六四頁）。
(72)前掲秋山、一一四—一一五頁。
(73)前掲秋山、一一八頁。
(74)岸政彦『同化と他者化—戦後沖縄の本土就職者たち』ナカニシヤ出版、二〇一三年、三二七—三六六頁。岸は仲里効『オキナワ、イメージの縁（エッジ）』未來社、二〇〇七年、五三頁を参照している。
(75)小針誠「学校式典（入学式・卒業式）における日の丸・君が代実施の規定要因—実施率の上昇（八〇年代）から完全

実施（九〇年代）に向けて」『同志社女子大学　学術研究年報』第六〇号、二〇〇九年、三四頁。

(76) 同前、三二—三六頁。

(77) 加藤大仁「スポーツとナショナル・アイデンティティ—沖縄海邦国体「焼き捨てられた日の丸」事件を手掛りに」『体育研究所紀要』第四〇巻第一号、二〇〇一年一月、三二頁。

(78) 『琉球新報』一九八七年三月一一日（朝刊）、『沖縄タイムス』一九八七年三月一〇日（夕刊）、三月一一日（朝刊）。

(79) 池宮城紀夫「戒厳令下の沖縄」『破防法研究』五九号、破防法研究会発行、一九八七年九月、七三—七四頁。

(80) 阿部小涼「繰り返し変わる—沖縄における直接行動の現在進行形」『政策科学・国際関係論集』第一三号、二〇一一年三月、六二—六三頁。

(81) Tanji, Miyume *Myth, Protest and Struggle in Okinawa.* Oxfordshire：Routledge, 2006. pp. 151-154. 阿部小涼「グローバル連帯史のなかの沖縄１９７２」『世界』第九五六号、二〇二二年五月。

(82) 前掲桐山、五〇—五七頁。

(83) 前掲桐山、一二五頁。

(84) 前掲桐山、六五頁。土地に対する「私的所有権を根拠としない抵抗運動」としては東村高江のヘリパッド建設反対闘争もその特徴とされてきた。前掲阿部（二〇一一年）、六九頁。

(85) 玉城福子『沖縄とセクシュアリティの社会学—ポストコロニアル・フェミニズムから問い直す沖縄戦・米軍基地・観光』人文書院、二〇二二年、二六七頁。

(86) 森啓輔「沖縄社会運動を「聴く」ことによる多元的ナショナリズム批判へ向けて—沖縄県東村高江の米軍ヘリパッド建設に反対する座り込みを事例に」『沖縄文化研究』第三九号、二〇一三年三月、一八七—一八八頁。

(87) 阿部小涼「海で暮らす抵抗」『現代思想』第三三巻第一〇号、二〇〇五年九月、一八三—一八四頁。

(88) Uehara, Kozue Okinawa people's philosophy of direct action against capitalism and imperialism from post-World War II to the present, Jude Lal Fernando（Ed.）, *Resistance to Empire and Militarization: Reclaiming the Sacred*, Equinox, 2020, pp. 143-149.

(89) 前掲謝花、二六頁。
(90) 熊本博之『交差する辺野古―問いなおされる自治』勁草書房、二〇二一年、第八章「辺野古集落と建設反対運動」。
(91) 打越正行『ヤンキーと地元』筑摩書房、二〇一九年、上間陽子『裸足で逃げる―沖縄の夜の街の少女たち』太田出版、二〇一七年、上間陽子『海をあげる』筑摩書房、二〇二〇年など。
(92) 石原昌家『国家に捏造される沖縄戦体験―準軍属扱いされた〇歳児・靖国神社へ合祀』インパクト出版会、二〇二二年、二二六頁。
(93) 目取真俊「地を這う声のために（四）」『越境広場』第一〇号、二〇二二年三月、二一八―二一九頁。
(94) Fraser, Nancy, "Climates of capital," *New Left Review* 127, Jan-Feb 2021. https://newleftreview.org/issues/ii127/articles/nancy-fraser-climates-of-capital（二〇二二年五月一日取得）
(95) 土佐弘之「思想の言葉」『思想』二〇二一年二月号（小特集―採掘―採取ロジスティクス―批判地理学の最前線）https://tanemaki.iwanami.co.jp/posts/4331（二〇二二年五月一日取得）。
(96) 東江勇「（論壇）取り分少ない建設労働者―労務単価の八〇％支払いを」『沖縄タイムス』二〇二一年七月三日。
(97) 前掲土佐、廣瀬純『資本の専制、奴隷の叛逆―「南欧」先鋭思想家八人に訊くヨーロッパ情勢徹底分析』航思社、二〇一六年、三六三頁。
(98) 「山城知佳子 リフレーミング展」東京都写真美術館、二〇二一年八月一七日―一〇月一〇日開催。
(99) カール・マルクス（宮崎恭一訳）「資本論 第一巻資本の生産過程第三篇 絶対的剰余価値の生産 第十章 労働日」https://www.marxist.org/nihon/marx-engels/capital/chapter10/index.htm
(100) 山城知佳子「《リフレーミング》の発端」東京都写真美術館編『山城知佳子 リフレーミング』水声社、二〇二一年、一一二頁。
(101) 上原こずえ・山城博治（往復書簡）「「復帰」幻想を捨て、自らの未来を切りひらく思想と運動を―沖縄・琉球弧の島々を再び戦場にさせないために」『越境広場』第一〇号、二〇二二年三月、四九頁。
(102) 洪玧伸『新装改訂版 沖縄戦場の記憶と慰安所』インパクト出版会、二〇二二年、四二九頁。

(103) 合意してないプロジェクト「沖縄の「合意してないプロジェクト」からBlack Lives Matterへの連帯声明（日本語版）」http://www.projectdisagree.org/2020/06/black-lives-matter.html（二〇二一年五月一日取得）。

(104)『琉球新報』二〇二一年一月二九日。

(105) 里山活動を通じて共有財としての海の価値を学び伝えた港川自治会は、浦添市による西海岸開発計画の埋め立て範囲を縮小させたが、二〇二〇年八月の沖縄県、那覇市、浦添市間の那覇軍港の浦添埠頭への移設、そしてそれに伴う埋め立て「合意」により新たな破壊の危機に直面している。

Ⅵ　米国にとって沖縄とは何か
――琉球列島の地位に関する連邦裁判所判決をめぐって――

土井　智義

はじめに

沖縄島の辺野古や高江における米軍基地建設、さらには馬毛島や奄美大島、先島の各島で県境を越えて進められる自衛隊基地建設など、施政権返還五〇年を迎えても、沖縄には軍事的・政治的な抑圧が満ち溢れている。施政権返還以降、こうした抑圧は、日米安保体制のもとで、直接的には日本政府によって強行され、あるいはそれを補完する全国メディア等を通して現出している。

それゆえだろうか、米軍基地問題を含めて、沖縄をめぐる諸事象を日本の「国内問題」として解釈する枠組みがますます自明視されているようにみえる。しかもこの認識枠組みは過去にも投影され、米国統治下の沖縄についても、「日本国憲法の適用がなかった」という形容を典型として、その過酷さを戦後日本国内の「差異・差別」と理解することが一般的であるようだ。(1)

他方で、当時沖縄を排他的に統治した米国について、その憲法と沖縄との関係を問うことは稀である。対日講和条約の署名に際し、米国全権大使のジョン・フォスター・ダレス国務省顧問は、引き続き米国が統治する沖縄などの地域に日本の「残存主権（residual sovereignty）」があると述べた。この曖昧な用語が後に議論となったせいか、米国は軍事目的のために日本国の「領土」で占領者として行政・立法・司法の権限を行使したにすぎず、沖縄は米国にとって「外国」であり続けたと暗黙裡に信じられているのではないだろうか。しかし、当時の米国の司法や法学では、米国統治下の沖縄が連邦法でいう「外国」かどうかという観点から、その地位を議論の対象としていた。米国統治下の沖縄が米国にとって「外国」であったことを当然の前提とする議論は、はたして妥当性をもつのだろうか。

この小論でみるように、米国統治期の沖縄は、米国にとって単純に「外国」であったということはできない。それは決して自明ではなく、特定の連邦法（米国の連邦議会が定めた法）の適用などをめぐって、連邦裁判所で繰り返し争われ、個別的な争点に対してその都度「外国」であることが判示されたにすぎなかった。したがって、「米国にとって沖縄とは何か」という問いは、きわめて現実的なものであった。しかも、そのような米国と沖縄との曖昧な関係性の歴史的背景を探ると、米国が二〇世紀転換期の米西戦争によってプエルトリコ、キューバ、フィリピン、グアムを占領または獲得して以降、合衆国憲法の適用を制限または除外し続けた地域の地位に関する歴史、とくに連邦最高裁判所が下したいくつかの判決が深く影響していたことがわかる。現在も未解決のままとなっているプエルトリコ等と同様、米国統治下の沖縄の地位問題は、不安定なまま問いに付されていた。

なぜこのような問題が、これまで十分に問われてこなかったのか。ここでまず沖縄現代史を扱う諸学を俯瞰し、研究状況とその問題点を示しておきたい。(2) 国際政治学は、対日講和条約や施政権返還に至る米国政府内または日米関係の政治過程を明らかにし、政治学は、沖縄の政治家など指導層の対応に焦点をあてて米国や日本の政策を解明してきた。(3) 他方、沖縄現代史では、住民の諸活動を中心に労働運動や土地闘争の諸側面を様々に叙述している。(4) だが、米国と沖縄との関係は、いきおい日米の外交関係に与える変数としてしか論じられず、あるいは現地における住民と統治機構とのあいだの支配・抵抗の問題に還元される傾向にある。また多くの研究が施政権返還を目的論的に設定するため、米国が自国の政治体制の内部に沖縄をどう位置づけようとしたかという問題が十分検討されてきたとは言い難い。

この傾向は、法学においても指摘できる。近年の研究では、米国統治下の法制度の概要、裁判権移送問題、人民党事件等で重要な成果が見られるが、沖縄現地の法制度に限定されている。[5]他方、一九五〇〜六〇年代には現状変更を求めて、米国または日本国と沖縄との法的関係を把握する目的で、連邦裁判所の沖縄関連の判決を論じたものがある。だが、それらの判決が、米国が講和条約によって沖縄の排他的統治を国際的に正当化した後、自国の法的・政治的体制の枠組みのなかでそれをどう位置づけるか苦心したこと、さらにはそれが二〇世紀転換期以降の米国の植民地主義にとって中心的な問題を引き継いでいた事実が看過されている。[6]上述のように、実際のところ米国の行政・立法・司法は、本国の法・政治体制との関係で琉球列島の地位を規定すべく、本土（州を構成する場所）とは異なる領域（事実上の植民地）を支配するために築き上げた歴史的資源（最高裁判決等）を参照していた。

この小論では、米国連邦裁判所の地方裁判所レベルで争われた、沖縄島で生じた事件に対する判決のうち、連邦法の適用を扱った裁判を取り上げ、米国にとって沖縄が国内か外国かが争われた事実とその意味を検証したい。なお以下では、それらの判決について、米国側が沖縄島を含む統治領域の公称とした「琉球列島（the Ryukyu Islands）」という語を採用し、「琉球列島判決」と呼ぶ。なぜならば、本論文は米国統治の問題を、同国の体制内部に刻まれた植民地主義史に定位することを企図するからである。

具体的には、第一節で、琉球列島および琉球列島判決が参照した先例に関わる地域について、米国の法的・政治的な体制内における地位を概観する。第二節では、まず琉球列島判決のうち連邦不法行為請求権法（the Federal Tort

Claims Act：以下、FTCA）[7]に関する判決を、主要な先例とともに分析する。つぎに琉球列島判決が引用した先例のなかに、プエルトリコ等の植民地的な地域の地位をめぐる「島嶼判決（the Insular Cases）」と呼ばれる一連の最高裁判決が含まれていることを確認し、琉球列島に対する統治が米国の植民地主義の延長線上にあったことを提示する。最後に、これらの判決の検証を通じて、沖縄現代史において米国との関係を考える意味を考察したい。

なお小論の分析においては、プエルトリコ等に対する米国の植民地主義とグローバルな帝国的支配の連関を分析した米国法学を参照した[8]。これらを参照することにより、琉球列島判決を検証する際、当該期の沖縄がおかれた歴史的な文脈を、戦後日本の国内問題に還元することを避け、当時の出来事がおかれた歴史条件に再定位して分析することが可能になると考えている。

一　米国の排他的管轄下にある領域について

米国には、合衆国憲法が等しく適用される州と、同国の排他的な管轄下にありながら憲法が部分的にしか適用されずに差別的に扱われる領土との区別があり、両地域には明確に植民地的な差異が存在する[9]。後者の植民地的な地域は「非編入領土（the unincorporated territory）」と呼ばれ、そこに含まれる各領土はたとえ「コモンウェルス」などの同じ呼称が使われても、それぞれ異なる法的・政治的地位にある。またグァンタナモ基地のように、米国に主権がなく、他国（キューバ）の主権があるとしながらも排他的管理を実施し続ける地域もある[10]。琉球列島が米国に統治を受けていた一九四五～七二年までに限定して述べると、「非編入領土」には、一八九八年に米西戦争で割譲を受けたフィリピン（一九四六年に独立）、プエルトリコ、グアム、そしてデンマークから購入したヴァージン諸島（一九一七年）、英独との協定で獲得した米領サモア（一八九九年）があった[11]。また米国の主権がない状態で排他的に支配した領域としては、対日講和条約第三条に基づく琉球列島や小笠原諸島（一九五二年）、キューバとの協定に基づくグァンタナモ湾（一九〇三年）、パナマとの条約に基くパナマ運河地帯（一九〇三年）、国連憲章第七六条により米国が施政権者とされた太平洋信託統治領（一九四七年）、その他の租借基地があった。[12] 以下、琉球列島と琉球列島判決で参照された地域を中心に、米国の政治体制上の地位について概観する。

1　プエルトリコ

一八九八年四月、米国は、スペインの植民地であったキューバの独立戦争に介入するためにスペインに宣戦布告した。いわゆる「米西戦争」である。[13] その結果、米国はスペインの植民地であったグアム、フィリピン、プエルトリコの割譲を受け、キューバを保護国化し、列強の一つに躍り出た。米国が支配地域を拡張した「膨張」過程を論じた北原仁によれば、合衆国憲法制定時（一七八七年）に領土であったか否かにかかわらず、一八世紀末には連邦議会が統治する地域を州として承認できるという解釈が定着していた。しかし、一九世紀半ば、とくに一八九八年の米西戦争以降に獲得した支配地域は米国本土から遠隔にあるだけでなく、その住民が人種的・文化的にも大きく異なるとみなされ、将来州に昇格させるかどうかが問題となった。[14] ここでは、本論に深くかかわるプエルトリコの政治的地位に関する変遷に着目する。

プエルトリコは一八九七年に宗主国のスペインから自治権を認められていたが、[15] 翌九八年に米国がスペインに宣戦布告すると、米軍は同年七月にプエルトリコを占領し、八月に軍政府を樹立した。戦争に勝利した米国は、スペインと交わしたパリ条約でキューバに対する恒久的な主権の取得を否定する一方、プエルトリコ、グアム、フィリピン諸島の取扱いについては明言を避けた。[16] 最終的に、プエルトリコはパリ条約によって米国に割譲されたが、その領土と住民の地位の定めはなかった。[17]

一九〇〇年にプエルトリコの民政移管に向けた暫定的な組織法としてフォレイカー法が制定された。だが、この法には人権規定がなく、島内の政治体制も三権分立を欠き、知事をはじめ要職は米国大統領の指名制とされた。また本国政治への参政権も否定され、スペイン市民権を喪失した後の住民に関する法的地位に関する言及もなかった[18]。プエルトリコとその住民の地位がフォレイカー法成立後も不安定なままであったため、連邦議会や司法、法学者たちのあいだで激論が交わされた。そのなかでも、とりわけ連邦最高裁判所で下された先述の「島嶼判決」と呼ばれた一連の判決は、プエルトリコの地位に関する解釈を規定した[19]。

一九〇一年のダウンズ対ビッドウェル判決は、プエルトリコからの輸入品に課された関税をめぐって、プエルトリコを「国際的な意味では外国ではないが、国内的な意味では米国にとって外国」だと判断し、その曖昧な地位を承認した[20]。また一九〇四年のゴンザレス対ウィリアムス判決では、米国本土に移住したプエルトリコ人民の入域拒否をめぐって、その法的地位を判断した。これにより、プエルトリコ人民は移民法の対象となる「外国人（alien）」ではないが「市民（citizen）」でもないとされ、米国「国民（national）」という曖昧な地位に留められた[21]。

一九一七年には、新たな組織法としてフォレイカー法を改定したジョーンズ法が成立した。ジョーンズ法は、プエルトリコに公選による上・下院の立法府を置くなど島内の政治体制を変更し、プエルトリコ住民を「米国市民」と認めた。他方で、かれらは依然として連邦議会への参政権が認められず、兵役義務を課せられながらも、二級市民的な地位に留めおかれた[22]。

一九二二年には、最高裁のバルザック対プエルトリコ人民判決において、プエルトリコ知事に対する中傷の廉で有罪となった住民に対し、プエルトリコ現地でも米国市民として憲法が保障する陪審裁判を受ける権利があるか否かが争われた[23]。この判決により、領土の性格が市民権のあり方を決定するとされ、「非編入領土」に居住するプエルトリコ人民は米国市民だが、憲法が保障する権利を完全に享受することはできないと判示された。この判決の結果、プエルトリコ人民は米国市民一般とは区別された「植民地市民権」に固定された[24]。

第二次大戦後の一九四七年、連邦議会において公法三二〇号（ＰＬ３２０）が成立し、プエルトリコ知事が公選となり、翌四八年に初めて公選知事が就任した。一九五〇年には公法六〇〇号（ＰＬ６００）が制定され、プエルトリコの憲法草案の作成と共和制政府を設置するための会議が承認された。プエルトリコ現地の憲法制定会議と住民投票、連邦議会の承認を受け、一九五二年に「プエルトリコ自由連合州法」が成立し、プエルトリコは「自由連合州（the Commonwealth of Free Associated State/*Estado Libre Asociado*）」という現在まで続く地位となった。この結果、翌五三年には、米国の主導によってプエルトリコが国連非自治地域リストから削除された[25]。

このように、プエルトリコは米国が主権を有し、排他的統治を行いながら、米国憲法上の権利が保障されない植民地的な「非編入領土」の地位であり続けている。

2　太平洋信託統治領（ミクロネシア）

一九四七年四月、国連安全保障理事会は、第一次大戦中の占領以来、日本の統治下にあった「南洋群島」を、米国を唯一の施政権者とする信託統治下におくことについて、全会一致で承認した。第二次大戦後、アフリカと太平洋諸島に設置された信託統治領のうち、この太平洋信託統治領（Trust Territory of the Pacific Islands：TTPI）だけが安全保障理事会が管轄権をもつ「戦略地区」に指定された[26]。

米国はこれら島々を軍事基地として利用する目的のほか、他国に使用させないために保有した。そのため民事には関心をもたず、米国市民や他国民の入域および地元住民の海外渡航を禁止した[27]。一九六〇年代以降、国連が調査団を派遣し、米国の統治政策を批判したのを受け、米国は統治のあり方を変化させていく。一九六二年にはハーバード大学の経済学者であるアンソニー・ソロモン教授らによる調査団を派遣し、教育や医療等の民事関係事業を促進した[28]。

また同年には北マリアナ諸島の管轄が内務省に移され、それまでに同省に移管されていた他の諸島と合わせて太平洋信託統治領全体の民事が米軍の管轄を離れた。[29]

一九六五年に、マリアナ、マーシャル、パラオ、ポナペ、トラック、ヤップの全六地区の代表者で構成されるミクロネシア議会が創設され、一九六七年には「将来の政治的地位に関する委員会」が設置された。同委員会は、自由連合、独立、米国への併合、現状維持という四つの可能性のなかから自由連合を選択し、米国政府と政治的地位に関する協議を一九六九年から開始した。[30] 米国政府は当初、全地区に対して一定の自治権を付与する自由連合を提案し、米国領土の一部として自国の主権が及ぶように目論んでいた。しかし、現地の委員会と齟齬をきたし、また国際的な批判の高まりも受け、米国はマリアナ地区（北マリアナ諸島）を分離する方針に変えていく。最終的に一九七五年の住民投票の結果、マリアナ地区が信託統治領から離脱した。[31] 翌七六年には米国と北マリアナ諸島の間でコモンウェルス盟約が締結され、一九七八年の憲法発布により北マリアナ諸島コモンウェルス（Commonwealth of the Northern Mariana Islands：CNMI）が成立した。

他方、パラオ地区とマーシャル諸島地区は、一九七一年以降、他地区とは別の交渉に臨んでいた。一九七九年、マーシャル諸島共和国とミクロネシア連邦が、一九八一年にはパラオ共和国が憲法を施行し、自由連合協定に向けた交渉を米国と開始した。一九八三年にはマーシャル諸島共和国とミクロネシア連邦で協定案が承認され、一九八六年に自由連合協定が発効し、両者は自由連合国となった。[32] しかし、戦略地区に指定された信託統治領の地位変更は国連安全保障理事会の決議を要したため、ソ連が拒否権を行使し、信託統治が継続した。北マリアナ諸島、マーシャル諸島共和国、ミクロネシア連邦の信託統治は、冷戦が終結した一九九〇年の安保理決議によってようやく終了した。パラオ共和国は非核原則をもつ憲法があり、米国の核戦略と矛盾したため、その地位変更が停滞していたが、米国の圧力によって憲法が修正され、一九九三年に自由連合協定が承認され、翌九四年に自由連合国となった。[33]

形式上、パラオ共和国、マーシャル諸島共和国、ミクロネシア連邦の自由連合国は国連に加盟する「独立国」だが、米国は自由連合協定により自治を承認された地位とみなしている。これら三国は軍事関係や外交について米国から制約を受け続け、いまだ従属的な地位にある。[34]他方、北マリアナ諸島コモンウェルスは米国が主権をもつ「非編入領土」となった。[35]

3　琉球列島

プエルトリコや太平洋信託統治領と同様、米国の統治は琉球列島でも戦時占領から始まった。一九四五年、米軍は沖縄島や周辺離島において日本軍を制圧した地区から米国海軍軍政府布告第一号「権限の停止」（ニミッツ布告）を発し、日本の行政権を停止して軍政を敷き、同年一二月までに宮古群島と八重山群島でも軍政を開始した。[36]翌四六年一月には連合国最高司令官総司令部（ＧＨＱ／ＳＣＡＰ）の対日指令第六七七号「若干の外廓地域を政治上・行政上日本から分離すること」により、日本の行政権の地理的範囲が制限され、小笠原諸島等とともに沖縄や奄美の行政分離が確定した。[37]これに従い、口之島を含む北緯三〇度以南の奄美群島が日本から切り離され、同年三月には軍政府が設置された。[38]

一九五〇年一〇月、琉球列島の長期保有に向けて、統合参謀本部は東京の米極東軍総司令部に対して、米軍政府を廃止し、米国民政府の設立を命じる一般命令第七九号を発した。これに基づき、同年一二月に極東軍司令部が琉球軍司令部に宛て、極東軍司令官ダグラス・マッカーサーを民政長官とし、その管轄下に琉球軍司令官が民政副長官を兼任する統治機構の設置を命じ、米国民政府が誕生した。[39]その後、極東軍総司令部の指示に則り、一九五〇年一一月に奄美・沖縄・宮古・奄美で各群島政府が、一九五二年四月一日には四群島を統合した琉球政府が設置され、米国民政府の管理下に行政・立法・司法の三権分立の形態をもち、住民が従事する「政府」が成立した。[40]

一九五一年九月八日、対日講和条約が署名された。同条約第三条は、その前段で、北緯二九度以南の「南西諸島」（琉球列島に該当）や小笠原諸島等を含む「南方諸島」について、米国が自国を唯一の施政権者とする信託統治下におくと国連に提案した場合、日本政府が同意するとした。また後段では、米国が上記を国連に提案しかつ可決されるまで、同国が「領水を含むこれらの諸島の領域及び住民に対して、行政、立法及び司法上の権力の全部及び一部を行使する権利を有する」と規定された。なお、米国全権ダレスによる日本に「残存主権」があるという有名な発言も、この講和会議の場でなされたものであった。翌年五二年四月二八日、対日講和条約が発効し、交戦状態が終了したにもかかわらず、米国の琉球列島統治は、正当化の根拠を戦時国際法から講和条約に変えて継続した。ただし、対日講和条約は、米国が引き続き琉球列島を統治することを定めただけで、米国の法的・政治的体制における琉球列島の地位は未決定とされた。琉球列島や小笠原諸島を統治し続けた結果、米国は既存の非編入領土、信託統治領、租借地のどれにも該当しない領域を抱えることになったのである(41)。

一九五三年に奄美群島が日本に返還されると、国務長官ダレスが残りの琉球列島を長期保有する旨を明言した。そのため、恒久的な統治をより確固なものとする根拠が要請され、基本法の制定が連邦議会に求められた。一九五五年、国防省が議会に「琉球列島の管理に関する法律案」を提出したものの、琉球列島の地位が複雑であったため、同法案は成立しなかった。しかし、一九五七年に極東軍司令部が廃止されるにともない、米国の政治体制上に占める琉球列島の地位を明らかにするため、大統領行政命令第一〇七一三号「琉球列島の管理に関する行政命令」が出された。この行政命令は、対日講和条約第三条に基づき、米国大統領が軍の最高司令官としてもつ権限を根拠に、大統領の指揮監督下に国防長官が琉球列島の統治に、国務長官が琉球列島の対外関係に責任を負うと規定した。また米国民政府は国防長官の管轄下に再編され、その長として新たに高等弁務官が設置された。高等弁務官は現役軍人から選任され、国防長官が国務長官に諮り、大統領が承認した。行政命令は、一方で「民主主義」の原理を謳いながら、米国憲法との関係も規定せず、絶対的な権限を高等弁務官に付与した植民地的な制度であった[42]。
大統領行政命令には、連邦議会が法を制定するまでの暫定的なものであるという規定があったため、依然として米国の法・政治体制上の正当化が必要とされた。琉球列島統治を米国内部で「合法化」し、より効率的に軍務を遂行し、さらに琉球列島における経済的・社会的発展の促進計画を策定する法的根拠を連邦議会に与えるため、一九六〇年に「琉球列島の経済的・社会的開発の促進に関する法律」（プライス法）が制定された[43]。このように大統領行政命令やプライス法により米国と琉球列島の関係が一定の正当性をもつようになったが、現地の復帰運動や日本の「残存主権」が障壁となって、結局、地位に関する規定が明確にされることなく、一九七二年に琉球列島が日本に返還されることになった。

以上のように、琉球列島は講和条約第三条により統治の継続が国際的に正当化された後も、米国との関係については、依然として未決定の状態に固定されていた。一九六四年、米国の法学者Ｂ・Ｊ・ジョージ・ジュニアは、琉球列島が「米国政府の枠組み内部のどこに留まるのか」と問い、米国が「三世代前の米国政府と連邦裁判所に突き付けたのと同じ政治的・法的問題」に直面していると警鐘を鳴らした。かれによれば、琉球列島の統治には、「新しい一連の島嶼判決（**a new series of *Insular Cases***）の登場」が差し迫って必要なのであった[44]。ジョージ・ジュニアの見解は、ただ琉球列島の地位の曖昧さを示すだけではない。米国は、植民地的統治を行う様々な地域において、一方で同国の法的・政治的な体制のなかで未決定かつ従属的な地位に固定し、他方で司法がそうした位置を正当化してきたのであり、その歴史のなかに琉球列島を組み込もうというのである。

二　琉球列島は米国にとって国内か外国か――米国植民地主義史の系譜――

では、琉球列島の曖昧な地位について、米国はどう対処したのだろうか。ここでは司法に限定して検討してみたい。一九五五年、『ハーヴァード・ロー・レヴュー』誌上で、法学者のセジウィック・W・グリーン（Sedgwick W. Green）は、第二次大戦以降、米国が管理する領土や軍事目的の租借地の数が増えたという実情をふまえて、米国法の適用可能性に関する総括的な論文を執筆した(45)。グリーンによれば、海外における米国の権益の数と種類が拡大した結果、これらの地域にどの連邦法が適用できるかを決定することがますます困難となっていた。そのため、このような地域で生じた事件に対して連邦法の適用が争われた訴訟が増加し、一九五五年時点では、とりわけ労働時間等の労働条件に関する規制、連邦政府の不法行為に対する賠償請求、海外における米国市民の投票行為の三点が主な争点となっていた(46)。琉球列島をめぐる連邦裁判所の判決も、第二次大戦後における米国の海外膨張の一環として出現したといえよう。

1　琉球列島判決とその主要先例

先述のように、ここでは琉球列島判決のうち、連邦不法行為請求権法（ＦＴＣＡ）の適用をめぐって、琉球列島がＦＴＣＡでいう「外国」に該当するかどうかが問われた裁判を扱う(47)。

米国では、一九四六年にＦＴＣＡが制定されるまで、連邦政府の行為によって個人が死傷するか財産に損害を受けた場合でも、主権免責（sovereign immunity）の法理に基づき政府が損害賠償責任を負わされることがなかった。だが、連邦政府の行為により市民が損害を被る事案が増加し、社会的に批判が強まった結果、一九四六年にＦＴＣＡが

表１　連邦不法行為請求権法（FTCA）に関する琉球列島判決

年	判決名	法解釈上の争点	結論
1948	ブリュワー対合衆国	琉球列島は、FTCAでいう外国か否か	琉球列島は、FTCAでいう外国
1951	コップ対合衆国	琉球列島は、FTCAでいう外国か否か	琉球列島は、FTCAでいう外国
1956	バーナ対合衆国	琉球列島は、FTCAでいう外国か否か	琉球列島は、FTCAでいう外国

制定された[48]。この法は、連邦政府の行為から受けた負傷や損害に対する賠償請求を認めた画期的なものであったが、「外国（a foreign country）」で生じた行為については連邦政府が免責されるという条項を有していた[49]。そのため、米軍関係者による死傷事故が発生した沖縄島がＦＴＣＡでいう「外国」であるかどうかが大きな争点となった。

表１には、連邦裁判所で争われた、ＦＴＣＡに関する琉球列島判決を示した。ＦＴＣＡに関する琉球列島判決は、一九四八年のブリュワー対合衆国判決[50]、一九五一年のコップ対合衆国判決[51]、一九五六年のバーナ対合衆国判決[52]の三件がみられる[53]。結論だけをみれば、各判決はいずれも沖縄島をＦＴＣＡでいう「外国」と判示した。

だが重要なことは、各判決が結論に至る過程で、一九世紀から二〇世紀半ばにかけて米国が様々な形態で排他的に管理を実施した地域に対し、複数の連邦法にとって各地域が「国内」か「外国」かという点に答えた判決が参照されている点である。琉球列島判決をひも解くことで、琉球列島が米国にとって「外国」であることが自明でなかったという事実だけでなく、その判断がいかなる経路を通してなされたかを示す痕跡が浮かび上がる。以下、三つの裁判をその判決の根拠となった、先例となる判決と合わせて概観したい。

①ブリュワー対合衆国判決（一九四八年）

ＦＴＣＡの適用に関して連邦裁判所で争われた最初の裁判は、沖縄島で勤務する米国市民の船員が、米軍人の運転する軍用車によって負傷したため損害賠償を請求した一九四八年のブリュワー対合衆国判決である。[54] 訴状によれば、原告ジャック・ブリュワーは米国市民であり、商船員として沖縄島に赴任していたが、一九四七年六月、運転手である米陸軍兵士の不注意のせいで軍用ジープにはねられて負傷した。原告は、沖縄島が「軍事的に征服され、米国による排他的な軍事支配下（under the exclusive military domination）にあるので、「外国（foreign country）」ではなく、征服者たる米国の領土（a part of the domain of the United States）である」と主張し、FTCAに基づき損害賠償がなされるべきと訴えた。

しかし、北カリフォルニア連邦地方裁判所は、米国法と国際法に照らして、「少なくとも合衆国の制定法の及ぶ範囲に関するかぎり、征服（conquest）という行為だけをもって外国を外国でないものに変えることはない」とした。そしてFTCAが規定する訴訟免除規定に則し、沖縄島での事故が「外国で生じた損害（claim arising in a foreign country）」にあたると述べ、原告の訴えを棄却した。

また判決のなかで、裁判所はFTCAの立法意図を検討した。裁判所は、同法931（a）「原告が居住するか、訴えの行為または不作為が生じた場所に所在する米国地方裁判所（米国の準州および海外領土（the Territories and Possessions）にある米国地方裁判所を含む）」という箇所を引用し、FTCAに基づく請求を審理および決定するため、連邦議会はこれらの裁判所に排他的裁判権（exclusive jurisdiction）を付与したと述べた。そして議会の立法意図が、米国の司法権（the juridical power）が合法的に得られる場所でのみFTCAの諸条項が適用されるべきという点にあると結論づけた。すなわちFTCAにとって国内と外国とを分かつ境界は、米国の司法権行使と不可分であるという考えである。

では、裁判所は沖縄島を「外国」であると判断した際、いかなる先例に依拠したのだろうか。

ひとつは、一九世紀半ばの米墨戦争時、米国の排他的軍事占有下（under the exclusive military possession）にあったメキシコからの輸入品に課された関税の合法性をめぐって一八五〇年に争われた、連邦最高裁のフレミング対ペイジ判決である。(55) 最高裁は、事件当時、メキシコ当局が米国の陸軍および海軍に追放されたか服していたので、メキシコは米国の排他的かつ確固たる占有下（in the exclusive and firm possession）にあり、大統領の命令に従う米軍当局に統治されていたとみなした。しかし最高裁は、メキシコが議会制定法で使用される用語の意味で米軍統治下にあったとしても、それだけで「米国の一部となったか、または外国であることを停止したことを示すのではない」と判示した。さらに最高裁は、米国が国境を拡張することができるのは条約または立法権限によってのみであると指摘した。なお、フレミング対ペイジ判決は、後述の「島嶼判決」でも参照され支持されたが、そのことをブリュワー対合衆国判決も指摘している。(56) もうひとつは、典拠がないものの、沖縄を「米軍占領下にある外国領土（foreign territory under military occupation of the United States）」とした米国務省の記録が参照されている。

②コッブ対合衆国判決（一九五一年）

原告テオドア・コッブは、一九四八年一〇月、軍工事の請負業者に雇用されて沖縄島に滞在し、自動車を運転していたところ、米軍要員の不注意で路上に放置されていた無灯火クレーン車に衝突し、傷害を負った。帰国後の一九五一年六月、コッブはＦＴＣＡに基づき米国政府に損害賠償を求め、北カリフォルニア連邦地方裁判所に提訴した。この裁判の争点も、事故発生当時の沖縄がＦＴＣＡの適用範囲から除外される「外国」に該当するか否かであった。北カリフォルニア連邦地裁が請求を棄却したため、原告は第九巡回区連邦控訴院へ控訴したが、結局、ここでも却下され結審した。(57) 第二審の判決をみてみよう。

控訴院は、米国が租借する英領ニューファンドランド島の米空軍基地内で生じた事件について、ＦＴＣＡ適用の可否を判じた一九四九年の最高裁判決、合衆国対スペラー判決（以下、スペラー判決）を参照し、沖縄島を含む琉球列島を「外国」と判示した。(58) 控訴院の判決文は、スペラー判決を吟味した上で、琉球列島が「外国」か否かを、「1.

他国の主権（The Sovereignty of Another Nation）」と「2．外国権力の法規（The Laws of a Foreign Power）」という二部構成により検討した。なお判決文は、オール（Orr）判事による。

「1．他国の主権」において、控訴院のオール判事は、まずスペラー判決が引用したプエルトリコに関する島嶼判決の一つ、デ・リマ対ビッドウェル判決（以下、デ・リマ判決）を参照した(59)。そしてデ・リマ判決におけるマーシャル首席判事とストーリー判事による「外国」の定義、すなわち「外国の主権内部に排他的にあり、合衆国が主権をもたない国（country）」という規定を引用した。スペラー判決はこれを参照して、FTCAでいう「外国」を「英語の一般的用法において、他国の主権に属する領土（territory subject to the sovereignty of another nation）という以上に正確な表現がない」と定義し、ニューファンドランド島の租借地が大英帝国の排他的「主権」下に属する以上、米国にとって同島が「外国」であると判示した。

しかしコップ対合衆国判決のオール判事は、沖縄島に「主権」の分析を適用しようとしてもうまく結論を導き出せないという。したがって沖縄に対する主権を日本が喪失したか否か、また喪失したとされる場合、主権がどの権力に移譲されたかが問題であると、議論を進展させた。

もし米国による沖縄島の占領が、連合国軍の占領下にある日本本土諸島（the Japanese home islands）と同じく、「本来責任を負う日本政府に沖縄が返還されるまでのあいだ、同島の秩序を維持するだけのためという明確に暫定的性格をもつ場合、日本は同島に対する主権を喪失せず、主権の権利の一部を行使する権限（the power to exercise some of the rights of sovereignty）が一時的に剥奪されているにすぎない」。だがオール判事は、沖縄の地位が未決定であると示した上訴弁護人宛ての国務省書簡に加え、前節3でも言及した沖縄における日本政府の行政権停止を命じた連合国最高司令官総司令部の対日指令第六七七号「若干の外廓地域を政治上・行政上日本から分離すること」を参照し、日本の「沖縄島に対するすべての主権（all sovereignty over the island）」は奪われていると断じた。

オール判事は、続けて日本が失った主権が誰の手に移ったのかと問いを重ねていく。米国は、占領目的として「沖縄という独立国家（an independent state of Okinawa）」の設立を公言することもなく、最終的な地位も決定していない。それゆえ、米国は「ある種の受託者（a sort of trustee）」として管理するだけであり、日本が主権を喪失したからといって、伝統的な意味での「法律上の主権（de jure sovereignty）」が「沖縄の現地住民（the natives of Okinawa）」に移ったとみなすことはできない。他方、戦争の結果、交戦国の占領者が沖縄島を管理し統治する排他的権限（the exclusive power）を獲得するが、それは米国に付与されている。したがって、米軍政府は他国の干渉を受けずに沖縄島を統治し、無期限に統治し続けるであろうことから、米国が「事実上の主権（de facto sovereignty）」と名づけうるものを獲得・保持したという。(60) だが、公式の併合行為もなく、征服した領土を恒久的に保持する意思表示もない以上、米国は征服地を占領して統治するにすぎず、「主権の完全な権利（the full rights of sovereignty）」を獲得していない。そのため、「法律上の主権」は米国に移っておらず、沖縄がＦＴＣＡでいう「外国」でなくなったわけではない。

オール判事によれば、最終的な処分のあり方（the ultimate disposition）が確定しないかぎり、沖縄は、「今日「主権」という概念自身が、多かれ少なかれ溶解状態にある（in a state of more or less solution）」というスペラー判決が示した観察の具体例であるほかない。判決は、沖縄がＦＴＣＡの「外国」に含まれるか否かを、伝統的な主権分析ではなく、立法目的と対照させて判断しなければならないと断じた。

つぎにオール判事は、「2．外国権力の法規」のなかでもスペラー判決に依拠し、ＦＴＣＡの立法目的を検証した。ＦＴＣＡは、連邦議会を圧迫していた個人の賠償請求に対応するためにつくられたので、連邦政府の法的責任も損害が生じた現地の法に従うべきである。しかし、立法の際に「外国」で生じた事件を除外し、米国が「外国の権限による法」に従う事態を避けたという。かくてオール判事は、「沖縄の法（the law of Okinawa）」が「外国の権限による法」か否かを決定する必要性を訴えた。

沖縄では、第二次大戦前の主権者であった日本が公布・施行した法が有効であるが、いまや米国以外にいかなる国も法に修正を加えることができない。その意味において、大英帝国領土のニューファンドランド島とも異なり、「沖縄の法は、「外国の権限による」法ではなく、米国の法（the law of the United States）である」と断言する。しかし、米国が一九〇七年のハーグ陸戦条約に署名したことで、その第四三条が定める占領地の現行有効法を尊重するという規定に従い、米国には賠償法規を維持する義務があったという。

講和条件が条約等で最終的に解決されるまで、米軍の沖縄統治はハーグ陸戦条約第四三条でいう「交戦中の占領」である。仮に一九四八年時点で同条が米軍政府の法制定権限を制約しなかったとしても、占領地の最終的な処分が決定するまで、占領者は「占領権力の安全（the safety of the occupying power）」または「占領地住民の福祉（the welfare of the inhabitants of the occupied territory）」に益するときにのみ法を制定する権利をもつ。そのため、現地の伝統や精神を無視して恣意的に法を制定する権限をもたない。

かくしてオール判事は、米国には沖縄で有効であった賠償法規を変更する自由がなく、米国にとっての「外国」が定めた既存法を維持しなければならない。さらに議会も「外国」の法に基づく法的責任を負うことに積極的ではなかったとして、原告の訴えが棄却された。

この多数意見に対してポープ（Pope）判事から少数意見が出された。だが、それはあくまでも棄却を支持するもので、オール判事が結論を出すまでに不必要に難しい議論をしたことに向けられていた。ポープ判事によれば、「外国」という用語は固定的なものではなく、時代によっても変化するが、ＦＴＣＡのいう「外国」は、米国議会のいう「他国（foreign state）」、すなわち「合衆国でもなく、またその海外領土や植民地（possession or colony）でもない国（country）、つまり我々の国以外の外国（alien country）」を指すという日常会話レベルの解釈でよいとされた。

③バーナ対合衆国判決（一九五六年）

原告である米国市民ファニタ・バーナは、一九五四年一〇月、沖縄島において米国政府が所有・運転する車両の過失によって傷害を負わされた。彼女はＦＴＣＡに基づく賠償を求めて、ヴァージニア地区連邦地方裁判所へ訴訟を提起した。先の訴訟と同様、被告である米国は「外国」で生じた事件に対するＦＴＣＡの免除条項を根拠に棄却の申し立てを行った。一九五六年七月、裁判所は、「講話条約の解釈により残存主権が日本にあるという事実は、依然として沖縄島が連邦不法行為請求権法の意味において「外国（foreign country）」であると結論づけるのに十分である」と判示した(61)。ここでも、琉球列島（沖縄島）がＦＴＣＡで規定された「外国」か否かが争点となったのである。

原告側は、サンフランシスコ講和条約第三条によって、沖縄島が「外国」の地位から除外されたと主張した。しかし裁判所は、ＦＴＣＡを制定した連邦議会の「意図」を持ち出し、議会にはＦＴＣＡの管轄権を沖縄島に拡張しようという意図がなかったと結論づけ、原告の訴えを退けた。

琉球列島がＦＴＣＡでいう「外国」であるという結論のみであれば、先行する琉球列島判決と同様の議論が繰り返されただけにみえる。だが、そこに至るまでに参照された判決や議論には新しい論点が見いだされる。以下に、判示の根拠として参照された主要な先例をみていこう。

判決文は、まず対日講和会議に臨んだ米国全権大使ダレスの発言から、「米国は、日本に残存主権を維持させるのが最良の方法だと考えた」という有名な言葉を引用する。そして事故が起きた一九五四年当時、米国と国連のあいだで琉球列島の信託統治に関する協定が何ら結ばれていなかったので、沖縄は「米国政府の暫定的な施政下（under the provisional administration of the United States Government）にあり、一九四五年四月一日現在の日本法が琉球諸島にもいまだ有効に適用されている」と述べた。

つぎにコッブ判決と同様、この判決の「原則を支配する」先例としてスペラー判決を参照し、ＦＴＣＡを制定した議会の意図を分析した。同法は市民に国家賠償の道を開くべく、旧来の主権免除の大部分を放棄したが、だからといって「外国の法律に従う責任を米国に負わせることは望まなかった」と説明した。そしてスペラー判決において米国が英国領ニューファンドランド島の法に従って賠償責任を問われないのと同様、第二次大戦前の日本法が生きている沖縄島の事件に対しても米国は責任を問われるべきではないとした。

また、講和条約発効後に判示された琉球列島判決のひとつである合衆国対ウシ・シロマ判決を参照し、日本が琉球列島に対して「法律上の主権（de jure sovereignty）」を保持することを指摘した。(62) さらに講和条約発効前に下されたブリュワー対合衆国判決とコップ対合衆国判決を取り上げ、沖縄島がＦＴＣＡでいう「外国」であることを確認した。

判決文は、加えて琉球列島が「外国」かどうかを判断する上で参照できる判決として、一九四八年当時、国連安全保障理事会との信託統治協定に基づき、米国が施政権者として統治していたサイパン島の賠償事件にかかわるブルネル対合衆国判決を取り上げた。(63) そして、ＦＴＣＡの適用範囲を「米国の構成部分または政治的下位にある地域（a component part or a political subdivision）」に制限すべきというブルネル判決の意見や、サイパン島が過去にも現在にも「米国の一部ではなく、米国の準州でも海外領土（a territory or possession）でもない」という一九五六年時点で米国最高裁判所陪席判事であったトム・Ｃ・クラーク（一九四八年当時の司法長官）の見解を引用し、琉球列島が「外国」であるという結論を補強した。かくして判決文は、原告の訴えを退けたが、議会の特別立法によって原告が救済されるであろう旨を勧告した。

以上、これら三つの判決を通して積み重ねられた結論は、あくまでも連邦法のひとつであるＦＴＣＡにおいて琉球列島が「外国」であり、連邦政府の賠償責任が免除されるという点だけである。琉球列島が国内か外国かについて、米国が排他的に統治する同地で生じた具体的な事件を契機として、特定の連邦法に則して司法的判断が下されたにすぎないともいえる。むろん、一元的に琉球列島が連邦法の適用範囲となる地域であるか否かが判断されたのではなく、米国と琉球列島（沖縄島）の関係が決定されたわけでもない。したがって、これらの判決をもって琉球列島が米国にとって「外国」であると結論づけられてもいないのである。[64]

だが他方で、これらの判決からは、琉球列島の地位が曖昧かつ不確定のままに留めおかれた事実と同時に、米国に統治を受けながらも琉球列島が「外国」であるという解釈が、個別具体的な文脈や先例の参照という経路に依存しながら徐々に形成されていくプロセスが浮き彫りになる。これらの判決が必要とされた経緯からすれば、不確定な地位を保ちながら米国の統治が進行するあり方は、講和条約発効という国際的な正当化の画期をみても継続したといえる。琉球列島が米国にとって国内か外国かは、決して自明のものではなかったのである。

2　「島嶼判決（the Insular Cases）」を参照したことの意味

グリーンは、先述の一九五五年の論文において、琉球列島を含む、戦争を通じて米国が占領・統治した領域の地位を検証するにあたり、最高裁判所で扱われた先例のなかでもとりわけ「高名でありながらも混乱に満ちた「島嶼判決（*Insular Cases*）」」が重要だと指摘した。[65]前述のコップ対合衆国判決（一九五一年）でみたように、たしかに琉球列島判決でもスペラー判決（一九四九年）を重引するかたちで、島嶼判決の一つである一九〇一年のデ・リマ対ビッドウェル判決が参照されていた。その他、注釈では、ダウンズ対ビッドウェル判決をはじめ、[66]米軍政下のキューバに米国から囚人を送還できるかを問うたニーリー対ヘンケル判決、[67]米軍政下プエルトリコにおける不動産の取得制限の合憲性を争ったオチョア対ヘルナンデス判決、[68]プエルトリコからの輸入品の関税事件を扱うドーリー対合衆国判決が参[69]照されている。

表2は、琉球列島判決が参照した先例を、島嶼判決とそれ以外に分けて示したものである。表2に明らかなよう

Fleming v. Page (1850)	Republic Aviation Corp. v. Lowe (1946)	Brunell v. United States (1948)	Straneri v. United States (1948)	United States v. Spelar (1949)	Hichino Uyeno v. Acheson (1951)	
Mexico	Ia Shima, an island in the Pacific Ocean	Saipan	Belgium	a Newfoundland air base	Japan	備考
De Lima 判決と Downes 判決を参照	×	De Lima 判決と Downes 判決を参照	De Lima 判決を参照	De Lima 判決を参照	Neely 判決を参照	
○	○					
		○		○		・ほかフィリピンやパナマの判例も参照。
		○		○	○	

に、琉球列島判決は、島嶼判決やそれをふまえて米国が租借地または国連信託統治領として統治する地域に関して出された判決の蓄積を基盤として下されていた。ここでは、まず先行研究に基づいて島嶼判決の意義を説明し、琉球列島判決においてそれらが先例として参照された事実がもつ意味を論じたい。

一七八七年の合衆国憲法制定時以降に新たに獲得した領土の政治的地位については、同年の「北西部条例（Northwest Ordinance）」によって、新連邦領土（「植民地」）の人口が一定数に達すれば独立当初の一三州と同様に扱うと定められていた。この平等規定ゆえ、北米大陸の新領土でも憲法上の権利が保障されていた。だが、これらの措置はアングロサクソン系の白人入植者が人口の大半を占めるか現地の権力を握っていたことと密接に関係していた。米西戦争の結果、白人にとっては「異質」な住民が多数を占める地域を米国が獲得したため、憲法をその地に適用するかどうか、

表2　琉球列島判決の先例について（○は各判決による参照を示す）

判決名（年）	Neely v. Henkel (1901)	De Lima v. Bidwell (1901)	Dooley v. United States (1901)	Downes v. Bidwell (1901)	Ochoa v. Hernandez (1913)
地域	Cuba	Puerto Rico	Puerto Rico	Puerto Rico	Puerto Rico
島嶼判決との関係	島嶼判決	島嶼判決	島嶼判決	島嶼判決	島嶼判決
ブリュワー対米国（1948）		○		○	
コップ対合衆国（1951）	○	○	○		○
バーナ対合衆国（1956）					

またその地域や住民にどのような地位を付与するかが問題となった[70]。

戦争によって、米国がスペインに代わって排他的な統治を始めた島嶼地域（プエルトリコ、キューバ、グアム、フィリピン）とその住民の地位については、一九〇一年に最高裁が米国憲法や合衆国との関係をめぐる一連の判決を出したことで、その方向性が示された。すなわち、島嶼判決がそれである。ただし、問題はその後も継続し、島嶼判決には、一九二二年のバルザック対プエルトリコ人民判決までを含めるのが通例である[71]。

では島嶼判決とはどのようなもので、何が問題なのか。一九〇一年にプエルトリコから米国への輸出品に対する課税の是非が問われたダウンズ対ビッドウェル判決（以下、ダウンズ判決[72]）という、島嶼判決のなかで最も重視される判決をみてみよう[73]。

ダウンズ判決では、最終的に、一九〇〇年制定のフォレイカー法でプエルトリコ産品に関税をかけることが認められていた以上、課税は合憲だと判事された。その際、プエルトリコの地位に関する著名な判断がホワイト判事によってなされた。すなわち「プエルトリコは米国の主権に服し、米国が所有しているので、国際的な意味では外国ではないが、国内的な意味では米国にとって外国であった。その理由は、この島が合衆国に編入されておらず（had not been incorporated）、単に海外領土（a possession）として付随したにすぎないからである」というものである。

ダウンズ判決の結果、プエルトリコは対外的に「外国ではない」とされながら、国内的には「外国」として扱われる「合衆国の主権に服するリミナルな領土カテゴリー」とされた。[74] そして新しく獲得した領土に対しては、憲法条項を部分的かつ選別的に適用することが認められ、連邦レベルの代表制と共和制の保障を否定し、領土の処分についても連邦議会が絶対的な権限をもつことが正当化された。これにより、米西戦争まで実施されていた、新規獲得領土を将来的に州にするという前提も消滅し、米国が統治する地域の内部に州や併合後のハワイ等とは区別され、恒久的に地位決定が保留された領土カテゴリーが生み出されることになった。[75] こうしてプエルトリコやその他の新領土は、合衆国の内部でもなく、またその外部でもないという「無期限に両義的な存在」であり「中間的な地位」に固定された。[76]

ところで、こうした曖昧かつ周縁化された地位を正当化したホワイト判事が依拠したのは「領土編入ドクトリン（the doctrine of territorial incorporation）」という法理であった。この議論は、一八九九年にアボット・ローレンス・ローウェルが『ハーヴァード・ロー・レヴュー』誌上で提唱した概念である。[77] ダウンズ判決において、ホワイト判事がこの概念を用いて下した地位がプエルトリコ等にとって決定的になったが、「領土編入ドクトリン」を最初に使用した判決こそが上述のデ・リマ対ビッドウェル判決（一九〇一年）であった。デ・リマ判決は、ニューヨーク港でプエルトリコ産品に課された関税の返還を求めて輸入業者が起こした訴訟だが、ダウンズ判決と異なり、プエルトリコに一八九七年の関税法を適用できないと判事した。つまり、関税法上、米国にとってプエルトリコが国内的にも「外国」ではないと結論づけたのである。[78]

むろん、デ・リマ判決はあくまでも関税法上の意味でプエルトリコを「外国」でないと結論づけただけであり、北米大陸の州と平等に扱うことを認めてはいない。琉球列島判決がそうであるように、一九〇一年に下された二つの判決もプエルトリコが合衆国の一部であるか否かを一般的に問うのではなく、米国の国産品に関税の適用を禁じた連邦関税法に則してプエルトリコの地位を判断しただけである。だが、クリスチャン・ダフィー・バーネットとバーク・マーシャルが「アメリカ帝国主義は据え置かれた決定から生まれた」と述べたように、島嶼判決を通して新たな植民地主義の法的・政治的な形式が誕生したという事実は重要である。[79]

上に見たように、島嶼判決は、英国からの租借地や太平洋信託統治領、そして琉球列島などで生じた事件を扱う連邦裁判決で幾度も参照された。さらにその影響は、二〇〇一年の「対テロ戦争」以降、一九〇三年にキューバから租借したグァンタナモ米軍基地内に収容された囚人の憲法上の人身保護をめぐる裁判にまで及んでいる。エフレン・リヴェラ・ラモスは、「島嶼判決ドクトリンの基底的な理論的根拠は、外国の主権下にある土地（foreign sovereign soil）において、米国政府の治外法権的な措置（extra-territorial actions）を正当化するために使用される」と指摘したが、[80]まさに法学者のB・J・ジョージ・ジュニアが一九六〇年代に渇望したように、米国のグローバルな植民地体制にとって、島嶼判決はいまだ欠かせない歴史的な資源なのである。

では、あらためて琉球列島判決が島嶼判決を先例として参照したことの意味に立ち返ってみよう。琉球列島の地位をめぐる連邦裁判所の判決が、その結論を導くために島嶼判決を先例として利用したという事実は、米国の琉球列島統治に、米国による排他的統治を受けながらも本国とは異なる地位を強いられた、プエルトリコ等と連続する植民地主義の水脈が流れていることを示す。司法に限定した議論であるが、米国が琉球列島の排他的統治を継続しながらも、その地位が米国にとって「外国」であると正当化したのは、対日講和条約や「残存主権」で決定された固定的な根拠に基づくのではなく、連邦法の適用問題という具体的な文脈を通じて、米国の植民地統治の経験から生じたものである。エイミー・カプランがいうように、「島嶼判決という帝国的起源は、認知されないながらも、二〇世紀を通じて先例として二次的に利用され、後続する判決のなかに頻繁に出現する」[81]。琉球列島判決は、まさに二〇世紀後半の「後続する判決」として、米国の植民地主義史のなかに登場したのであった。

一九世紀末、戦争の結果としてプエルトリコ等がスペインから割譲され、合衆国の主権下に帰属することになった。他方、琉球列島の場合、二〇世紀半ばの「領土不拡大原則」の下で、日本に「残存主権」があるという名目により、対日講和条約によっても米国が主権をもつことはなかった[82]。特定の領域を排他的に統治することの正当化をめぐって、「主権」の名における方法上の違いこそあれ、琉球列島の統治は米国の植民地主義の歴史と地続きであったといえる[83]。琉球列島判決は、決して沖縄戦後史において有名とはいえない。だがそれは、「米国にとって沖縄とは何か」という問いが同時代的に問われたという史実を留めるだけでなく、米国による琉球列島の統治が二〇世紀転換期以降の植民地主義史のなかにあることを物語るのである。

むすびにかえて

本論は、米国統治下の琉球列島(とくに沖縄島)で一九五〇年代までに起きた対連邦政府不法行為賠償請求に関する連邦地方裁判所の判決を取り上げ、そこにプエルトリコ等の統治のために蓄積された連邦最高裁判決、いわゆる「島嶼判決」の歴史が刻印されていることをみた。島嶼判決をめぐる議論は、共和主義的な平等が謳われるなかで米国の内部に厳然と差別が存在することを問う。つまり琉球列島判決への着目は、米国の「内部」にある不平等の是正・撤廃という問題系と不可分であった。沖縄では、米国統治政策を様々な領域で厳しく追及してきたが、一部の法学者を除き、米国統治下にあっても連邦裁判所の判決に注目が集まることは少なく、米国のグローバルかつ植民地主義的な政治体制との関係でその統治を問うことも稀であった。

このような米国の植民地主義史と琉球列島に関する問いの不在を背景に、沖縄をめぐる歴史批判においても、「米国にとって沖縄とは何か」という問いが成立することなく、いわば日本への施政権返還を目的論的に設定する認識が自明視されるに至ったのではないだろうか。このことは、沖縄現代史をいかなる枠組みにおいて、どこ・誰に向けて語るのかという問題にもかかわってくるだろう。日本への施政権返還五〇年に特別な意味などないとしても、沖縄現代史をいかなる条件のなかで問うのかを再考する機会とすべきなのかもしれない。それは、米国はもちろん、戦後の「日本」、そして「沖縄」を批判的に問い直すことにも寄与すると考えられる。

最後に、琉球列島判決および米国の植民地主義史とともに沖縄現代史を議論するために必要な今後の課題を述べておきたい。

まず本論文が琉球列島判決の一部を扱ったものにすぎず、ほかの判決と合わせて論じるべきことは言を俟たない。注47に示した裁判の判決文のほか、裁判関係資料、そして裁判の波及効果を懸念していたであろう米国民政府（とくに法務局）や陸軍参謀本部の文書、さらには対日関係への影響も考慮に入れ、国務省や連邦政府議会の文書も探索しなければならない。また、琉球列島が存続した時期のプエルトリコやグアム、太平洋信託統治領、パナマ運河地帯等に関する裁判を調査することも不可欠である。さらに島嶼判決が先行する法学者の理論を参考に下されたことをふまえると、一般に二次文献として扱われる法学者の論文も歴史資料に該当する。法学と歴史学を横断する研究が求められる。

つぎに個別的な論点として、大統領行政命令を米国の琉球列島統治史に適切に位置づける作業が必要となるだろう。注47に（3）として言及したエイコ・ウエハラ・ローズの裁判をみると、琉球列島判決にとって一九五七年の大統領行政命令が、判決の結論を左右する重要な画期であったことがわかる。国際的な統治正当化の根拠が講和条約だったとすれば、大統領行政命令が国内的な正当化に果たした役割は大きい。米国が琉球列島との関係を明確にしようとした大統領行政命令を、米国にとっての一定の「国内」化の契機とみた上で、一九七二年の施政権返還という帰結を相対化し、米国の琉球列島統治を再考すべきだろう。このとき、たとえば一九四八年のブルネル対合衆国判決で、琉球列島と同様にFTCA上の「外国」とされた旧太平洋信託統治領のサイパン島が、いまや北マリアナ諸島として米国の主権下にあり、市民権も付与されている事実が切実な比較対象として現れる。可能性としてみれば、琉球列島が米国の「一部」になることもありえたのではなかったか。こうした仮定が許されるならば、あらためて米国の統治体制や日本政府に対して、復帰運動が与えた影響をみないわけにはいかない。これらは、日本「国内」を前提とする既存の認識から離れ、米国のグローバルな植民地主義との連関で沖縄現代史を再定位したときに意義ある議論となるだろう。その起点として、筆者は「米国にとって沖縄とは何か」という問いを携えておきたい。

注

（1）日本国内という視点が前景化する傾向は、書き手の属性を問わず、以下のような啓蒙的な著作の題名からも推察することができる。小森陽一編『沖縄とヤマト――「縁【えにし】の糸」をつなぎ直すために』（かもがわ出版、二〇一二年）。新崎盛暉『日本にとって沖縄とは何か』（岩波書店、二〇一六年）。

（2）宮里政玄『日米関係と沖縄　一九四五―一九七二』（岩波書店、二〇〇〇年）。原貴美恵『サンフランシスコ平和条約の盲点――アジア太平洋地域の冷戦と「戦後未解決の諸問題」』（溪水社、二〇〇五年）。

（3）平良好利『戦後沖縄と米軍基地――「受容」と「拒絶」のはざまで　一九四五―一九七二年』（法政大学出版局、二〇一二年）。

（4）新崎盛暉『戦後沖縄史』（日本評論社、一九七六年）。沖縄県教育庁文化財課史料編集班編『沖縄県史　各論編　第七巻　現代』（沖縄県教育委員会、二〇二二年）。

（5）中野育男『米国統治下沖縄の社会と法』（専修大学出版局、二〇〇五年）。小林武『沖縄憲法史考』（日本評論社、二〇二〇年）。森川恭剛「解題」（同『沖縄人民党事件――米国民政府軍事法廷に立つ瀬長亀次郎』（インパクト出版会、二〇二一年））三〇九―三二四頁。

（6）砂川恵伸「米国連邦裁判所の観た沖縄の地位」（『琉大法學』創刊号、一九五八年）九三―一二〇頁。ただし、琉球列島の状況を、プエルトリコを中心とする島嶼判決と重ねて検証した、注44のB・J・ジョージ・ジュニアの論文「琉球の中の合衆国――よみがえる外地事件（Insular Cases）」（『沖大論叢』第七巻第一号、一九六七年）七五―一一五頁が、佐久川政一・中原俊明によって翻訳されている。佐久川らは「訳者はしがき」で、「沖縄の法律的、政治的側面」に関する米国の法学者の見解や当為を知る上で重要な論文と指摘するが、「外地事件（Insular Cases）」がまさに米国の植民地主義の産物であることに言及していない。

（7）28 U. S. Code § 2671.

（8）Christina Duffy Burnett and Burke Marshall eds., *Foreign in a Domestic Sense : Puerto Rico, American Expansion, and the Constitution*（Durham, NC : Duke University Press, 2001）; Bartholomew H. Sparrow, *The Insular Cases and the Emergence of American Empire*（Lawrence, Kansas : University Press of Kansas, 2006）; Charles R. Venator-Santiago, *Puerto Rico and the Origins of U. S. Global Empire : The Disembodied Shade*（Abingdon : Routledge, 2015）. これらの著作はきわめて示唆に富むが、米国の統治が終了したフィリピンや、主権をもたない形態によって排他的統治を行うグァンタナモ基地など、琉球列島と同様の事例を扱うにもかかわらず、「沖縄」「琉球列島」の語が全く登場しない。この欠落の意味については今後の課題としたい。

（9）なお首都ワシントンのあるコロンビア特別区は、連邦議会の絶対的権限下におかれ、連邦議会に議員を選出できないなど、州と異なる地位にあるが、米国の首都である状況に鑑み、植民地的な地域とはみなさない。阿部小涼「ハリケーン、植民地主義、抵抗――プエルトリコの政治的地位を問うこと」（『政策科学・国際関係論集』第一九号、二〇一九年）一三三頁、自治体国際化協会「コロンビア特別区に見る自治制度——首都ワシントンの制度的性格と今後の展開」（『CLAIR REPORT』第三号、一九九〇年）二頁、http://www.clair.or.jp/j/forum/c_report/pdf/003.pdf、二〇二二年九月二四日閲覧。

（10）長島怜央『アメリカとグアム——植民地主義、レイシズム、先住民』（有信堂高文社、二〇一五年）六—七頁。なお阿部小涼は「the unincorporated territory」に日本語の定訳がないことを踏まえ、白人が実権を握っていたハワイ共和国を一八九八年に併合し、後に連邦法が適用される領土とした後、一九五九年に州へと昇格としたハワイと、憲法が全面的に適用されないままのプエルトリコやグアム等との歴史的な経路の差異を把握するため、「併合されない領土」と訳すことを提唱する。阿部小涼「プエルトリコにおけるステイタス問題の発生——米国支配の成立過程についての試論」（『一橋研究』第二二巻第一号、一九九七年）九二—九四頁。同「併合されない領土——プエルトリコ領有にみる植民地の経験」（『政策科学・国際関係論集』第六号、二〇〇三年）二九—四〇頁。同、前掲「ハリケーン、植民地主義、抵抗」、八九—一三三頁。この指摘は、米国による植民地主義の法的・政治的な多元性を理解する上で重要である。他方、琉球列島を見る場合、ハワイとプエルトリコ等の区別に加え、両者のように米国が主権獲得の形式により排他的統治を確立した地域と、パナマ運河地帯や琉球列島等のように主権をもたずに正当化した地域の区分も要請される。本論文は琉球列島に焦点をあてることから、概念上の複雑さを回避するため、ここでは「the unincorporated territory」の訳語として比較的よく使われる「非編入領土」を採用しておく。

（11）長島、前掲書、一頁。

（12）同前、一二—一六頁。Sedgwick W. Green, "Applicability of American Laws to Overseas Areas Controlled by the United States," *Harvard Law Review* 68, no. 5（1955）: 788–810.

（13）林義勝『スペイン・アメリカ・キューバ・フィリピン戦争——マッキンリーと帝国への道』（彩流社、二〇二〇年）三頁。米国は、対スペイン戦のためにキューバとフィリピンの現地独立革命勢力と手を結び、その後キューバを保護国化し、米国による領有に反対したフィリピンとは比米戦争に突入した。林は、「米西戦争」という用語ではこれらの複雑な経緯を表すことができないことから、「スペイン・アメリカ・キューバ・フィリピン戦争」という用語を提唱する

(同書、三—八頁)。だが、本稿は米国と沖縄の関係が主題であり、表記上の煩雑さを避けるため従来の「米西戦争」を使用する。

(14) 北原仁『占領と憲法——カリブ海諸国、フィリピンそして日本』成文堂、二〇一一年、一—三二頁。なお、北原は現在に繋がる米国の「帝国」化の契機を、一八九八年の米西戦争ではなく、一八〇三年のフランスからルイジアナ地方を購入したことに求めている(同書、五—八頁)。

(15) 阿部、前掲「プエルトリコにおけるステイタス問題の発生」、九二—九四頁。林、前掲書、四頁。

(16) Christina Duffy Burnett and Burke Marshall. "Between the Foreign and the Domestic: The Doctrine of Territorial Incorporation, Invented and Reinvented" in *Foreign in a Domestic Sense*, eds. Christina Duffy Burnett and Burke Marshall, 3.

(17) 池田佳代「合衆国における「ナショナル」の起源——一九〇〇年のプエルトリコ住民に対する市民権付与議論に関する一考察」(『広島大学　欧米文化研究』第六号、一九九九年)一—一七頁。

(18) 阿部、前掲「プエルトリコにおけるステイタス問題の発生」、九四頁。

(19) 阿部、前掲「併合されない領土」、三〇頁。Efrén Rivera Ramos, "Deconstructing Colonialism: The 'Unincorporated Territory' as a Category of Domination," in *Foreign in a Domestic Sense*, eds. Burnett and Marshall, 104.

(20) *Downes v. Bidwell*, 182 U. S. 245 (1901). 阿部、前掲「併合されない領土」、三三—三五頁。この判決については後に詳しく述べる。

(21) *Gonzales v. Williams*, 192 U. S. 1 (1904). Edgardo Meléndez, "Citizenship and the Alien Exclusion in the Insular Cases: Puerto Ricans in the Periphery of American Empire," *Centro Journal* 25, no. 1 (Spring 2013): 129–134.

(22) 阿部、前掲「プエルトリコにおけるステイタス問題の発生」、九四—九五頁。

(23) *Balzac v. Porto Rico*, 258 U. S. 298 (1922).

(24) Edgardo Meléndez, 'Citizenship and the Alien Exclusion in the Insular Cases', 106–145.

(25) 阿部、「プエルトリコにおけるステイタス問題の発生」、一〇八頁。Jorge Duany, *Puerto Rico: What Everyone Needs to*

Know, (NY: Oxford University Press, 2017), 73–74.

(26) 池上大祐『アメリカの太平洋戦略と国際信託統治――米国務省の戦後構想　一九四二―一九四七』（法律文化社、二〇一四年）一―二四、一二一―一四四頁。原、前掲書、一五九―一九六頁。なお日本の「南洋群島」統治については、今泉裕美子「南洋群島委任統治政策の形成」（『岩波講座　近代日本と植民地4　統合と支配の論理』岩波書店、一九九三年）、五一―八一頁を参照。

(27) 長島、前掲書、一三頁。原、前掲書、一八四頁。

(28) 長島、前掲書、一三―一四頁。原、前掲書、一八五―一八六頁。

(29) 長島、前掲書、一四頁。

(30) 同前。

(31) 原、前掲書、一八六―一八七頁。

(32) 長島、前掲書、一四―一六頁。

(33) なおパラオ共和国の「独立」によって、国連の信託統治領はすべて解消された（原、前掲書、一八八―一八九頁）。

(34) 長島、前掲書、一二頁。

(35) Joseph E. Horey, "The Right of Self-Government in the Commonwealth of the Northern Mariana Islands," *Asian-Pacific Law and Policy Journal*, 4, no. 2（2003）: 180–245.

(36) 大城将保『琉球政府』（ひるぎ社、一九九二年）四四頁。なお、とくに断りのないかぎり、米国による琉球列島統治に関する法規は、月刊沖縄社編『アメリカの沖縄統治関係法規総覧Ⅰ～Ⅳ』（池宮商会、一九八三年）を参照する。また英語原文は、次で確認した。GEKKAN OKINAWA SHA, ed., *Laws and Regulations during the U. S. Administration of Okinawa*（*I*）～（*IV*）(Okinawa: Ikemiya Shokai, 1983).

(37) 松本邦彦訳・解説、竹前栄治・中村隆英監修『ＧＨＱ日本占領史　第16巻　外国人の取り扱い』（日本図書センター、一九九六年）一三―一四頁。

(38) 三上絢子『米国軍政下の奄美・沖縄経済』（南方新社、二〇一三年）四七―四九頁。コンペル・ラドミール『長い終戦――戦後初期の沖縄分離をめぐる行政過程』（成文社、二〇二〇年）二〇六頁。

(39) 宮里政玄「アメリカの対沖縄政策の形成と展開」（宮里編、前掲『戦後沖縄の政治と法』所収）二〇―三四頁。

(40) 垣花豊順「米国の沖縄統治に関する基本法の変遷とその特質」（宮里編、前掲『戦後沖縄の政治と法』所収）三三四―三四四頁。

(41) 垣花、前掲論文、三四五―三四八頁。河野康子『沖縄返還をめぐる政治と外交――日米関係史の文脈』（東京大学出版会、一九九四年）二九―六二頁。原、前掲書、二四九―二八五頁。

(42) 垣花、前掲論文、三四八―三五七頁。

(43) 同前。宮里、前掲論文、四七―六八頁。

(44) George, B. J. Jr. 1964. "The United States in the Ryukyus: The Insular Cases Revived", *New York University Law Review*, 39 (5), pp. 785-815. なおジョージの論文は、プエルトリコの同時代的状況を肯定し、琉球列島における米国憲法の人身保護条項適用について、支配を受ける住民を除外し、在住する米国市民にのみ適用することを求める内容である。

(45) Sedgwick W. Green, "Applicability of American Laws to Overseas Areas Controlled by the United States," 781. グリーンによれば、この論文は、関連地域に対する米国の管理に基づく法（statutes）の適用可能性・妥当性を明らかにするために執筆したという。なお、『ハーヴァード・ロー・レヴュー』は、一九世紀末に米国が外国の領土を獲得する際にも根拠となる議論を掲載した雑誌である。Efrén Rivera Ramos, "The Insular Cases: What Is There to Reconsider," in *Reconsidering the Insular Cases: The Past and Future of the American Empire*, eds. Gerald L. Neuman and Tomiko Brown-Nagin（Cambridge: Harvard University Press, 2015）: 29.

(46) Green, "Applicability of American Laws to Overseas Areas Controlled by the United States," 781.

(47) なお、その他の琉球列島判決として、現時点で確認できたものは以下の通りである。（1）一九五四年、ハワイにおける沖縄出身移民の法的地位をめぐって、移民国籍法でいう「外国人」であるかどうかが争われ、日本国籍を維持する「外国人」と判示された合衆国対ウシ・シロマ事件（United States v. Ushi Shiroma, 123 F. Supp. 145）。（2）沖縄在住のハワイ出身日系米国市民であるベネット・イケダが詐欺罪で起訴され、米国民政府裁判所によって有罪判決を受けたが、裁判の合憲性に疑問を付し、一九六二年にコロンビア特別区連邦地方裁判所に人身保護令状を提出した事件（Ikeda v. McNamara, H. C. 416-62, D. D. C., Oct. 19, 1962）。ただし、イケダの件で公判が開かれたかどうかは確認できていない。（3）米国市民との婚姻によって市民権を得たエイコ・ウエハラ・ローズ（上原栄子）が米国民政府裁判所で脱税の有罪が確定したが、米国市民に対する司法管轄権の合憲性をめぐって、一九六六年にコロンビア特別区連邦地方裁判所に訴えて棄却された事件（Rose v. McNamara, 252 F. Supp. 111）、また翌六七年にウエハラ・ローズが第二巡回裁判所に上訴し、棄却された事件（Rose v. Mcnamara, 375 F. 2d 924）。
（1）については、沖縄出身移民の米国籍を否定した事件として、ユイチロ・オニシが米国の植民地主義を指摘している。Yuichiro Onishi,"Occupied Okinawa on the Edge：On Being Okinawan in Hawai'i and U. S. Colonialism toward Okinawa" *American Quarterly* 64, no. 4（2012）：741-765. また筆者は、琉球住民に日本国籍が維持されるという解釈の先例として、米国民政府がシロマ事件を利用したことに言及した。土井智義『米国の沖縄統治と「外国人」管理——強制送還の系譜』法政大学出版局、二〇二二年、三二頁）。（2）については、米国民政府裁判所に陪審制を導入するきっかけになったことを石田美香が実証した。石田美香「国籍不問の陪審制度——アメリカ統治下の沖縄で成立した要因」、『アメリカ史研究』第四一号、二〇一八年、五二—六八頁）。現在、筆者はこれらを含めた別稿を準備中である。

(48) 近藤卓也「米国連邦不法行為請求権法における行政上の賠償請求制度」、『北九州市立大学法政論集』第四五巻第一・二号、二〇一七年、一—四頁。

(49) 28U. S. C. A. § 943（k）, quoted in Brewer v. United States, 79 F. Supp. 405（1948）.

(50) *Brewer v. United States*, 79 F. Supp. 405（1948）.

(51) *Cobb v. United States*, 191 F. 2d 604（1951）.

(52) *Burma v. United States*, 142 F. Supp. 623（1956）.

(53) ＦＴＣＡに関する琉球列島判決は、砂川恵伸の調査および日本語訳も参照した（砂川、前掲論文）。なお、筆者の調査でも、砂川が言及した事件以外にＦＴＣＡに関する判決は確認できなかった。

（54）*Brewer v. United States*, 79 F. Supp. 405（1948）. 以下、同判決からの引用は出典を省略する。

（55）*Fleming v. Page*, 50 U. S. 603（1850）.

（56）ブリュワー対合衆国判決は、三つの判決をあげている。そのうち、次の二つが島嶼判例である。*De Lima v. Bidwell*, 182 U. S. 1（1901）；*Downes v. Bidwell*, 182 U. S. 244（1901）. 残りの一つは以下である。*Republic Aviation Corporation et al. v. Lowe et al.*, 69 F. Supp. 472（S. D. N. Y. 1946）.

（57）*Cobb v. United States*, 191 F. 2d 604（9th Cir. 1951）. 以下、同判決からの引用は出典を省略する。

（58）*United States v. Spelar*, 338 U. S. 217（1949）. グリーンによれば、スペラー判決の結果、租借基地が「外国」であることが明確になったとされる。Green, "Applicability of American Laws to Overseas Areas Controlled by the United States," 808. なお、第九巡回区連邦控訴院は、沖縄島が「外国」であると判示するため、その他に先述の沖縄島に関するブリュワー対合衆国事件（*Brewer v. United States*, 79 F. Supp. 405（1948））、サイパン島のブルネル対合衆国事件（*Brunell v. United States*, 77 F. Supp. 68（1948））、在ベルギー米軍に関するストラネリ対合衆国事件（*Straneri v. United States*, 77 F. Supp. 240（1948））を示し、各地域がＦＴＣＡの適用除外となる「外国」であるという結論を参照した。

（59）*De Lima v. Bidwel*, 182 U. S. 1（1901）.

（60）コッブ判決によれば、「事実上の主権」とは、占領当局がもつ「最小限の権限（the bare power of the occupying authority）」から生じているという。

（61）*Burna v. United States*, 142 F. Supp. 623（1956）. 以下、同判決からの引用は出典を省略する。

（62）*United States v. Ushi Shiroma*, 123 F. Supp. 145（1954）.

（63）*Brunell v. United States*, 77 F. Supp. 68（1948）.

（64）ここで、米国が琉球列島に連邦法を適用し、一定の「国内」化をした事実についてはプライス法を想起してもよい。その他、大統領行政命令第一〇八五四号「一九五八年連邦航空法の適用拡張について（Extension of the application of the Federal Aviation Act of 1958）」（一九五九年）、および同令から琉球列島を除外して連邦航空法の一部適用を定めた大統領行政命令第一一三二六号「琉球列島における航空輸送の規則（Providing for the Regulation of Air Transportation in the Ryukyu Islands)」なども参照すべきである。

(65) Green, "Applicability of American Laws to Overseas Areas Controlled by the United States," 793. なお、どの判決が島嶼判決に含まれるかは研究者によって異なっている。本論では、バーソロミュー・H・スパローによる島嶼判決のリストを参照した。Sparrow, *The Insular Cases and the Emergence of American Empire*, 259–263.

(66) *Downes v. Bidwell*, 182 U. S. 244 (1901).

(67) *Neely v. Henkel*, 180 U. S. 109 (1901).

(68) *Ochoa v. Hernandez*, 230 U. S. 139 (1913).

(69) *Dooley v. United States*, 182 U. S. 222 (1901).

(70) 北川、前掲書、六二―八八頁。

(71) 同前、六二―六五頁。

(72) *Downes v. Bidwell*, 182 U. S. 244. 以下、同判決からの引用は出典を省略する。

(73) 北川、前掲書、七四頁。なお、裁判の過程で、議論の関心は、関税にもましてプエルトリコの住民を米国市民として迎え入れるべきかどうかに集まっていた。Edgardo Meléndez, "Citizenship and the Alien Exclusion in the Insular Cases," 119–120.

(74) Burnett and Marshall, "Between the Foreign and the Domestic," 16.

(75) Burnett and Marshall, "Between the Foreign and the Domestic," 11.

(76) Burnett and Marshall, "Between the Foreign and the Domestic," 13.

(77) José A. Cabranes, "Some Common Ground" in *Foreign in a Domestic Sense*, eds. Burnett and Marshall, 39–47.

(78) *DeLima v. Bidwell*, 182 U. S. 1 (1901).

(79) Burnett and Marshall, "Between the Foreign and the Domestic," 13.

(80) Efrén Rivera Ramos, "Deconstructing Colonialism: The 'Unincorporated Territory' as a Category of Domination," in *Foreign in a Domestic Sense*, eds. Burnett and Marshall, 112.

（81）Amy Kaplan, "Where Is Guantanamo?" *American Quarterly* 57, no. 3（2005）：842.

（82）豊下楢彦「講和条約第三条と安保条約――「犠牲の要石」としての沖縄」、古関彰一・豊下楢彦『沖縄　憲法なき戦後――講和条約三条と日本の安全保障』みすず書房、二〇一八年、四九頁。

（83）カプランによれば、グァンタナモ基地の収容所で囚人の人身保護権を否定する米国政府の論理は、キューバが同基地の主権をもつからというものであった。米国は米西戦争で占領したキューバの独立を承認する一方で、その後もキューバ革命まで軍事的・経済的に介入し続けた。カプランが述べるように、米国がある地域を排他的に管理するにもかかわらず、その地に対する米国の主権を否認するやり方は、「米国の一世紀以上にわたる帝国的戦略」であり、長い歴史をもつ。Amy Kaplan, "Where Is Guantanamo?," 834.

Ⅶ　植民地統治性研究の地平と沖縄研究

森　啓輔

一　問題の所在――縮小化するディシプリンを再組織化するために

近年、沖縄をめぐる歴史研究において、認識論的前提がディシプリンによって細分化され、議論されないために、社会科学や人文学における歴史研究の相互参照可能性が著しく低下しているように思われる。これは単に筆者の杞憂であれば良いのだが、理論的にしろ、メタ理論的にしろ、ディシプリンを問わず歴史研究者の世界の見方の共通点が喪失しているからなのではないか[1]。とりわけ沖縄（をめぐる）研究は、若手研究者が増えてきたとはいえども、ニッチな領域であることに一寸の変化もない。つまるところ、歴史的に見ても、少数の集団によって、個別の学問分野での孤独な鍛錬がなされてきた領域ではなかったたか。

しかしこれは結果として、隣接分野における研究の進展を、自らの分野の限界や利点などを踏まえながら学ぶ契機を、著しく失わせることになってはいないだろうか。そのような流れの先に見えるのは、個別ディシプリンの縮小再生産、人文社会科学をめぐるポスト削減の加速、そして研究の担い手の減少という現実の加速化以外の何物でもない。

そもそも上記のような疑問を持つに至ったのは、英語圏やドイツ語圏で強制的に何かを書かざるを得なかった筆者に特有の個人的問題なのかもしれない。たとえば社会学（と社会科学）を自認する言説であれば、論文や著作内における先行研究批判の中に確実に理論的な整理が、方法論的な整理とは別に明記されていることがほとんどである。英語圏やドイツ語圏では歴史学でも、普遍的なものとして理論化されうるという意味における理論は存在しないものの、物語の枠組（＝歴史観）を理論とともに組み立てていく傾向が強いように思われる。言い換えれば、社会科学のように一般法則の定立を前提とはしていないものの、歴史学でも確実に、史料批判だけではなく理論的な含意や分析視角の新規性が、他の研究との比較において表明されていることが少なくない。(2)

そもそもこのような理論的な含意がなぜ欧米圏（とりわけ英語圏）では必要なのか。第一に、読者の規模が大きいことが挙げられる。読者が多ければ多いほど、一般的に個別の事例の説明力は弱まる。読者は事例に惹きつけられるというよりもむしろ、事例の分析視角や考察の基盤にある理論的視点の新規性に興味を持つ。だからこそ、理論的な含意は極めて重要となる。たとえば筆者がフィールドとする、沖縄本島北部東海岸における森林政策と軍事占領の関係について興味のある読者はほとんどいないとしても、軍事占領と森林政策を軍事と資本をめぐる相関的な過程として理論化すると、同様の傾向が世界のどこかで見られれば、読者の注意を引くことが可能となる。理論の力はこのようにして、理論そのものが事物の秩序を直接的に指示していないにせよ、抽象的な水準において発揮されるわけである。

沖縄研究のような小規模地域研究の場合、所与のディシプリン内部においても、諸ディシプリン間の交流においても、ニッチな個別の事例に安住せず、むしろ理論的・メタ理論的含意に基づいた交流のほうが、研究交流における知見の交換可能性が高まるはずである。もちろん、理論がどういうものかは学問によって異なるけれども、人文学と社会科学における諸理論は、翻訳不可能性にまでは至らないというのが筆者の見解である。

と言われても、すぐさまこう反論する読者もいるだろう。欧米言語圏で仕事をしているわけではないから、これには当たらない、と。あるいは、沖縄を対象としていても、ディシプリンの垣根を越えるのは困難であるから、その中で自分ができる範囲で背伸びをせずに着実に研究を重ねていけばいいのだ。むしろディシプリンを越えるなど非専門家の戯言である、と。それぞれの反論に一定の合理性があることはもちろん首肯するし、むしろそうしたほうがよい領域もあるだろう。しかしながら、これらに対しては以下のように主張したい。経済的な事物の統治の論理があらゆる空間を侵食していく現在において、我々が発明しなければならないのは、理論や歴史観そのものの歴史化を通した、新たな研究プロジェクトの枠組の発明ではないだろうか。大それたことを述べているのではない。むしろ慎ましい営みですらある。おそらく、ミシェル・フーコー以降のネオ・フーコー主義者が行ってきた歴史研究に学ぶことが、その一つの答えになるだろう。

そこで本論は、社会学と地域研究を専門とする筆者の視点から、フーコーにより一九七〇年代後半に萌芽的に展開され（重田 二〇一八、一一一二）、後に他の研究者らにより学際的に蓄積されてきた統治性研究（Governmentality Studies）の中でも、植民地の統治実践の系譜を対象とした研究領域である植民地統治性研究（Colonial Governmentality Studies）に焦点を当てる。そこから、琉球列島・沖縄をめぐる統治実践をひもとくための枠組について考察する。

以下では第一に、統治性研究と（ポスト）植民地統治性研究の特徴について論じる（二・三節）。第二に、（ポスト）植民地統治性研究の研究蓄積や、統治性でないものについて紹介する（四〜六節）。第三に、琉球列島・沖縄を対象とした（ポスト）植民地統治性歴史分析の基本的な枠組を提示し、先行研究を考察しながら展望を示す（七節）。

二　植民地統治性研究とは何か

1　統治性研究の系譜

統治性研究とは、統治実践の知とテクノロジーを歴史的に描く立場であり（重田 二〇一八）、そこには統治の知—権力の具体的な結びつきと、抵抗を内在した複数の統治実践の重層的決定が認識論的前提としてある。(3) 一九九〇年代以降の人文社会科学において、英語圏を中心としてネオ・フーコー主義的な統治実践をめぐる研究群が、社会科学や人文学の諸ディシプリンを横断する形で展開してきた。(4) 統治性研究は、フーコーが一九七〇年代後半のコレージュ・ド・フランス講義で展開した統治をめぐる知の系譜学（統治性研究 Governmentality Studies）を批判的に継承しながら、ネオ・フーコー主義的な歴史記述として現在まで展開している。(5)

しかしながらこの視座は、琉球列島・沖縄をめぐる統治実践の研究にとって、有用な歴史的系譜が担保されているとは必ずしもいえない。政治社会学者のウィリアム・ウォルターズ（William Walters）は、統治性研究が統治実践の具体的な文脈を重視するがゆえに陥ってきた問題点について、二点挙げている。一つめは、ヨーロッパ中心主義の問題である。統治性研究は、統治実践が誕生した文脈（国家理性はイタリア半島、オルド自由主義は第二次大戦後の西ドイツで誕生など）を重視する研究方針ゆえに、フーコーも含めてヨーロッパ近代やヨーロッパ的なものの歴史経験に注視してきた。これにより、非ヨーロッパや旧植民地などの分析が看過されている（Walters 2016＝2012：139–40）。二つめは、ヨーロッパで誕生した「統治の過剰」を制御する仕組みである自由主義を対象としてきたことによる、多様な権威主義的実践の看過である。自由主義の多様な様態——古典的な政治経済学の自由主義、福祉国家の社会主義的な自由主義、新自由主義——の考察は、それらがしばしば暴力や支配を伴って形成されたことを見過ごしてしまう（Chamayou 2018＝2022、酒井 二〇一九、森 近刊、Walters 2016＝2012 : 144–5）。この統治性権力の側面を、フーコーが西欧の統治史で析出した、「主権・規律・統治的管理という三角形」（Foucault 1991 : 102＝2007 : 132）における国家化のプロセスとして、「行為の操導」の分析に還元できない「生と死の主権的・生政治的権力の行使の偶発的内容に対して位置づけ」（Dean 2002 : 123）る必要がある。そこで参照されるべきなのが、植民地統治性研究の研究群である。

2　植民地統治性研究の対象

植民地統治性研究とは、フーコーが対象としたイタリアにおける主権やドイツにおけるオルド自由主義など、西欧中心的な統治実践の知とテクノロジーを分析する傾向を批判し、むしろ（旧）植民地地域の特定の時空間における統治実践の系譜を描こうとする学際的な研究群を指す。地域研究として見れば、南アジア諸国を中心として、アフリカや南米を包括する植民地経験がその基盤となっている。

植民地統治性研究は、ポストコロニアリズムの潮流の一つと位置づけられる（Legg 2007）。ただし、日本語圏で比較的良く流通するファノンや初期サイードなどによる、植民者の振るまいや被植民者の精神に焦点を当てた研究ではなく、植民者や被植民者、植民地における近代、経済、議会、人口、自己などのカテゴリーが、多様な戦略をその内部に持つ統治実践としてどのように登場し、成立したのかを、植民地における政治的合理性に注目しながら歴史的に問う点が特徴的である（Scott 1995 : 193）。以下、少し詳しく論じよう。

文化人類学者のデイヴィッド・スコットは、一九九〇年代中葉に「植民地統治性（Colonial Governmentality）」という影響力のある論文を執筆し、フーコー主義的な統治性論の（旧）植民地統治実践への適用を試みた。当時、植民地主義批判の言説は、主に二つのカテゴリーに分割可能であった。すなわち「植民地主義の被植民者に対するふるまいや、その排他的な言説や実践をめぐる問題」、つまり「被植民者の人間性からの排除（植民地の人種主義）や、政治的主権制度からの排除（植民地主義の誤ったリベラリズム）のいずれか」（Scott 1995 : 192、強調は原文、以下同様）を中心に構成されていた。前者の人間性からの排除に関する代表的な論者は文学者のエドワード・サイード（Said 1978）、後者の政治的主権制度からの排除に関する代表的な論者は歴史家のラナジット・グハである（Guha 1989）。これら著者が進めてきたのは、言説における認識論的暴力や制度的排除に対する被植民者からの積極的な抵抗を可視化するという批判的実践であった。

スコットはこれら重要な先行研究の貢献を認めつつも、上記のような植民地化された人々に対する権力の包摂か排除かをめぐる先行研究の前提には関心がないと言い切ることで、異なる理論的・政治的視座を導く。それは、「植民地権力の政治的合理性（political rationality of colonial power）」（Scott 1995 : 193）と呼ばれるものの歴史的探求である。上記と同義である植民地政治的合理性（colonial political rationality）とは、植民地権力が支配の効果を生み出すための実践として組織される方法を特徴づけるものである。ここで明らかにされるべきはまず、「植民地権力の諸標的（権力の諸作用点、権力の目標とする対象ないしは諸対象、これらの作用点や対象を探す際に動員される手段や道具）と、それら実践の領域（その機能のために能動的に構築される領域）」（Scott 1995 : 193）である。

この視座は、サイードやグハのようにヨーロッパに抗って「書き返す（writing back）」ことで、西洋を「脱中心化」させるものではない。また、フランツ・ファノンの以下のような周知の言明、つまり「ヨーロッパのあらゆる街角で、世界のいたるところで、人間に出会うたびごとにヨーロッパは人間を殺戮しながら、しかも人間について語ることをやめようとしない。このヨーロッパに訣別しよう」（Fanon 1963 : 311＝1996 : 308）という立場から、ヨーロッパを歴史的に普遍的な主体として展開する植民地的習慣を反転することだけを求める、ファノン主義者になるのでもない。あるいは、かつての政治学者・人類学者のパルタ・チャタジーのように、植民地国家と近代国家の形態を区別することで、前者の特異性に焦点を当てるようなものでもない（Chatterjee 1993 : 14）。そうではなく、植民地統治と宗主国統治の実践は、分かちがたく結びついており、植民地統治内部においても、政治的合理性によって異質な統治実践が結びついている。近代国家における統治の知やテクノロジーとの共通性を基盤としながらも、なお植民地統治内部における差異を析出することにこそ、植民地の政治的合理性の分析は主眼を置く。

ゆえに政治的合理性の分析においては、「被植民者の生活に挿入された、ヨーロッパの様々な形態が構築した実践、様式、プロジェクトを批判的に問い直すこと」（Scott 1995 : 194）が要となる。植民地主義の統治実践は、「単に植民地主義と一致するわけではない権力形態」（Scott 1995 : 194）の出現と結びついている。これは「旧い生活形態を組織的に破壊して無力化し、その代わりに新しい生活形態を可能に――実際に義務づけるように――構築するのに何よりも関係していた」（Scott 1995 : 194）ものである。この異質なものとの関係性を考える際、ヨーロッパと植民地は断絶可能なカテゴリーではなく、より相互に密接な差異として捉え直されなければならない。またチャタジーも近年、「東洋世界の生活様式があまりにも根本的に異なっているため、世界と人間の関係に対するより代替的でより望ましい概念の可能性を示しているのではないか」（Chatterjee 2018 : 55）というフーコーにより繰り返される指摘に抗いながら、「近代化の具体的な形態が大きく異なっていても、その流れが西洋のそれと不可分に絡み合っている世界各地を理解する上で（…）、より穏健的であるとしても、フーコーをより生産的に利用できること」（同上）を示そうとするようになっている。この点から、（旧）植民地の統治をめぐる問題は、（旧）宗主国の統治研究にとっても、無視できないものとなる。植民地統治性研究はこのように、フーコーを批判的に受容しながら、学際的な垣根を越えて固有の認識論的立場を打ち出しながら展開してきた。

三　統治の三角形——主権・規律訓練・統治性

次に、近代統治性と植民地統治性の差異はどのようなものなのか、を論じる前に、フーコーの統治性論を短く復習しよう。

フーコーは、統治性の出現を、近代市民社会の誕生を積極的に構成する規範的支配を構築する権力形態とともに考察する。このような歴史化は、自由主義やマルクス主義の物語における国家、つまり権力の不在と自由の充足として想像される市民社会と対立する、巨大で魔術的な権力の特権的領域として、国家を「過大評価」(Foucault 1991 : 103 = 2007 : 133) しない形で歴史を描くことを目的としている。フーコーの関心は、近代ヨーロッパにおける、一見矛盾する二つの権力様式を同時に組み合わせた、新しい形式の政治的合理性の出現に端を発する。一方は全体化・中央集権化、もう一方は個人化・規範化の傾向である (Scott 1995 : 201–2 ; Foucault 1979)。この新たな政治的合理性が、統治的合理性ないしは統治性と呼ばれるものである。

一六世紀から一七世紀にかけて、個人の潜在的な能力に働きかけ、個人の行動を再構築するための体系的な懲罰技術や、共同体の秩序と善行の維持を細かく規律化するための「ポリス (police)」の制度が生まれる一方、重商主義は概して「主権 (sovereignty)」という旧い政治的合理性の目的の中に留まっていた。なぜなら政治的問題は、何よりも国家の維持と強化であり、非ヨーロッパ世界の征服、植民地化、搾取を通じた、軍事的、商業的ライバルに対する王の富と権力の強化であることに変わりはなかったからだ。実際、一八世紀末に政治的計算の対象として「人口」が出現して初めて、「統治」によって主権の問題を置き換える歴史的条件が整った (Scott 1995 : 202)。これが、フーコーの述べる国家の統治性化のプロセスである。

スコットは、このようにして歴史的に登場した主権・規律訓練・統治性による統治の三角形としての政治的合理性に、二つの区別を持ち込む。一つめは主権と統治性の間、二つめは規律訓練と統治性の間の区別である。

第一は、主権と統治性の間の政治的合理性である。主権の政治的合理性の中では、個人は王の絶対的権威に依存し、その権力と保護に服従する臣民である。ここで法は、服従を命じるという第一の政治的目的に向けた直接的な手段、道具として配置される。他方フーコーは、ギヨーム・ド・ラ・ペリエールの統治論（『政治の鑑』、一五五五年）の読解を通して、統治について、「人間たちに法を課すことがではなく、物事を処分することが問題となる。つまり、法よりもむしろ戦術を用いること、というか法［自体］を戦術として最大限に用いることが問題となる。いくつかの手段を用いてこれこれの目的が達成されるようにはからうことが問題となる」（Foucault 1991 : 95＝2007 : 123）と述べる。これは単に国家機構の能力が拡大したのではなく、権力の作用を生み出す新しい場――社会的なものという新しい自己規制の場――が出現したことにより可能となる、新たな権力の形式である。ここで、国家は部分を構成するに過ぎない統治性という新たな枠組が明確化される。なぜならこの権力は、世論、私有財産、分業、市場、司法など、統治を支える手段や制度の配置や処分によって、利害の同一化への傾向が働き、新しい権利を持ち、自己統治する主体がなすべきことをなすように操導するからである（Scott 1995 : 203–4）。

第二は、規律訓練と統治性の間の政治的合理性である。一七世紀から一八世紀にかけて漸進的に拡張された権力の微細なテクノロジーとしての規律訓練権力は通常、ミクロレベルでの技術や装置を通じて作用する。具体的には、規律訓練は特定の活動に心や身体を慣らすことと関係する。精神的または肉体的な能力を体系的に鍛え、単純な操作に分解された複雑な動作を継続的に反復し、これらを個別の能力として構築することで可能となる。しかし統治の合理性はこれとは異なる働きをする。学校での知的規律訓練、労働施設や工場での身体的規律訓練、あるいは警察による社会的規律訓練など、規律訓練が標的の身体に積極的に働きかけるのに対して、統治性はこのような細部にまで及ぶ規制を行わず、人口の群れの水準で働きかける。

上記のような主権・規律訓練・統治性が重複する政治的合理性を踏まえながら、植民地統治実践の歴史を研究しようとするのが、植民地統治性研究である。ここでのポイントは、ヨーロッパにおける国家形態が植民地において単純に複製されるという平凡なものではない。むしろ、ある歴史的瞬間における植民地権力のプロジェクトを理解するためには、それを構成する政治的合理性の性格を理解しなければならないということである。このような理解にとって重要なのは、植民者が被植民者に対してどのような態度をとっていたか、あるいは植民地主義がネイティヴを排除していたのか、あるいは包含していたのか、そのようなことではない。むしろ重要なのは、植民地支配の作用点、その標的、そしてそれが包含しようとしていた言説的、非言説的領域を見極めようとすることなのである（Scott 1995 : 204）。

このようにして、（旧）植民地との関係において近代に関する問題を批判的に再考することは、近代化の物語を書きかえることを伴うはずであるとスコットは述べる。このような枠組を通した賭けから、植民地統治性研究は出発する。

四　近代的統治性と植民地統治性の差異

スコットによる前述の論文発表以後、植民地支配の政治的合理性を分析する研究が蓄積された（Heath and Legg 2018 : 8）。これらは国家の統治化（Kalpagam 2014 ; Prakash 1999 ; Saha 2013）、法と刑罰（Birla 2009 ; Brown 2014 ; Chatterjee 1999 ; Hussain 2003 ; Kolsky 2010 ; Sen 2000）、医学と科学（Arnold, 2000 ; Prakash 1999）、都市計画と建築（Glover 2007 ; Legg 2007）、環境（Sivaramakrishnan 1999）など多岐にわたる。また研究者たちは、植

民地プロジェクトが主体を生み出す性質（Dirks 2001；Dube 1998；Seth 2007）や、ネイティヴの統治化プロジェクトの出現（Alter 2000；Berger 2013；Gupta 1998；Heath 2010）についても検証してきた。また、ポスト植民地統治性についても、豊富な研究成果が現れている（Chatterjee 2011；Sunder Rajan 2003；Zamindar 2007）。

歴史学者・人文地理学者のディアナ・ヒースとスティーヴン・レッグは、（非）自由主義、暴力、社会的／政治的なもの、経済、共同体に注目した南アジアの植民地統治性研究群が明らかにしてきた五点を挙げている（Heath and Legg 2018：14–19）。以下、それらについて少し詳しく見ていこう。

第一は、言説に関する差異の知見である。これは植民地主義の現場からではない地点から生起したものであり、いかにして（政治的諸権利と自己決定に寄与する概念のまとまりとしての）自由主義は、（政治的支配としての）帝国を正当化したのか（Mehta 1999）、ということについての知見である。フーコーの近代的統治実践における自由主義的な主体の強調は、「不自由な統治」（Hindess 2001）や、自由主義的統治が目的を達成するために「専制的」手段を必要とするという矛盾した統治体制（Valverde 1996）についての研究を通じて、植民地主義の差異の発見のために利用された。

第二は、植民地国家の暴力についての差異の知見である。アフリカの場合、国家を特徴づけるのは、自由主義的な生政治（biopolitics）よりも、植民地の死政治（necropolitics）であった（Mbembe 2001）。しかしインドにおいて文明的で組織化された原初的統治性（proto-governmentalities）に直面した際、植民地的暴力は常にパラドクスに直面した。つまり、彼らが理解できると思われていた言語（暴力）で「ネイティヴ」を罰することで、植民者が想像していた被植民者の激しい野蛮さに、自らが酷似するようになったのだ（Rao and Pierce 2006）。植民地的差異において「ネイティヴ」は、自由主義的な同一性を増大させるという名目のもとに、法を超越したり、法を通じて、規律訓練的な暴力により罰せられることになる。また一九世紀の植民地インドにおいて体系化された支配の技術としての拷問を分析するなかで、統治性が拷問犠牲者を（ジョルジョ・アガンベンが述べるところの）「剥き出しの生」に還元するための仮面として機能することで、犠牲者を容赦なく殺害することを可能にした方法が考察された（Heath 2018）。あるいは拷問は、肉体的な暴力ではなく、科学的な尋問を通して強制的に真実を生み出してもきた（Legg 2018）。また、植民地時代の法的暴力は、統治性の外部でかろうじて生き延びた主権のありふれた暴力ではなく、植民地統治性のミクロ権力を通した暴力であったことも明らかにされた（Kolsky 2010）。それは、法廷において法的に構成された認可や、許可された不正行為、人種的・生政治的専門知識を持つ法医学、農園労働者に対する暴力などを通じて行使された。さらに植民地統治性は、植民地主権を例外的なものにする超法規的暴力の形態も可能にする（Mbembe 2003）。

第三は、社会的・政治的変容の性質と、統治性が操導しようと試みてきた領域についての差異の知見である。この系譜では、これらの変容が何であり、いつ生じたのかについての激しい論争が展開している（Menon 2009）。これらの議論を超えて強調すべきは、インドの社会的世界に植民地主義と近代性の認識論的な暴力的侵入が観測されることだ。ゆえにこれら社会的侵入の継続的な暴力を研究する方法の発見が求められる。換言すれば、明確に識別可能な主体によって演じられる「主体的」暴力の形態だけではなく、構造的・象徴的暴力といった客観的形態、さらにはそうした形態間の相互関連性を研究する必要がある（Heath 2018）。一つの方法は、ネイティヴ・エリート社会のミクロ暴力を検証することかもしれない。フーコーとアガンベンを結びつけて、インドでの国家と市民社会の共同による市民権の放棄過程を、より積極的に人種的なものとして分析する研究もある。そこでは特定の国家・民族主義の努力によって、国家から市民社会へと強制的に外部化され、国家の特定の断片（ここでは売春婦）を包摂すると同時に排除することで、市民権の廃棄過程が構成されることが示唆されている（Legg 2014）。

上記の分析が、政治を包含したり排除したり、構造的・個人的な暴力を行使したりする主権の能力に基づいてアプローチする一方で、他の研究は、統治性が社会的なものと政治的なものの間の境界をまさに作り上げる過程を考察している。インドの歴史における社会的なものとしての統治性と政治的なものの異なる力学を言語化するために、「開発性（developmentality）」という概念が機能する可能性も考察されている（Banerjee 2018）。

第四は、植民地経済の採掘的（extractive）性質についての差異の知見である。これは植民地経済を、資源採掘、積極的な低開発、余剰軍隊の資金調達、都市と農村の投資、農村における原初的蓄積、都市と地方における後援と協力、闇市、インフォーマル経済、年季奉公、拘束・奴隷労働、階級形成といった観点から考察してきた研究群であり、マルクス主義との交差点でもある。たとえば、測定、会計、分類の様式を研究することで、資源、人口、規律訓練の間に新しい経済関係が形成される過程が考察される（Kalpagam 2000, 2014）。あるいはフーコーとアンリ・ルフェーブルから、インドのインフラと経済の時空間圧縮が、その後に文化的・国家的形態を取ることになるバ
ラ
ー
ト
（インドの対内的な国名）を生み出すのにいかに役立ったのかが考察される（Goswami 2004）。また、最も包括的なものとして、植民地時代とナショナリズムの論争において、資本主義を実践する現地人を新しい「インドの経済人」に変容させる方法をめぐる、市場ガバナンスの役割についての研究がある（Birla 2009）。

第五は、コミュニティを生産するための宗教的動員についての差異の知見である。最後の相違点は、植民地的言説と民族主義的言説の双方において、宗教的共同体がどのように形成されたのかを示し、インド国民が宗教的分裂を受け入れるようになった過程についての研究である（Chakrabarty 2002）。植民地統治性は「近代エスニシティの統治的根源」（同上）を明らかにすることが可能であり、国勢調査、地図、市場経済、民主的比例制の名の下に共同体を作り上げようとする試みとして追跡されている。さらにこれらの研究は、ナショナリズムを統治性の一つとして分析する視座を拓いている（Chatterjee 2011；Hodges 2008；Kuracina 2010；Moffat 2013；Prakash 1999）。

五　ポスト植民地統治性の差異

南アジアにおけるポスト植民地統治性の差異に関する研究は、南アジア地域における植民地期以後の民主主義、開発、新しいサバルタンの登場、そして都市のガバナンスに注目してきた（Heath and Legg 2018：22–3）。独立初期のインドにおける「マルチチュード」の規律と主権の大衆的基盤に関する分析（Chakrabarty 2007）では、統治としてのナショナリズムと、運動としてのナショナリズムの差異が論じられた。独立後半世紀の成果である成人普通選挙と連邦国家の再編成が、量的には拡大したが質的には変化しない国家によりなされた結果、国民がかつて無いほど集中的に国家に取り込まれるようになった（Chatterjee 1998）。また民主主義の要求が、ポスト植民地統治性においては重要な契機となる。ただし民主主義や政治、権利に関する組織や議論を通じて市民社会に関わるよりもむしろ、政策と市民化に抵抗する政治社会における統治性の技法を通じて、広範なサバルタン層を含む大衆が関わるようになった（同上）。一九四〇年代以降の多くの欧米諸国のように、福祉の権利が市民権として国民に拡大されたのではなく、市民権の規範を超えた超法規的な手段を通して大衆の主張が満たされることが増えたのだ（Nigam 2014）。

このような統治性の浸透に対し、ポスト植民地主義的な開発性から見捨てられたり標的にされたりしている人々が、これに包含されない主権（特に権利）を、反撃のための資源として利用する実践が展開する（Agrawal 2005；Chatterjee 1997；Legg 2006）。開発主義と言説、環境の結合を分析するために、フーコーとマルクスを併用した研究も多数ある（Gidwani 2008；Sanyal 2013）。主体の編成に関しては、ポスト植民地統治性とサバルタン論（Spivak 2000）や、新自由主義的な「ガバナンス・フェミニズム」に対する倫理的自己形成（Roy 2018）に関する考察が、新自由主義的な開発性を批判的に分析している。また、都市論としては、スラムの住民や都市生活者と統治性に関する考察が蓄積されている（Ghertner 2010；Appadurai 2001）。

六　統治性でないものは何か

「統治性でないもの」についてフーコーは、社会主義には「統治の行為の範囲、様式、目的に関する合理的で計算可能な尺度」が欠けていると指摘したことは有名だが（Foucault 2008：92）、統治性の境界を、「『抵抗』という厄介なカテゴリー」（Heath and Legg 2018：26）を通して考える方法をヒースとレッグは提案している。一九七七年以降のフーコー講義は、統治性における抵抗（反操行・批判・パレーシアなど）を扱っている。抵抗のカテゴリーが厄介なのは、抵抗が「統治性の境界を試し、問題化を通じて統治性に内面化されその進化を強要するか、あるいは頑なに外部にとどまる」（同上、二七）性質を持つ両義的なものだからだ。しかしだからこそ、抵抗の分析は、統治性の限界を析出する重要な視座となる。このような観点から抵抗、拒否による創造、監視から逃れた人々や動物の痕跡に注目した植民地統治性研究も展開している（Chatterjee 1999；Chatterjee 2011；Hodges 2018；Roy 2018；Saha 2018）。

七　沖縄研究における（ポスト）植民地統治性研究の展開

右にみた（ポスト）植民地統治性の研究枠組を、沖縄をめぐる研究領域に適用しようとすれば、どのような差異を念頭に置く必要があるか。ここでは厳密な定義づけというよりも、近代日本における統治対象として沖縄が再編されていく条件の、南インドとの差異を考慮しておくことにしよう。これら諸条件は素描のようなもので、近代史研究を専門としない筆者には手に余るものであるにせよ、このような枠組から批判的な研究群が現れてくることを期待したい。

筆者の見立てでは少なくともそれは、南インド地域のようにウェストファリア条約以降の国際関係において相互承認された近代（宗主国）国家と、主権を持たない植民地国家という枠組とは異なる関係性を考慮に入れることが必要だと思われる（土井 二〇二一参照）。つまり時間軸であえて通俗的な国家的なものに単純化して区切るならば、近代的国際関係や日本の近代国家の成立に伴う琉球王国の併合と沖縄県化の問題、近代国家日本における沖縄県の「近代化」の諸条件、第二次大戦下の「非常時」における戦争をめぐる統治性、米国・米軍・戦後日本・琉球政府の関係における統治性、施政権返還後の沖縄県化と日本・米国政府との間の統治性、が少なくとも存在する。このように近代的国際関係の構成と相関的に、社会的なものや経済的なものが、規律訓練と統治性権力の動員によって出現するだろう。

ところで、近代以降の沖縄（県）や米軍統治下の琉球列島が「植民地的」としばしば形容されるのは、宗主国的位置づけにある日本や米国などの国家との関係性を条件とした差異が前提とされているからだと思われる。これを踏まえつつ、やや広い定義だが、統治化された国家間の諸力の不均衡な関係を以て、植民地性を措定してみたい。これは国際関係論の主流の立場の一つのように、沖縄や琉球列島をウェストファリア・システムとしての主権関係のリアル・ポリティクスの認識論に閉じ込めるものではない。あるいは、中心と周縁という世界システムによる経済決定論の認識論下において、沖縄を経済的周縁のみに位置づけるものでもない。そうではなく、統治の三角形、つまり主権、規律訓練、統治性による国家の国家化過程として捉え直すことで、植民地としての琉球列島・沖縄においても、前述したように、「世論、私有財産、分業、市場、司法など、統治を支える手段や制度の配置や処分によって、利害の同一化への傾向が働き、新しい権利を持ち、自己統治する主体」が、積極的に生産されたことが明らかになるのではないか。そこでは、国際関係と内政と社会が、スケールを超えて統治実践によって結びつく歴史が析出されるはずだ。このような観点によって、ミクロ権力が作用する（ポスト）植民地統治性の実践と効果を、知―テクノロジーの具体的な水準で明らかにできると考える。さらには、具体的な実証を踏まえながら、他の研究方法と接合することも可能であるはずだ。

便宜的には、（1）近世、（2）近代から第二次大戦まで、（3）第二次大戦中、（4）第二次大戦後から一九六〇～七〇年代、（5）一九六〇～七〇年代から現在、に区分した研究が考えられうる。[6] 以下、これを踏まえて、近年展開しているフーコー主義的な歴史記述を対象に、（2）（4）の時期を対象にした知見を参考に見ていこう。[7]

1　近代から第二次大戦まで

徳田匡（二〇二一）は、近代沖縄の代表的知識人として知られる伊波普猷の思想と理論を対象とし、近代沖縄が成立する際の政治的合理性を、伊波が同時代の諸科学の最先端の知見を動員することでいかにして正当化したのかを、科学史と言説分析の水準において考察している。伊波はこれまで、新川明など戦後沖縄の主要な知識人によって、日本へ同化しつつも、同時に異なる他者として近代沖縄を捉えた人物として評価されてきた。しかし徳田は、当時の科学的知識と伊波との関係性を批判的かつ丹念に検証するなかで、伊波が優生学を基盤にしながら、沖縄人の民族的な同一性の確定という政治的合理性を構成していくことを分析する。

米軍が沖縄占領統治のために人種・民族を取り上げたことで有名な、『琉球列島に関する民事ハンドブック』や、『琉球列島の沖縄人――日本の少数民族』の作成においても、伊波をはじめとする沖縄出身者による沖縄研究が資料として多数挙げられていた（徳田 二〇二一、九―一一）。そこで利用されていたのは「民族」であった。「帝国と植民地の関係とは、領土的拡張や支配国・支配民族の文化を被支配国・被支配民族に押しつけるだけではな」（同上、一一、強調は原文）く、「帝国・軍事機関は、自らが影響力を行使する地域の主権・領土を保全し、当該地に居住する人々を自らの意図に沿うように『成形』することが重要であったとさえいえる。こうした戦後の帝国・植民地の関係を支えているのは『民族』というものが『ある』という主張であり、そうした『民族』の歴史や性質に応じてその『自覚』を形成することであり、それによって最終的には直接的に占領しなくても帝国に利益――軍事的・経済的利益――を確保していくことにある」（同上）。ゆえに統治の手段として重要となる「民族」の形成を、歴史を通して批判的に解体していくことが、徳田の分析の目的となる。

徳田は、「民族」を構成する伊波の知―権力を、一九世紀末から二〇世紀初頭に活性化した様々な学問知の系譜の多層的な混交として捉える。それらは、比較言語学、形質人類学、生化学、生物学、遺伝学、民族心理学、社会有機体説、人種交替説、優生学、精神分析、郷土史、植民政策学と多岐にわたる。こうして徳田が明らかにしていくのが「民族性の系譜学」、すなわちフーコーが述べるところの「魂」を統治する知―権力としての「民族性」の歴史的系譜であり、またそれと表裏一体である「民族性」の欠如という言説を通した、帝国による植民地統治の正当化であった。

2　第二次大戦後から一九六〇～七〇年代

次に、第二次大戦後から一九六〇～七〇年代を対象とした研究を見てみよう。米軍政下の琉球列島の統治性研究の知見は、米軍による軍事的政治合理性を明らかにすることを中心的な課題としている。土井智義（二〇二二）は、米軍統治下の琉球列島における市民権付与の法的メカニズムを、主権的な領土分割とそこに住まう人々の戸籍によって人口管理を行う米軍政の法統治性に注目しながら明らかにする。土井は琉球列島という管轄域を、近代的主権国家とは異なる「植民地国家」（同上、七）と定義づけることで、「琉球列島の『国家化』」の過程を読み解く。

そこで注目されるのが、一九五三年と五四年に制定された、琉球列島米国民政府（ＵＳＣＡＲ）による二つの出入管理令である。琉球列島の統治は、旧沖縄県および旧鹿児島県奄美群島等を含む南西諸島をその準主権的領域として(正確に述べればサンフランシスコ講和条約第三条における、国連信託統治に至るまでの米国による排他的施政権の掌握を通して)確定することで、琉球列島の住民を法的に確定した。具体的には一九五二年に制定された「琉球政府章典」において、琉球住民ははじめて市民権を付与された。他方で「琉球人」人口を確定するためには、異なる経路において「非琉球人」が法によって生産されなければならない。

土井は、この「非琉球人」の生産が、一九五三年に日本に返還された奄美出身者を対象に行われることに注目して、琉球人／非琉球人という主体―人口が実体化していく過程を明らかにした。また、「非琉球人」という外国人を内政において生産していく実践は、同時に内政を超えた国家間において特定の個人を引き渡す送還システムが必要となる。土井は、通常主権国家間に限定される送還システムの制度を、主権国家以外の国家も含んだ歴史的実践として、ウェストファリア・システムを想起させる「国際的」という言葉ではなく、「間―国家的(inter-state)」なものとして批判的に考察している点が興味深い(同上、二二五)。

同時に米軍政は、労働力として移動する人々に付与される在留許可の発行などを通して、国籍を根拠にしながら労働力のフローを制御し、個別の身体を法により管理していく。この管理は、異なる貨幣制度によって空間化される住民経済圏と基地経済圏という二つの異なる経済のフローの制御と連動しているからこそ必要な措置となった。このようにして、植民地国家としての琉球列島における統治性の分析がなされた。

また筆者は、戦後の沖縄本島北部における軍政統治の合理性を、森林開発や地域開発、社会運動との連関において考察した。拙著では、これまでの戦後沖縄・琉球列島の林政史の行政中心主義ないしは林政学中心主義的な記述を批判しながら、林政をめぐる統治性の観点からの分析を強調している。とりわけ、米軍統治という主権権力に偏在しがちな視座を相対化し、「主権権力が軍事力、法、司法などを用いながら統治を展開する過程のみならず、経済的合理性の追求、統治者／被統治者が形成される際の二元論的位階化における自由と支配の形態を含む、行政化をめぐる規律訓練や経済的制度基盤の重層性を考察」（森 二〇一五、二〇一〇）することを問いとした。

第一に、米軍林政は、北部森林地域の統治をめぐり、軍事力を背景としながらも森林地域を管理するための知を生産し、記録、数値化、比較などの統計的技術を用いることで、中央集権化を推し進めた。同時に地域住民を動員した草の根の「愛林週間」に公式の地位を与えることで、米軍林政への地域の人々の動員のための「自由」を操導した。

第二に、占領下のネイティヴ政府である琉球政府に行政権限を与え、ネイティヴによる行政執行の「自由」を与えつつ、合理的な間接統治の基盤を作り出した。これは他方で、事実上失敗する軍林政の責任を、琉球政府の林政当事者に移行させることを可能にした。こうして「自由」の付与は「責任」を作り出す条件となるのであった。このような責任の所在のローカル化は、構造的に従属的な行政担当者に、後進的で非科学的な自らの統治に対する限界を認識させせた。これにより、より林政に対する知―権力を持つ日米両政府への同一化という欲望が琉球林政内部に生産された。

第三に、一九五〇年代の「島ぐるみ闘争」以後に、日本政府が琉球列島の政策に、米軍政による統制という限界を抱えつつも、行政的に介入することが可能となった。これにより、米国政府・米軍・日本政府・琉球政府による統治行政の編成が作り出されることになる。このような観点によって、施政権返還という主権的な出来事には回収されない、それぞれの権力体系の多層的な系譜の中での統治実践が分析可能となった。

統治性と抵抗に関する研究については、拙著（二〇一八および近刊）が存在する。そこでは、一九七〇年代末に展開した住民と支援者の直接行動であった、米軍実弾演習場建設計画に反対する国頭村安田伊部岳闘争の分析において、統治と抵抗の相克が分析されている。接収した旧日本政府国有林地域を大部分として構成される北部訓練場は、主権により接収されたが、治水や林政の観点から合理的な開発が米軍政と琉球政府から期待されていた。他方で一九六〇年代よりヴェトナム戦争遂行訓練のための実弾演習場が、一九六五年より同訓練場内で建設され、さらにもう一つの演習場が一九七〇年中頃より地域住民に知らされずに建設されていた。同年末、米海兵隊が実弾演習の実施を琉球政府と国頭村に一方的に通告すると、住民と支援者による実弾発着弾地における直接行動が開始された。

統治に対する反操行としての直接行動に対する米軍側の評価は二分されていた。一方でヴェトナム戦争遂行を至上命題とする海兵隊は、反操行に対して主権と法の力で対抗することを主張する。しかし他方でUSCARは、一九五〇年代より琉球政府と共同で行っていた森林政策により育成中の林野があることや、発着弾地周辺にノグチゲラの保護区域があること、そして日本政府への施政権返還を最優先とする立場から、実弾演習実施に反対する。主権―法の力と統治性の力、これが拮抗した形で、最終的に実弾演習実施は見送られる。

しかしながら、一九七二年の施政権返還時に秘密事項として締結され、九七年にようやく全文が明らかになった五・一五メモでは、北部訓練場の法的地位については、実弾演習訓練は日本政府と米国政府によって必要であれば見直しが可能となっていた（森 二〇一八）。主権が抵抗に禁止の力で対処する一方で、統治性は問題化を通じて抵抗を「内面化」する。抵抗としての社会運動の目的は一部達成されたものの、それは同時に新たな統治性の開始を特徴づけることにもなる、両義的なものである。また、統治実践そのものも、国家の主権的な枠組に限定されず、規律訓練や統治性を媒介した複合的なものとして、国家を国家化し続けていることがわかるだろう。

終わりに――メタ理論を踏まえた統治の歴史研究へ

本論では、メタ理論的なプロジェクトである、統治性研究や植民地統治性研究の蓄積から展開する沖縄研究の展望について考察してきた。統治性研究とは、統治実践の政治的合理性を研究対象とし、国家の統治化のメカニズムを、特定の歴史的・空間的文脈において分析するプロジェクトであった。
植民地統治性研究のプロジェクトは、日本語圏を対象とした研究蓄積はまだそれほど多くない。またディシプリン内部の秩序によって、研究モデルは大きく異なるかもしれない。それでもなお、ある種の地域研究の認識論的な基盤として植民地統治性研究にかける意味は、少なからずある。自由主義やマルクス主義のように国家を怪物として過大評価せず、また構造のみを析出することに満足せずに、個々の主体のレベルで効果を発現する実際の統治実践の知とテクノロジーを追跡しながら、同時に全体化する傾向も問うていく。何よりも統治性研究の積極的な意味は、現在性を問うという点にあるだろう。諸ディシプリンの縮小化傾向に対抗していく意味は、少なくとも植民地統治性研究の研究展開を見るとありそうだ。筆者はもうしばらく、植民地統治性研究についてこだわっていきたい。

注

(1) たとえば同様の問題提起は、社会学内部においても近年展開されている。参照、第九四回日本社会学会テーマセッション、『「歴史社会学」の諸実践と理論的・方法的反省』、コーディネーター・坂井晃介。

(2) 政治史や経済史の分野では、社会科学的な方法論に基づく歴史記述の認識論についての議論が提出されている(遅塚二〇一〇:保城 二〇一五:恒木・左近 二〇二〇)。もちろん、このような対照を見せるからといって、日本語圏の研究の水準が低いというわけでは決してない。ただし海外の日本学者(Japanologist)以外には、日本語論文はほぼ引用されることがないのが現状である。

(3) 主に社会思想史の文脈において、多様な研究がこれまで提出されているが、ここでは割愛する。詳しくは重田(二〇一八:一二―一七)を参照されたい。社会学理論においては、権力論はルークスの三次元の権力論や、マルクス主義的な社会史が一九七〇年代まで主流だったが、これが八〇年代にグラムシ主義的なヘゲモニー史に取って代わった。その後、フーコー主義的な自由主義統治性と、これに対する他のアプローチからの批判が展開する。ゆえに社会学領域においても、他の領域と同じ時期に統治性研究の進展が観測できる（Gunn 2006）。

（4）特に社会学領域においては、Bröckling et al.（二〇一〇）や、Lemke（二〇一九、二〇二一）、牧野（二〇一七）、西川（二〇二一）などが、「事物の統治」や「モノの統治」という視座から統治性研究を推し進めている。

（5）この点は本論では触れるだけに留めるが、統治性研究においては、フーコー主義の言説分析をハードコアに追究するもの、歴史的に名指される事象はそれ以外ありえず法則化しえないとするフーコーにおける唯名論的立場（あるいはニーチェ主義）を踏襲するもの、唯名論的ではなく事象の普遍的法則性の解明を目指して実証主義的に展開するもの、など、ディシプリンによって様々な立場がある。この原因の一端は、フーコーにおける記述の複雑さ、非連続性、非一貫性が挙げられるはずだが、だからこそこれだけ多様な領域にインパクトを与えるものになってもいる。植民地統治性研究の社会科学的な適用のための枠組については、拙著（二〇二一）を参照されたい。

　著者の立ち位置は、（1）未だ研究されていない新規カテゴリーの発掘においては唯名論的歴史記述が有用であるが、（2）すでに多くの研究が蓄積されている領域においては、実証主義的な中範囲理論が有用であるとする折衷主義である。ゆえに統治性研究も、フーコーの唯名論的規定に抗いながら、双方の水準において可能なのではないかと考える。

（6）（4）と（5）の節目を一九七二年五月の施政権返還にしない理由としては、米国による琉球列島に対する統治性を鑑みれば、日本政府援助の開始（一九五二年〜）や直接援助の開始（一九六〇年〜）、政党や間接民主主義システムの日本政府への系列化（一九六〇年代後半〜）などからだけでも、七二年に収斂すべきではないからである。区分点についてはさらなる議論が必要だろう。

（7）すでに理論的な重みはなくとも、同様の枠組から研究した先行研究が必ず存在するはずだ。また、著者の知らないディシプリンで同じような試みが展開している場合はご指摘いただきたい。

参照文献

Agrawal, Arun. 2005. *Environmentality: Technologies of Government and the Making of Subjects*. Chapel Hill: Duke University Press.

Alter, Joseph S. 2000. *Gandhi's Body: Sex, Diet and the Politics of Nationalism*. Philadelphia: University of Pennsylvania Press.

Appadurai, Arjun. 2001. 'Deep Democracy: Urban Governmentality and the Horizon of Politics.' *Environment and Urbanization* 13 (2): 23–43.

Arnold, David. 2000. *Science, Technology and Medicine in Colonial India. The Cambridge History of India*. Cambridge: Cambridge University Press.

Banerjee, Prathama. 2018. "The Abiding Binary: The Social and the Political in Modern India." in *South Asian Governmentalities: Michel Foucault and the Question of Postcolonial Orderings*. Edited by Stephen Legg and Deana Heath. Cambridge: Cambridge University Press, 81–105.

Berger, Rachel. 2013. *Ayurveda Made Modern: Political Histories of Indigenous Medicine in North India, 1900–1955*. London: Palgrave Macmillan.

Birla, Ritu. 2009. *Stages of Capital: Law, Culture, and Market Governance in Late Colonial India*. Durham: Duke University Press.

Bröckling, Ulrich, Thomas Lemke, and Susanne Krasmann. 2010. *Governmentality*. New York: Routledge.

Brown, Mark. 2014. *Penal Power and Colonial Rule*. London: Routledge Cavendish.

Chakrabarty, Dipesh. 2002. *Habitations of Modernity: Essays in the Wake of Subaltern Studies*. Chicago and London: University of Chicago Press.

________. 2007. "'In the Name of Politics': Democracy and the Power of the Multitude in India." *Public Culture* 19 (1): 35–57.

Chamayou, Grégoire. 2018. *La société ingouvernable: Une généalogie du libéralisme autoritaire*. La Fabrique.（＝二〇二二、信友建志訳、『統治不能社会――権威主義的ネオリベラル主義の系譜学』、明石書店）

遅塚忠躬、二〇一〇、『史学概論』、東京大学出版会。

Chatterjee, Indrani. 1999. *Gender, Slavery and Law in Colonial India*. New Delhi : Oxford University Press.

Chatterjee, Partha. 1993. "The Colonial State." in *The Nation and Its Fragments : Colonial and Post-Colonial Histories*. Princeton : Princeton University Press, 14–34.

________. 1997. *A Possible India : Essays in Political Criticism*. New Delhi : Oxford University Press.

________. 1998. 'Introduction : Wages of Freedom : 50 Years of the Indian Nation State.' In *Wages of Freedom : 50 Years of the Indian Nation State*. Edited by Partha Chatterjee. New Delhi : Oxford University Press, 1–20.

________. 2011. *Lineages of Political Society : Studies in Postcolonial Democracy*. New York : Columbia University Press.

________. 2018. "Governmentality in the East." in *South Asian Governmentalities : Michel Foucault and the Question of Postcolonial Orderings*, 37–57.

Dean, Mitchell. 2002. 'Powers of Life and Death Beyond Governmentality.' *Cultural Values* 6（1 and 2）: 119–38.

Dirks, Nicholas B. 2001. *Castes of Mind : Colonialism and the Making of Modern India*. Princeton : Princeton University Press

土井智義、二〇二二、『米国の沖縄統治と「外国人」管理――強制送還の系譜』、法政大学出版局。

Dube, Saurabh. 1998. *Untouchable Pasts : Religion, Identity and Power among a Central Indian Community, 1780–1950*. Albany : State University of New York Press.

Fanon, Franz. 1963. *Wretched of the Earth*, New York : Grove Press.（＝一九九六、鈴木道彦・浦野衣子訳、『地に呪われたる者』、みすず書房）

Foucault, Michel. 1979. "Omnes et Singulatim : Towards a Criticism of 'Political Reason'." *The Tanner Lectures on Human Values*, Stanford University.（＝一九九三、北山晴一・山本哲士訳、『フーコーの〈全体的なものと個的なもの〉』、三交社）

________. 1991. "Governmentality." in *The Foucault Effect : Studies in Governmentality*. Edited by Graham Burchell, Colin Gordon, and Peter Miller. Chicago : University of Chicago Press, 87–104.（＝二〇〇七、高桑和巳訳、「一九七八年二月一日」、『ミシェル・フーコー講義集成7　安全・領土・人口　一九七七―七八』、筑摩書房、一〇九―一四二）

________. 2008. *The Birth of Biopolitics : Lectures at the Collège de France, 1978–1979*. Edited by Michel Senellart and translated by Graham Burchell. London: Palgrave Macmillan.（＝二〇〇八、慎改康之訳、『生政治の誕生――コレージュ・ド・フランス講義　一九七八―七九年度』、筑摩書房）

Ghertner, D. Asher. 2010. 'Calculating Without Numbers: Aesthetic Governmentality in Delhi's Slums.' *Economy and Society* 39（2）: 185–217.

Gidwani, Vinay 2008. *Capital, Interrupted: Agrarian Development and the Politics of Work in India*. Minneapolis: University of Minnesota Press.

Glover, William J. 2007. *Making Lahore Modern: Constructing and Imagining a Colonial City*. Minneapolis: University of Minnesota Press.

Goswami, Manu. 2004. *Producing India: From Colonial Economy to National Space*. Chicago and London: Chicago University Press.

Guha, Ranajit. 1992. "Dominance without Hegemony and its Historiography." In *Subaltern Studies VI: Writings on South Asian History and Society*. Edited by Ranajit Guha. Delhi: Oxford University Press, 210–309.

Gunn, Simon. 2006. "From Hegemony to Governmentality: Changing Conceptions of Power in Social History." *Journal of Social History* 39（3）: 705–20.

Gupta. Akhil. 1998. *Postcolonial Developments: Agriculture in the Making of Modern India*. Durham: Duke University Press.

Heath, Deana. 2010. *Purifying Empire: Obscenity and the Politics of Moral Regulation in Britain, India and Australia*. Cambridge: Cambridge University Press, 224–46.

________. 2018. "The Tortured Body: The Irrevocable Tension between Sovereign and Biopower in Colonial Indian Technologies of Rule." in *South Asian Governmentalities: Michel Foucault and the Question of Postcolonial Orderings*.

Heath, Deana and Stephen Legg. 2018. "Introducing South Asian Governmentalities." In *South Asian Governmentalities: Michel Foucault and the Question of Postcolonial Orderings*, 1–36.

Hindess, Barry. 2001. 'The Liberal Government of Unfreedom.' *Alternatives* 26（2）: 93–111.

Hodges, Sarah. 2008. *Contraception, Colonialism and Commerce : Birth Control in South India, 1920–40*. Aldershot : Ashgate.

________. 2018. “Plastic History, Caste and the Government of Things in Modern India.” in *South Asian Governmentalities : Michel Foucault and the Question of Postcolonial Orderings*, 178–199.

保城広至、二〇一五、『歴史から理論を創造する方法——社会科学と歴史学を統合する』、勁草書房。

Hussain, Nasser. 2003. *The Jurisprudence of Emergency : Colonialism and the Rule of Law*. Ann Arbor : University of Michigan Press.

Kalpagam, Uma. 2000. “Colonial Governmentality and the ‘Economy’.” *Economy and Society* 29（3）: 418–38.

________. 2014. *Rule by Numbers : Governmentality in Colonial India*. Lanham : Lexington Books.

Kolsky, Elizabeth. 2010. *Colonial Justice in British India : White Violence and the Rule of Law*. Cambridge : Cambridge University Press.

Kuracina, William F. 2010. *The State and Governance in India : The Congress Ideal*. Abingdon : Routledge.

La Perrière. Guillaume de 1555. *Le miroir politique :* Oeuvre non moins utile que nécessaire à tous Monarches, Roys, Princes, Seigneurs, Magistrats, et autres surintendans et gouverneurs de Republicques. Lyon : Macé Bonhomme.

Legg, Stephen. 2006. ‘Postcolonial Developmentalities : From the Delhi Improvement Trust to the Delhi Development Authority.’ In *Colonial and Postcolonial Geographies of India*. Edited by Saraswati Raju, M. Satish Kumar and Stuart Corbridge. London : Sage Publications, 182–204.

________. 2007. *Spaces of Colonialism : Delhi’s Urban Governmentalities*. Oxford : Wiley-Blackwell.

________. 2014. *Prostitution and the Ends of Empire : Scale, Governmentalities and Interwar India*. Durham : Duke University Press.

________. 2018. “Colonial and Nationalist Truth Regimes : Empire, Europe and the Latter Foucault.” in *South Asian Governmentalities : Michel Foucault and the Question of Postcolonial Orderings*, 106–33.

Lemke, Thomas. 2019. *Foucault’s Analysis of Modern Governmentality : A Critique of Political Reason*. New York : Verso.

———. 2021. *The Government of Things: Foucault and the New Materialisms*. New York: New York University Press.
牧野智和、二〇一七、「『自己』のハイブリッドな構成について考える——アクターネットワーク理論と統治性研究を手がかりに」、『ソシオロゴス』四一、三六—五七。
Mbembe, Achille. 2001. *On the Postcolony*. Berkeley and Los Angeles: University of California Press.
———. 2003. 'Necropolitics.' *Public Culture* 15 (1): 11–40.
Mehta, Uday Singh. 1999. *Liberalism and Empire: A Study in Nineteenth-Century British Liberal Thought*. Chicago: University of Chicago Press.
Menon, Nivedita. 2009. 'Foucault and Indian Scholarship.' Critical Encounters: *A Forum of Critical Thought from the Global South*. Accessed 30 July 2022. Available at https://www.academia.edu/8293934/FOUCAULT_AND_INDIAN_SCHOLARSHIP_History_Governmentality_Modernity.
Moffat, Chris. 2013. 'Experiments in Political Truth.' *Postcolonial Studies* 16 (2): 185–201.
森啓輔、二〇一五、「占領下社会運動における『環境保護』フレーミングの可能性と課題——沖縄県国頭村伊部岳実弾射撃演習阻止闘争を事例に」、『一橋社会科学』七、七五—八九。
———、二〇一八、「米施政権下における北部訓練場の軍事的土地利用はいかになされたか」、『沖縄文化研究』四五、三七三—四二八。
———、二〇二一、「植民地統治性の歴史分析のために」アブドゥルラッハマン・ギュルベヤズ・葉柳和則・森元斎、『多文化社会学解体新書——二一世紀の人文・社会科学入門』、松本工房、一二一—一三四。
———、近刊、『沖縄山原／統治と抵抗——軍政、開発、社会運動の社会学』、ナカニシヤ出版。
Nigam, Aditya. 2014. 'Reflections: Partha Chatterjee: Interviewed by Aditya Nigam.' *Development and Change* 45 (5): 1059–73.
西川純司、二〇二二、『窓の環境史——近代日本の公衆衛生からみる住まいと自然のポリティクス』、青土社。
重田園江、二〇一八、『統治の抗争史——フーコー講義一九七八—七九』、勁草書房。

Prakash, Gyan. 1999. *Another Reason: Science and the Imagination of Modern India*. Princeton: Princeton University Press.

Rao, Anupama and Steven Pierce. 2006. 'Discipline and the Other Body: Humanitarianism, Violence, and the Colonial Exception.' In *Discipline and the Other Body: Correction, Corporeality, Colonialism*. Edited by Anupama Rao and Steven Pierce. Durham: Duke University Press, 1–35.

Roy, Srila. 2018. "Changing the Subject: From Feminist Governmentality to Technologies of the (Feminist) Self." in *South Asian Governmentalities: Michel Foucault and the Question of Postcolonial Orderings*, 200–223.

Saha, Jonathan. 2013. *Law, Disorder and the Colonial State: Corruption in Burma c. 1900*. London: Palgrave Macmillan.

———. 2018. "Do Elephants Have Souls? Animal Subjectivities and Colonial Encounters." in *South Asian Governmentalities: Michel Foucault and the Question of Postcolonial Orderings*, 160–77.

Said, Edward W. 1978. *Orientalism*. New York: Pantheon Books.

酒井隆史、二〇一九、『完全版　自由論――現在性の系譜学』、河出文庫。

Sanyal, Kalyan. 2013. *Rethinking Capitalist Development: Primitive Accumulation, Governmentality and Post-colonial Capitalism*. London: Taylor & Francis.

Scott, David. 1995. "Colonial Governmentality." *Social Text*, 43: 191–220.

Sen, Satadru. 2000. *Disciplining Punishment: Colonialism and Convict Society in the Andaman Islands*. New Delhi: Oxford University Press.

Seth, Sanjay. 2007. *Subject Lessons: The Western Education of Colonial India*. Durham: Duke University Press.

Sivaramakrishnan, Kalyanakrishnan. 1999. *Modern Forests: Statemaking and Environmental Change in Colonial Eastern India*. Stanford: Stanford University Press.

Spivak 2000. 'The New Subaltern: A Silent Interview.' In *Mapping Subaltern Studies and the Postcolonial*. Edited by Vinayak Chaturvedi. London and New York: Verso, 324–40.

Sunder Rajan, Rajeswari. 2003. *The Scandal of the State: Women, Law and Citizenship in Postcolonial India*. Durham and Lon-

don：Duke University Press.
徳田匡、二〇二一、『〈沖縄学〉の認識論的条件——歴史・統治・帝国』、東京大学総合文化研究科博士論文。
恒木健太郎・左近幸村編著、二〇二〇、『歴史学の縁取り方——フレームワークの史学史』、東京大学出版会。
Valverde, Mariana. 1996. "'Despotism' and Ethical Liberal Governance." *Economy and Society* 25（3）：357–72.
Walters, William. 2012. *Governmentality：Critical Encounters*, Abingdon：Routledge.（＝二〇一六、阿部潔他訳、『統治性——フーコーをめぐる批判的な出会い』、月曜社）
Zamindar, Vazira Fazila-Yacoobali. 2007. *The Long Partition and the Making of Modern South Asia：Refugees, Boundaries, Histories*. New York：Columbia University Press.

私の研究軌跡——日本人の国際移動の歴史

木村　健二

長年にわたって、歴史学の分野から近代日本における人の国際移動に関する研究に従事してきたものとして、また最近、拙著『近代日本の移民と国家・地域社会』（御茶の水書房、二〇二一年、以下拙著）を上梓したので、そのまとめを行う機会を与えられたと解釈し、以下、研究のきっかけと対象の拡大、そこから見えてきたもの、そして残された課題に関して述べてみたい。

人の国際移動（移民といってもよいがここではかなり広い意味で使っている）といっても、これまで主として、送り出し国である日本におけるその背景や契機、それを推進した政策や諸団体について検討してきたが、ここではとくに、どのような人びとがどのような目的で移動したのかを中心に論じてみたい。

なお、何故に人の国際移動に着目したかというと、それは、何よりもまず、対外関係や国家の政策が強く反映されるものであるということ、地域社会における位置付けもまた見通せるということ、そしてそのことによって、歴史事象の中で移民に関わる個々人の位置や役割も見えてくるであろうと考えたからにほかならない。

1　在朝日本人研究のきっかけ

在朝日本人に関心をもったきっかけは、梶村秀樹「植民地と日本人」『日本生活文化史八　生活のなかの国家』河出書房新社、一九七四年）などによりながら、一九一〇年の併合時点で十七万人、一九四〇年の国勢調査で七〇万人を超す日本人が朝鮮に住んでいたという事実に接し、これらの日本人はどのような人びとで何を目的に、いかなる経緯で朝鮮へ行ったのであろうかという疑問からはじまった。一九七一年に開館した外務省外交史料館を紹介され、『本邦人外国ニ於テ商店ヲ開キ営業スル者ノ氏名住所営業種類等取調一件』（一八八九年）という史料を前に、長崎県対馬もさることながら、山口県熊毛郡から多数の商人が朝鮮居留地に在留していることを発見し、そこから、日本で最初の公文書館として一九五九年に開館した山口県文書館をたずね、そこを通じて熊毛郡旧麻里府村（大字馬島・別府）の役場文書にたどりついた。山口県は周知のように、長州藩において天保期（一八四一年）に『防長風土注進案』を編さんしており（旧麻里府村が属する上関宰判分は山口県文書館で翻刻し、一九六二年に第五巻、六三年に第六巻がマツノ書店から出版）、柳井を中心とした周東木綿織物業の歴史を記した三浦繁次郎『周防織物沿革史』（周防織物同業組合、一九一四年、一九九七〜二〇〇〇年に全四巻として柳井市立図書館により翻刻・出版）が残されており、また熊毛郡には『熊毛郡郷土誌前後編印刷原稿』（一九一九年、山口県文書館所蔵）がある。明治維新変革の経済的背景を分析するために利用された史料群が、維新後の動向、すなわち同地域に現出した、商業＝廻船業、木綿織物業、塩業、漁業などの産業における諸変化についても、貴重な事実を提示してくれていたのである。そしてこのうち、村内上層の商業＝廻船業者が牽引して朝鮮渡航がなされたことを指摘した（拙稿「明治期日本人の朝鮮進出の社会経済的背景―山口県熊毛郡旧麻里府村の場合―」『土地制度史学』第一〇一号、一九八三年、のちに拙著『在朝日本人の社会史』未來社、一九八九年第二章に改稿・収録）。

明治前半期の釜山にもっとも多くの在留者を出した対馬出身の商人に関しては、亀谷愛介『遺誌』の提供を子孫の方より受けることができた。そこに記載された関係商人群をもとに、衰境にあった養家の再興を期すべく、対馬の親戚関係に依って開港間もない釜山に渡航し、長崎区出身者とのネットワークによって就職し、そこで英国製品の中継貿易に従事し、経営の独立を果たす過程で水産物の清国直輸出を試み、いったん破綻した後は大阪商人の元山支店に就職し、大阪資金を得て独立・定着するなど、就職・取引・資金面でのネットワークの拡大が見られたこと、その間に日本領事館や朝鮮人官吏との関係を利用したり、商業会議所の議員・会頭職などを活用して営業基盤を確立していったことを明らかにした（拙稿「朝鮮進出日本人の営業ネットワーク―亀谷愛介商店を事例として―」（杉山伸也、リンダ・グローブ編『近代アジアの流通ネットワーク』創文社、一九九九年）。

この間に筆者は、皓星社刊『日本人物情報大系』における朝鮮編全一〇巻の刊行を担当し（二〇〇一年）、発行年代別、出身府県・地域別、営業種・職業種・公職別、在住地域別に、叢伝・人名録を蒐集・採録した（「『朝鮮編』総合解題」第七一巻所収）。その後も、職員録、県人会名簿、各種団体名簿や、岡山県、熊本県、愛媛県等における在朝鮮県人名録が発見されており、これらの資料を使った研究も進展している。そのうち、最も早い時期に刊行された『在韓人士名鑑』（木浦新報社、一九〇五年）や『朝鮮在住内地人実業家人名辞典』（京城朝鮮実業新聞社、一九一三年）を使い、そこに掲載された実業人を、渡航当初よりの独立営業者、日本内地の営業者の支店員から独立した営業者、朝鮮開港場の営業者に雇われた後独立した営業者、官公吏等から独立した営業者に区分し、日本内地のケースに比して、独立のチャンスの多さ（次々と開かれる開港場や店主帰国による譲り受けなどによる）、そして独立までの期間の短さを指摘している（「在朝日本人植民者の『サクセス・ストーリー』」『歴史評論』六二五、二〇〇二年）。

もちろん朝鮮在留者は、商業関係者にのみとどまるわけではなく、一九四〇年国勢調査の「産業別人口」によれば、工業二四・六％を筆頭に、公務・自由業二四・三％、商業二二・七％、交通業一五・二％、農業五・三％、鉱業三・八％、水産業二・一％であり、工業、公務・自由業、商業が相拮抗し、前段階に比して鉱・工業、交通業の伸びが著しい。

このうち農業移民に関しては、一九〇八年一二月に資本金一〇〇〇万円で設立され、一九一〇年度より募集が開始された東洋拓殖株式会社による移民は、当初は甲種（二町歩以内の自作移民、一五年から第一種、二二年に募集廃止）、乙種（小作移民、一三年以降甲種へ移行し、一五年から第二種一〇町歩以内の地主移民）が、その後は二二年に五町歩に削減した第二種のみが二六年まで実施された（松永達「東洋拓殖株式会社の移民事業」河合和男ほか『国策会社・東拓の研究』不二出版、二〇〇〇年）。そのうち、二一年六月一日現在の残存農家が『移住民名簿』に掲載されており、第一種が三七六五戸、第二種が一三二戸であった。それによれば、県別では高知、佐賀、福岡、山口、岡山の順であり、全羅南道、慶尚南道など南部地域に入植した。東洋拓殖に関しては、全体的な会社の経営動向であるとか、移民に応募した農民の経営動向については研究があるものの、どのような人びとがどのような目的で応募したのかについては、まったく研究がなされていなかった。高知県の事例に関しては、仁淀川沿いの村から、舟運や和紙生産の衰退を背景として出て行ったことが指摘されているが（飯塚隆藤「ＧＩＳから

み た東洋拓殖移民の地域的展開―高知県仁淀川流域を事例に―」『立命館言語文化研究』第二一巻第四号、二〇一〇年）、高知県における農業の状況や個々の移住者の属性に関する分析はない。山口県吉敷郡仁保村の事例では、「何れも小農者にして、従来地主の小作を為すも加調米を差引けば残額僅少にして到底米価高騰せる今日一家の経済を支え難きより新開地へ渡りて農業を営まん」（『防長新聞』一九一二年七月二五日付）という状況下で、国家的課題としての朝鮮開発という使命と、農業経営の後退局面の中で、戸主を半ばとし、最下層ではなく、中層・下層農民が、安定的あるいは飛躍的自作農業経営をめざして出て行った（拙著「第七章　東拓農業移民」）。ただし実際には、一九二一年までの新規移住戸数五八七二戸のうち、先の名簿に掲載された戸数は三八九七戸（六六・四％）に過ぎず、地主化するケース（つまり分譲された農地を朝鮮人に小作させる）も多かったのである。

なお、京都帝大法科大学教授で、穀物関税論、財政概論、公債論などの著書のある神戸正雄は、府県レベルの農業会社や組合による朝鮮農地の取得や東拓移民の開始に合わせるように、『朝鮮農業移民論』（有斐閣、一九一〇年）を著した。その中でまず、一二〇万町歩に及ぶ未墾地の存在や、朝鮮農民は生産改良による収益増で小地片でもよく、朝鮮農民の都会への移動などによって、母国人農民の受入の余地はあるとする。しかし、交通、教育機関や医薬の調達が不便で、土地法制や灌漑施設も不備であり、小農民の主たる資源である労働や副業を嫌避し雑貨商や金貸に向かう傾向にあって、不振であるという。結果として、地主の進出が大規模になされたことは、浅田喬二がかつて指摘した通りである（『日本帝国主義と旧植民地地主制』御茶の水書房、一九六八年）。

朝鮮への漁業進出に関しては、通漁と移住の二形態があり、その背景については、近代日本漁業史研究において、とくに中井昭『香川県海外出漁史』（香川県・香川県海外漁業協力会、一九六七年）などで、明治前半期に瀬戸内漁業が直面した、入会漁場の狭隘化・飽和状態、隣県との複雑な入会紛争、資源枯渇など困難な状況にあったことが指摘されている。山口県のケースについては、大野盛雄「沖家室の漁業」(『東洋文化研究所紀要』第十二冊、一九五七年)では、近世後期に大島郡漁民が九州北部沿海や対馬海域に出漁していたことを指摘しており、「地先水面漁業にまつわる諸関係の内攻」よりも、漁民層分解を媒介として排出された人口が移住して行ったとしている。ただしその際の出漁形態は、明治二〇年代に入っても、一〇人乗以下の小型漁船であったことから、従来の漁船・漁具・漁法をそのまま延長したものにほかならなかったという。また、日露戦争以降、長期操業のための漁業基地の設定が不可欠(網乾場及び塩蔵または乾製する製造場の確保のため)として、移住漁業が取り組まれるようになる(新川伝助『日本漁業における資本主義の発達』東洋経済新報社、一九五八年)。

拙著第六章では、山口県を事例として、近世期以来の漁場の狭隘化と漁夫の多さに加え、明治以降の漁場争いの激化、その結果としての乱獲、魚群の払底などが背景としてあり、魚族を追って対馬海域まで出漁した経験から、また煎海鼠・鱶鰭・干鮑のいわゆる俵物三品の清国向け直輸出をめざして朝鮮へ出漁したことを指摘した。日露戦後には機船やトロール船の登場もあり、これを避けつつ、移住漁業に関しても、熊毛郡佐合島の例によりながら、他郡・他県からの入漁によって、漁業組合によって「移住者規定」を定めて実施されたが、成功する例は少なかったとし、その原因として生活環境の不整備があげられている点に注目した。一九〇六年に豊浦郡湯玉浦より巨文島へ移住し定着した事例はあるが、それは前年同地を襲った大火と多人数を要する大敷網漁、そしてイリコの干し場確保などが要因としてあったのである(中村均『韓国巨文島にっぽん村』中公新書、一九九四年)。

以上のように、いわゆる商人・農民・漁民といった旧中間層の朝鮮進出が、明治の早い時期から見られたのであるが、それは、旧中間層的立場を維持するか、内地の旧中間層並になることをめざしたものにほかならなかった。ちょうどこのころ、天涯茫々生（横山源之助）は、日本の労働者、漁民、職人、商家雇人に向かって、賃金は高く魚群は豊富で仕事も多く、独立のチャンスに恵まれている朝鮮へ行くことを大いに推奨していたのである（『太平洋』第二巻第三号、第四号、一九〇四年二月一日、一五日付）。ただし、とりわけ農業・漁業の分野で定着・定住することは、神戸正雄が前掲書で指摘したように、朝鮮人と同等の労働や生活水準に耐えられるものは少なく、きわめて難しい状況にあったと言わなければなるまい。

他方、公務員などのホワイトカラーやエンジニアといった新中間層に関しては、かつて筆者は、三・一独立運動後の斉藤実総督のもとで、朝鮮総督府の高級経済官僚に内務省官僚、中でも東北閥と呼ばれる人びとが就任したことを指摘した（「朝鮮総督府経済官僚の人事と政策」波形昭一・堀越芳昭編著『近代日本の経済官僚』日本経済評論社、二〇〇〇年）。その後、朝鮮及び台湾総督府の政策方針とからめた松田利彦・やまだあつし編による、両地官僚に関する詳細な共同研究の成果が出された（『日本の朝鮮・台湾支配と植民地官僚』思文閣出版、二〇〇九年）。朝鮮の官僚の中で、長沢一恵は鉱務官僚では日本の地方自治体で産業振興政策を担った事務官系官僚が採用されて力を発揮したとし、広瀬貞三は土木官吏では高級官僚は東京帝大卒を中心とする事務系が大部分を占め、土木業務に直接従事した経験はなく、課長級には半数が東京帝大卒の事務系で、のちになると土木系が独占するようになったという。松田利彦は、宮城県出身で東京帝大卒、内務省官僚から総督府秘書課長や庶務部長を務めた守屋栄夫の日記から、その人脈・ネットワークを分析し、それを通じて総督府高級官僚選抜や人材導入といった人事がなされたことを論証した。通堂あゆみは、京城帝国大学予科生の出身が、当初は内地の日本人、朝鮮の日本人、そして朝鮮人の学生が約三分の一ずつであったものが、一九三〇年代には朝鮮半島出身の日本人・朝鮮人学生で八割を占めるようになったという。さらに広汎な下級官吏を含めた公務員全般に対する分析がまたれるところである。

筆者は、朝鮮の大陸兵站基地化にともなう鉄道輸送量の増大に対応した人員増という状況と、「加俸」に象徴される給与の上乗せ、さらには農家の長男ではあったが姉がすでに京城の百貨店に勤務していたことなどの個別要因が作用して、朝鮮で事務系鉄道員となった人物について分析した（拙稿「在朝日本人鉄道従事員の戦時と戦後」李盛煥ほか編著『近代朝鮮の境界を越えた人びと』日本経済評論社、二〇一九年）。また、一九三〇年代に進展した朝鮮の鉱工業化にともない、当該産業従事者の大幅増加が見られたのであって、そうした産業の多くを占めた民間大企業の技術者や事務職に、内地の専門学校卒業生が大量に進出していくことになったとした（拙稿「敗戦後朝鮮からの引揚者の旧職と現職―『群馬県海外引揚誌』所載名簿の分析を通して」『海峡』第二九号、朝鮮問題研究会、二〇一八年）。

さらに筆者は、先の『日本人物情報大系』の「紳士録」に採録された、とりわけ長崎県出身の土着的実業人（営業者・会社役員）二世・三世の一九四〇年時点における進学状況につき調査した。それによると、男子では朝鮮内での中等学校進学者が多かったが、内地の高等教育進学者も多数にのぼったこと、長男等の後継ぎ層も高等教育を受ける者が多かったこと、そうしたものの中には就職も内地で行うケースもあったこと、女子の場合は朝鮮の高等女学校卒が大部分であり、また妻の場合は内地の高等女学校卒が多かったことが判明した（拙稿「在朝日本人実業家二世・三世の『内地留学』」『広島大学文書館紀要』第二二号、二〇二一年）。

こうして、日本内地での進学・就職を含みつつ、世代を経る中で、在朝日本人の旧中間層から新中間層への移行もまた進んでいったのである。

2　分析対象地域の拡大

以上のような朝鮮へ進出した日本人の、属性や目的、背景などを検討していく一方で、筆者は、近代日本におけるそうした行動を相対化してとらえるべく、同時期に見られた朝鮮以外の地への移民事象に関して、やはり山口県を中心に据えた検討を行っていった。その成果の一端が、前掲の拙著であり、第Ⅰ部でハワイ・アメリカへの出稼ぎ労働移民を、第Ⅲ部でブラジル・「満洲」への「企業家」志向型農業移民を取り扱っている。

そのうち、まず最初に取り上げたのは、「明治元年者」と言われるハワイとグアムにはじまる、出稼ぎ労働移民である。明治政府の政策は、契約移民として送り出した人びとが、奴隷労働に等しいものであるとして、「元年者」以降は極力送り出しを拒否していた。それが、一八八四年にハワイ政府の要請に応じ、八五年からの「官約移民」送り出しに転じたのは、ハワイ政府による条約改正への賛同が得られたことによっていた。さらに、これらの出稼ぎ者は、三ヶ年契約満期後もそのまま滞在したり、より賃金の高いアメリカ本土へ「転航」したりして、排日の動きを強めさせていく。これに対して、武藤山治や永井荷風、渋沢栄一などにより、アメリカにおけるような出稼ぎ型移民ではなく定着型の移民を送り出すべきとの発言が繰り返される。このように、政策的には、とりわけ非勢力圏への移民に対しては、極力出先国との摩擦を避け、近代国家たる面目を繕い、排日運動を惹起させないように腐心していたのである。

こうした日本の出稼ぎ移民に関して、正面から取り組んだ研究としては、鈴木譲二『日本人出稼ぎ移民』（平凡社、一九九二年）がある。そこでも取り上げている「母国送金」に関しては、出稼ぎ移民の必須の所業と言うことができ、筆者もそれを、国家レベル・地域レベル・家族レベルに区分して、それぞれの局面において少なからぬ位置を占め、政府においてもその点は重視していたと指摘した（拙著第四章）。ただし、送金額の動きをたどっていくと、アメリカ合衆国本土やハワイ・カナダのように、長期滞在・定住化が進んでいっても、送金額はそれほど減少せず、郷里の留守家族にとって、送金は不可欠のものであり続けた側面もあったのであり、そこには戸主・長男層の出稼ぎが少なからぬ比率を占めたことを裏付けてもいたと言える。

アメリカ本土での出稼ぎ者の定住化に関しては、ロスアンジェルスの職業分析を通した、南川文里の研究がある（『日系アメリカ人」の歴史社会学　エスニシティ、人種、ナショナリズム』彩流社、二〇〇七年）。そこでは、一九一〇年代においては、長時間営業・休日の開業・節約とハードワークへの態度・無賃家族労働力の活用による移民自営業の流動的で柔軟な経営について、出稼ぎ労働移民の特性の延長線上でとらえるべきとし、その典型的なものとして商店・旅館・理髪店・レストランなどのスモールビジネスを挙げている。そしてこれ以降の滞在の長期化は、県人会という経営資源やニッチ産業への進出などもあったが、一時滞在から定住へという明確な段階を経たというより、一時滞在志向を追求しつつ、より多くの収入をあげようとする態度にほかならなかったとしている。上述の送金的側面からすると、当時の日本人移民の中には、自営業資金の蓄積とともに母国送金も担わなければならないものが少なからずいたのであり、そうした側面もまた、スモールビジネスを規定する要因としてあったとしなければなるまい。

なお、一八九九年に始まるペルーの砂糖耕地移民（四ヶ年契約）、一九〇三、〇四年に送り出されたフィリピンへの道路工事に従事する「自由移民」（工事期間は約一年の予定）、一九〇八年に始まるブラジルコーヒー農園での労働移民（二ヶ年契約）など、海外への出稼ぎ労働移民は、方向を変えつつ継続していく。ただし、第一次世界大戦を経る中で、国内の労働市場は大きく拡大し、また賃金は山口県においても三倍前後という増加を示すようになる。そうなると、渡航費は当初はサンパウロ州政府からの補助や移民会社などから借りることはできても（一九二四年以降は日本政府よりブラジルへの渡航費全額補助が実施される）、状況をよく把握し得ない海外に、高い船賃や準備金を支出あるいは借金をしてまで出稼ぎする人は、そう多くはなくなってくる。したがって、一九二〇年代以降は、南洋群島の南洋興発への沖縄県移民や朝鮮人移民を除いて、当初は出稼ぎ型の労働移民であっても、その後は自営農を志向する移民であったり、当初から企業型ないし自作農型移民が増加するという形に変化していくことになると見てよいであろう。

商業者の海外渡航に関しては、領有直後の台湾、軍政直後の大連、そして同時期以降の上海の事例について見てみよう。

台湾の場合は、一八九五年六月の総督府の設置にともない、官公吏の進出がまず行われるのであって、一九〇五年の『臨時台湾戸口調査結果表』における出生地は、熊本、鹿児島、広島、山口、東京の順で、職業別人数は、公務及自由業三九・八%、商業及交通業三一・一%、工業二二・五%の順であった。商業及交通業の内訳は、独立営業者で見れば、物品商一三七五人、旅人宿・飲食店等九三六人、交通業一七〇人、金融保険業七九人、その他の周旋業三一人、売買媒介業三〇人というものであった。総督府をバックに、三井物産の主導によって一九〇〇年には台湾製糖株式会社も設立され、大資本が進出する姿を見ることができるが、物品販売商や飲食店業の大部分は中小規模のものであった。波形昭一の研究によれば、京都府宇治町の辻利茶舗が、機械製造が立ち後れ都市への販売が不振となった挽回策として、一八九九年に三好徳三郎を台北に派遣して支店を設け、総督府に取り入りつつ高級官吏など在台日本人富裕層向けに販売し、その後は大連・釜山・山東に次々と支店網を展開していったという(『民間総督三好徳三郎と辻利茶舗』日本図書センター、二〇〇〇年)。また一九三二年に台北で菊元百貨店を開く重田栄治は、岩国の菊元小一郎綿布卸商店の販売員として一九〇一年に渡台し、もっぱら国内で販路閉塞下にあった岩国縮に替わって、台湾人向け縞木綿の売り込みを行ったのである(前掲『周防織物沿革誌』第二巻第四章販路誌)。

関東州、とりわけ大連では、柳沢遊によれば、一九〇五年初頭の軍政段階では、旅館・飲食店、そして建築等の職人のほか、「厳選主義」の許可基準のもとで、三井以下、東京、横浜に本店を置く大規模な貿易商や小売商が指名ないし推選されて進出した。同年九月以降は自由渡航となり、大連実業会などの団体を組織して、自分たちの利益の拡充を図っていった。それらの進出の背景や目的に関しては、軍や満鉄、さらには関東都督府の用達商としてということがまずあり、日本国内や台湾・朝鮮での事業拡張による支店員として、あるいは事業失敗を取り返そうとした人びととして、青年層の「自立」の場として、さらには一攫千金志向の徒手空拳層としてということがあったとしている(『日本人の植民地経験 大連日本人商工業者の歴史』青木書店、一九九九年)。一九〇六年に発足し、一九〇九年時点の大連山口県人会を構成した四四人について見ると、出身郡市は萩七人、下関、小野田各五人、玖珂郡柳井、豊浦郡、熊毛郡各四人、その他十五人であり、その職業は、満鉄六人、小野田セメント四人、材木商四人、土木建築業三人、用達商三人のほか、小間物雑貨等各種日用品商業者がおり、それらの中には、大阪宅合名や小野田セメント、秋田材木店、夏川小間物店等、山口県出身者で山口県内あるいは大阪等に本店を有する支店の支配人なども含まれていた。同会は懇親を中心としつつ、伊藤公歓迎会や哀悼会などを催している（『馬関毎日新聞』一九〇九年一一月一五、一六日付）。

上海在留日本人商業者に関しては山村睦夫の研究があり、そこでは、大会社や中堅貿易商からなる貿易関連型＝支店進出型で会社派と呼ばれる層、マッチ・タオルなど雑貨や薬種を輸入し中国人を顧客とする土着的な中小の卸小売商、そして虹口商人と呼ばれる日本人相手に食料品や日用品を扱う土着派の主体をなす層の三層があり、土着的零細商人の排外主義的活動について強調している（『上海日本人居留民社会の形成と展開』大月書店、二〇一九年）。上海の山口県人会は、満鉄出張所員、県駐在員、貿易・紡績・海運会社社長などを中心メンバーとし、居留民会に議員を送り込んだり、日中戦争以降ひんぱんに前線部隊を慰問し、評判を得たという（『防長新聞』一九四一年一～五月）。渡航の動機や目的、出身地と現地での活動がどのように連関するのか、さらに研究を深めていく必要があるであろう。

日露戦後に日本の移民対象地を「満韓」に集中せよとしたのは小村寿太郎であったが、それは何よりも「勢力圏」としての当該地域の維持から植民地化をめざしたためにほかならなかった。定着型移民を送り込み、藩屏として、あるいは保護と称して軍事発動の要件にしようとしたのである。そうした役割を満たすものとして位置付けられたのが、自作農民であった。彼らはまた、現地農民の模範となり、農業発展の担い手となることも期待された。一方、日本内地農村では、地代としての小作料の高さに不満を抱く小作農民が増加しはじめ、その対策として植民地・勢力圏への移民送り出しが検討されるようになった。

こうした動きの先鞭をつけたのは北海道移民であろう。当初の北門の鎖鑰と士族救済のためから手厚い保護がなされ、日露戦後には、商品作物のいっそうの衰退や農業経営・農家生計の困難化、地主制の強固な存在を背景に、自小作・小作農民が将来の発展を期待して移民し、政策的には増加する人口を移植し定着を促進するため、特定地の貸付や港湾・道路・鉄道などの交通インフラの整備が行われた（「日露戦後海外農業移民の歴史的位置」安孫子麟編著『日本地主制と近代村落』創風社、一九九四年）。ただし、北海道からの樺太やブラジル移民の多さからうかがえるように、定着は容易に進まなかったのである（拙稿「近代日本の出移民史」日本移民学会編『日本人と海外移住　移民の歴史・現状・展望』明石書店、二〇一八年）。

その後は、日本政府による植民地・勢力圏への自作農定着型移民の送り出しが進められていく。一九〇六年樺太、一九一〇年台湾、一九一一年東洋拓殖、一九一五年関東州などである。それらに共通していたのは、渡航費の割引や年賦償還による農地の分譲（その多くは既耕地であった）、移住費その他の貸付、課税の猶予などであり、ほぼ北海道移民のケースと同等の条件であった。

なお、いずれも日本人経営による、アメリカテキサスの米作農場、フィリピンダバオの麻作農場、南洋群島の甘藷農場などに、日本人労働者や小作人が導入される。それらは一部将来的に自作農化への道がつけられたものもあったが、基本的に旅費も自分持ちの出稼ぎ労働者であった（フィリピンでは片道船賃の耕主持ちということはあったが）。

以上の「経験」を経て以降、昭和期において、ブラジル移民や満洲移民が、まさに「国策」として取り組まれることになる。

日本政府は、既述のように、関東大震災の被災者向けを契機として、一九二四年以降、ブラジル行き移民に対して船賃支給を行うこととした。その間に現出した人口食糧問題、失業問題、農村問題などの社会問題解決のためという背景があった。中南米への出稼ぎ労働移民は、そうした旅費支給がなければ、容易に人を集めることが難しかったことを示していよう。一九一七年以降、東拓改組にともない設立され、旅券等の手続きや移民労働者の送り出しと移住地経営の任にあたったのは海外興業株式会社であった。

ブラジルにおいては、当初は二ヶ年契約の農園労働者であっても、満期後は当初よりの計画で独立した自作農に転身する移民も増加し、また一九二七年以降各道府県別に海外移住組合が設立され、その連合会がブラジルに土地を取得し（後にはブラジル側に配慮しブラジル拓植組合を設立して担当）、移民に一区画二五町歩を年賦で分譲し、営農資金を貸与する「企業移民」を送り出すことになった。ただし、移住組合の加盟金、供託金や準備金等、一定の資金は工面しなければならなかったので、応募者は容易に増えなかった。その場合の送り出しの文言には、防長海外協会などでは、「国運の振作に寄与」などという言葉が加えられていた。そしてこれに呼応したのは、中層・下層農民で戸主層ばかりでなく、次三男や弟といった層も徐々に増えていったのである。

一九三六年以降の満洲へのいわゆる分郷・分村の形態による集団的農業移民においては、一〇町歩の耕地（ほぼ一戸当り水田三町歩、畑七町歩）と一〇町歩の放牧地を分譲（五年据置、一五ヶ年で償還）するというものであった。満洲までの交通費や仕度金の支給、経済更生指定村の場合の負債整理資金補助、満洲拓殖公社による諸施設建設や営農資金の低利貸付、山口県の場合には県・村費折半による留守家族への生活補助費支給（毎月一〇円）もあった。総じて、ブラジル移民のケースよりも手厚い補助がなされたことは疑いなく、それに呼応したのは、山口県など西日本地域にあっても、とりわけ養蚕製糸業が盛んで、それが衰退局面にあった中層・下層の小農民であった。次三男層に関しては、山口県農会における「農家の二三男を語る座談会」（一九三四年）によれば、依然として農村あるいは実家に留まるべきとする意見がある一方で（それは一定の自家農業労働力として確保しておきたいということであろう）、満洲の統治という国家的状況や農村の不況、人口問題から海外へ進出・発展（海外雄飛）させるべきとする意見も出されるようになっていた。もっとも、その背景には、戸主層の消極さや分村の人数確保のためという側面もあったのである。

以上のような独立自作農型あるいは「企業」型移民は、神戸正雄が提示した不振の要因を克服できたわけではなく、成功することは容易ではなかったと考えられるが、そうした人びとは、農業をあくまで続け、その分野で上昇転化を図るという目的をもって移民したのであり、そのことがまた国家への貢献にもなるとされたことが、それをあと押ししたと言えよう。

3　私の研究から見えてきたこと

以上の検討を通じて明らかとなったことをまとめるならば、まず、戸数割史料によって、町村内の階層を見た場合、必ずしも下層＝貧困層のみが海外移民を行ったわけではなかったことが指摘できるように思われる。それはとくに、商人層の渡航に表れているのであって（もちろん商人層の渡航を海外移民に含めることを前提としてであるが）、明治以降の廃藩置県や殖産興業政策の過程で、国内における局面打開のため、藩のおかかえ商人だったものや北前船主などが、一定の資金を携えて開港直後の朝鮮へ向かった点に典型的に示されているだろう。それは、その後の「琉球処分」後の沖縄や日清戦後の台湾、そして日露戦後の関東州や満鉄沿線都市においても繰り返されるのであって、その際には、独立のチャンスをうかがう青少年商店員や徒手空拳的冒険商人を付随させてもいたのである。

出稼ぎ労働移民に関して見た場合も、ハワイ官約移民期に渡航費等の免除があった際に、比較的下層の家のものが出ていったケースはあったが、概して渡航費や仕度金を工面したり、移民会社等に借金をしたり、事情がよくわからない遠方の地で就労するというリスクを享受できたりするのは、中間あるいはそれに近い階層であったと言えるようである。最も就労場所が必要であった最下層や極貧層には、海外移民は高い壁であったのである。真木奈美によれば、これらの層の人びとには、村内における行旅死亡人の取扱いの仕事などが回されたという（山口市編後掲書第2章「明治期宮野村における貧困と救済のあり方」参照）。

さらにこれを、日露戦後の北海道や近隣植民地・勢力圏への自作農定着型移民について見ると、自小作・小作農が多かったとはいえ、近場で全額ではないにしても旅費を負担し、また生産手段など出稼ぎよりも多くの仕度金が必要であり、年賦とはいえ長期間にわたって分譲地の代金を払い続けなければならず、そうであれば留守家族への送金もままならない状況にあったのであり、そうしたことの可能なのは、中層ないしそれに近い層であった。海外移住組合によるブラジル移民の場合や満洲分郷・分村移民において、旅費はもちろんのこと、準備資金の支給や営農資金の貸し付け、さらには負債償還から留守家族の生活費まで面倒を見たりして、より下層のものまで応募できるようにしていくが、それでも処分し得る資産があったり、負債の少ないものに限られたのである。

家族内の位置については、自分で移民する意志を示すことができる層に関して見た場合（したがって同行家族や呼寄妻子は含めない）、より初期の出稼ぎ移民の場合は、「戸主・長男」といった、いわゆるあとつぎ層が多数を占めたと言えそうである。学歴のない次三男層が、いきなり定職に就くというケースはなかなかないだろうし、さらには出稼ぎにより何がしかの金銭は蓄積できるであろうが（それも家計補充であれば家に入れなければならない）、単純肉体労働ではその後の人生のキャリアにはつながらなかったであろう。また単身のケースが多い次三男層より、家族同行の戸主・長男層の方が浪費も少ないし、賃金収入も多かったのである。次三男層が、身の立つように、学歴などにお金を使えるようになるのは、日露戦争期に学歴上昇が見られるようになって以降のことであった。村内の自作農創設のためには戸主・長男層を移民させるほかはなく、あとつぎでない次三男に資金を用意して自作農定着型の海外移民をさせるのは、もっと後の時期で、しかも中層以上の家を中心としていた。

さらに当然のことながら、これらの移民事象を相互に比較検討することによって、共通する部分と異なる部分が浮かび上がってくるのであって、それによって、全体的傾向が知られようし、それぞれの特徴もいっそう鮮明になり、そうした特徴がもたらされた背景を解く鍵も見えてくると言えよう。たとえば、坂口満宏の言う「誰が移民を送り出したのか」（米山裕・河原典史編著『日本人の国際移動と太平洋世界―日系移民の近現代史―』文理閣、二〇一五年）に関して、出稼ぎ労働移民と定着型自作農移民に分けて見てみると、前者にあっては、ハワイ元年者以来、民→官約→民間移民会社→半官的東拓系海外興業となって、いわば官と民が交代しながら推移していることがわかる。これは、職業紹介事業についても言えることであって、その性格上、官が介入しすぎても民の活力を阻害し、民にゆだねてしまうと弊害が多出するといった構造になっているためと考えられる。その上に海外移民送り出しに際しては、二国間関係が鋭く作用してくる点も無視できず、明治後半期の移民保護法がその多くを移民会社監視にあてられていた点を想起すべきである。これに対して、後者の定着型の場合は、そのほとんどが官あるいはそれに連なる外郭団体によるものであって（朝鮮の不二農村による移民募集はまったく民間企業であるが、募集書類は各村役場宛に届けられた）、そうした移民の送り出しが、様々な補助金等の支援のもとでなされた「国策移民」とされる所以でもあった。

森武麿は「ブラジル移民から満州移民へ―信濃海外協会と日本力行会を対象として―」(『ブラジル日本人入植地の常民文化　民俗歴史編』神奈川大学日本常民文化研究所、二〇二一年)において、ブラジル移民から満州移民への転換局面における連続面と断絶面を、もっぱら信濃海外協会と日本力行会で活躍した人物や組織、そしてその構想に焦点をあてて検討している。そして、ブラジル移民が官・民による経済移民であったのに対して、満州移民は関東軍・拓務省による官製の軍事移民であるという相違があるが、一県一村の集団移民を志向した点や、海外移住組合から満洲移住協会・満洲拓殖公社へ転換した点など、ブラジル移民の経験が満州移民へ引き継がれた側面もあり、その両者を媒介した人物(梅谷光貞・永田稠・小平権一)の果たした役割を再評価すべきとする。筆者はそれに対し、排日を配慮しつつも遮断されたブラジルと日本の傀儡国家満洲国という状況の違い、そして何よりも現地農民の存否の違いはあるが、移民そのものの属性や目的、そして内面においては、共通して国家的使命からの海外雄飛の名のもとに独立自営農をめざしたものであり、その属性は中層・下層の戸主・長男層を中心としつつ、徐々に次三男・弟層にまで及んだことを指摘した。さらにそこに至る過程で、山口県において一九一八年に、「内外呼応シテ国勢ノ振興ヲ期スルハ刻下緊要ノ事」として、「在外者・渡航者の保護・奨励」を目的に、県庁内に設立された防長海外協会の役割を強調したのである(拙著第八章)。

4　残された課題

①移民の属性

戸数割税は、一八七八年の「地方三新法」における「地方税規則」によって、各府県が導入することが認められた地方税であり、その賦課基準や等級、そして賦課額は、一九二二年の「府県税戸数割規則施行細則」までは必ずしも全国統一的なものではなかったが、土地（農地）や所得額などを勘案し、市町村議会で決定されたものであり、市町村内のどの階層（所得額が示されていない場合、どの等級が上中下層であるかについて、「分位数」の方式などがあるが、筆者は下層と最下層を区別すべく、上位一〇％を最上層、二五％を上層、二五～七五％を中層、七五～九〇％を下層、九〇％以下を最下層とした）に属するかを知る基準として有効な指標になると考えた（拙稿「明治期戸数割税の賦課方針と吉敷郡旧宮野村の動向」『山口県史研究』第二八号、二〇二〇年）。しかし、移民を出した家の戸数割等級がどのランクであったかは、納税者である戸主名が明確でない場合があって、必ずしもすべてのケースで判明するとは限らない。さらに多くの事例を積み重ねていく必要があると言えよう。

家族内の位置に関しても、多くの場合戸主との関係が示されているが、まったく記載のない場合もあり、それが戸主本人であるからなのか、二男以下層だったが新たに戸主になったばかりであるからなのか、判然としない場合があり、これも事例の蓄積が必要である。また、「次三男問題」ということで出版物が数多く刊行されるようになったのは第二次大戦後のことであり、戦前期において、各家庭でどの程度までその「身の処し方」が考慮されたのかについては、さらにこれに特化した分析が必要であろう。

②グローバルな存在としての移民

海外移民という存在は、言うまでもなく、送り出し国と受け入れ国の政治経済社会情勢や両国間関係、そしてその間の国際的な情勢の渦中に置かれており、それらが移民に及ぼす影響に関して、丹念に解きほぐしつつ論じる必要のある、すぐれてグローバルな存在と言ってよいのである。本稿でも取り上げたが、一方向への移民をめぐる諸事象が、他方向への移民に影響を及ぼすこともあるし、また個々の移民が次々と方向を変えて移動したり、二世の日本留学など子孫が逆方向に移動したりすることもある。したがって、歴史学の分野からすれば、一国史的な枠組みでは到底とらえきれないテーマであると言える。これらをすべて一人の力で解明することは困難であるが（ネットワーク論やストラテジー論によってつなげた、武田尚子の広島県からフィリピンへの漁業移民、赤木妙子の福島県からペルーへのシャツ製造販売業者としての移民の事例分析はあるが）、世界史的な枠組みのもとで、たとえば日本とブラジルのあいだのような一地域に限定した形で、典型例とまでは言えなくとも、一定の事例を示す必要があるであろう。

③国内移動との比較

明治中期以降戦前期を通して、日本における人の移動について見た場合、植民地・勢力圏と太平洋諸島や南北アメリカへの移民の出身地は、圧倒的に中国・九州・沖縄が多いのであるが、北海道・樺太は東北・北陸に多く、また、東京へは関東地方、大阪へは近畿地方に多いという特徴が見られる。けっきょく、この時期の日本においては、全国的レベルで人の移動が見られたとすることができよう。

誰がどのような目的で移動したかに焦点をあてて考察するのであれば、国内移動の動向もまた、海外移民と同様の手法で検討し、それとの比較を行う必要があるであろう。筆者は、山口県吉敷郡旧宮野村における役場文書を利用して、明治中期以降、第二次大戦終戦直後に至る、同村をめぐる人の移動（出寄留・入寄留）に関して分析した。そこでは海外移民も若干含まれるのであって、それらを明治中期に関して、自郡内他町村、自県内他市町村、他府県、海外に区分して比較すると、全体として戸主・長男層が三分の二を占め、士族層を中心に東京への出寄留が多い一方、山口町を中心とする自郡内他町村が人数的にはもっとも多く、それも二男以下層、高年齢層、女性、戸数割中・下位層のものほど、近隣町村に移動するものが多かったことが判明した（山口市編『山口市旧宮野村役場文書の研究―近代日本の変革期における地域社会―』山口市歴史叢書二、二〇二二年、第四章、第八章、第一〇章参照）。同村のように情報が得にくい海外へは、低階層ではハードルの高い出寄留先であった。また、戦時下においては、属性を戸主層から次三男・弟層へ移行させつつ、瀬戸内沿岸諸都市や植民地の重化学工業・軍工廠への出寄留がある一方、それと入れ替わるように朝鮮人農業・炭焼き従事者の入寄留が見られた。近年、徳島県神山町の役場文書が公開され、その分析が進められているが（「小特集『日本帝国』膨張・崩壊期における移動と地域―徳島県名西郡神山町役場文書から―」『歴史と経済』第二五六号、二〇二二年七月）、以上のような人の移動に関する事例分析もさらに蓄積していく必要があるのである。

④戦後へのつながり

戦前期の移民事象について、おおむねその動向をたどってきたが、それが戦後にどうつながって行ったかに関しては、中小の商工業者や会社員、官吏の集団的で多人数による渡航は、植民地・勢力圏を失った状況下で消滅したと言ってよい。出稼ぎ労働移民は、アメリカ合衆国への農業研修を兼ねた渡航と、閉山による炭鉱労働者の西ドイツ渡航があり、さらに、定着型移民では一九五二年から再開されたブラジル農業移民があった。いずれも、日本国内における職業を継続したり、帰国して発展させようという意図のもとになされたものと言える（拙稿「戦後の海外移民」松永昌三ほか編『郷土史大系　領域の歴史と国際関係』下：近現代、朝倉書店、二〇二一年）。東栄一郎によれば、アメリカに根付いた

「入植者植民地主義」が、戦後のブラジル移民によって平和裏に開花したということであるが（『帝国のフロンティアをもとめて　日本人の環太平洋移動と入植者植民地主義』名古屋大学出版会、二〇二二年）、さらにその担い手と目的、推進意図について掘り下げて行く必要があるだろう。もっともそれらも、日本の高度経済成長の進行とともに縮小・廃止されていく。近年では、老後の海外滞在、日本人の観光客関連ビジネスなどによる海外渡航がなされており、さらには長期不況下に海外で再起を図ったり、語学修得などキャリアアップを図ったりするための海外滞在がなされており、それらの点の全般的解明はこれからというところである。

また、一九九〇年前後頃より、就労目的で多くの南米日系人が来日し、中国やフィリピンの残留婦人・孤児の帰国がなされ、日本語教育をはじめ、その人たちの処遇が問題となってきている。それらの人びとのアイデンティティやそれらの人びとへのまなざしを規定するものとして、歴史の連続性の中に海外移民を位置付けていくことも、大きな課題であると言えよう。

原稿募集

『年報日本現代史』第29号（二〇二四年刊行）の原稿を募集します。

応募資格は問いません。

内容は日本現代史にかかわる論文で、四〇〇字七〇枚以内（図表・注を含む）。

応募者は二〇二三年一二月二〇日までに完成原稿をお送りください。編集委員による審査を行い、その後に結果をお知らせします。なお、審査の結果、研究ノートとして採用する場合もあります。

原稿は、原則としてA4判、四〇字×四〇行を一枚とし、プリントアウトした原稿一部を左記までお送りください。また、同じ内容のPDFファイルを左記メールアドレスにお送りください。

採否にかかわらず、原稿は返却しません。ご了承くださささい。

原稿送り先

〒171-0021　東京都豊島区西池袋2-36-11
株式会社　現代史料出版内
「年報日本現代史」編集委員会
E-mail : gendaisi@atlas.plala.or.jp

『年報日本現代史』執筆規定

1. 原稿の種類　論文・研究ノート、及び編集委員が特に執筆を依頼したもの。

2. 原稿枚数　論文四〇〇字七〇枚程度、研究ノート四〇〇字五〇枚程度、その他は編集委員の依頼による。

3. 原稿提出　原稿は、完全原稿を提出する。ワープロ原稿は、A4判、四〇字×四〇行を一枚とし、プリントアウトしたもの一部と、同じ内容のPDFファイルを上記メールアドレスに送付する。
注は全体での通し番号とし、文末に一括する。
図版・写真などを転載する場合は、執筆者が許可を得ることとする。

4. 論文審査　編集委員による審査を行い、場合によっては、訂正・加筆を求めることがある。

5. 校正について　執筆者校正は原則として二回までとする。

編集後記

▼本誌25号の編集後記で、昭和天皇をもアクターとする歴史の必要性を訴えたあと、田島道治の『昭和天皇拝謁記』が刊行され始めた。一九五一年一月二四日（この直後、講和・安保日米会談が行われる）の条に、天皇が講和をめぐる「誠に困つた事」として、マッカーサーが吉田茂に「沖縄と小笠原を〔日本〕領土としない」と告げたことを挙げる記述がある。そして天皇は、「たとへ実質は違つても主権のある事だけ認めてくれると大変い丶が」と述べる。この発言は、沖縄に対する主権を日本に残す擬制のもと、実際は米国による沖縄占領の継続を希望する「沖縄メッセージ」（四七年九月）を想起させる。そして発言は、沖縄を日本から切り離す提案の「再考」を促すと同時に、「米国の軍事上の要求についていかようにでも応じ」る用意があるとした、日本側「わが方見解」（五一年一月三〇日）の作成と関係があるのか、ないのか。興味は尽きない。

（明田川融）

▼過日、沖縄を訪れた際、「島の宝・島の人々――伊江島の戦後・阿波根昌鴻写真展」を観る僥倖に恵まれた（浦添市美術館、二〇二二年一〇月二九日～一一月六日）。五〇〇点近い写真は、『人間の住んでいる島』（一九八二年）などに使われた一部を除き、どれも公開は初めてという。撮影は、弾圧に備えた証拠として、また沖縄の内外に土地取り上げの窮状や寄付への感謝を伝える報告として始まった。だが遺された写真の多くは、窮状のさなかにも屈託ない笑顔で応じる伊江島の人々で占められ、民衆史の貴重な記録になった。また撮る者の目線を通して、土地闘争のリーダーと同居する、もう一人の阿波根が見えてくる。家族で熱心に見入る会場の光景からも、戦後史を再考する気運の高まりを感じた。いかにすれば研究がそれに応えられるか、重い問いが残った。

（戸邉秀明）

▼粟屋憲太郎さんの追悼文をこの編集後記に書いてから三年が経った。この間に新型コロナが発生しウクライナ戦争が勃発した。とくにウクライナ戦争は第二次世界大戦の帝国主義戦争を再現するかのような残虐性をあらわにしている。しかし第二次世界大戦とは異なり冷戦後の新自由主義を原理とするグローバル資本主義の矛盾が爆発したものであり、情報革命後の情報戦争であり、ドローンに代表されるＡＩ戦争という二一世紀型戦争である。本特集は「戦後沖縄の史的検証」をテーマとしているが、沖縄は第二次世界大戦の沖縄戦だけでなく戦後もふくめてつねに現代日本を照射する鏡であった。歴史学の鹿野政直、民俗学の柳田国男と折口信夫、そして芸術家岡本太郎がそれぞれ沖縄を論じてきた。現在ウクライナ戦争との対比で二一世紀の新たな沖縄論を論じる時代が来ている。

（森　武麿）

戦後沖縄の史的検証——復帰五〇年からの視点
年報・日本現代史　第27号　2022

2022年12月26日　第１刷発行

編　者　「年報日本現代史」編集委員会

発行者　赤川博昭
宮本文明

発行所　株式会社 現代史料出版
〒171‐0021　東京都豊島区西池袋2‐36‐11　TEL（03）3590‐5038 FAX（03）3590‐5039
発　売　東出版株式会社

Printed in Japan　印刷・製本　亜細亜印刷
落丁本・乱丁本はお取替えいたします
ISBN978-4-87785-383-9

「年報日本現代史」バックナンバー

創刊号 戦後五〇年の史的検証 本体価格二、九一三円

第2号 現代史と民主主義 本体価格三、一〇七円

第3号 総力戦・ファシズムと現代史 （品切）

第4号 アジアの激変と戦後日本 本体価格三、二〇〇円

第5号 講和問題とアジア 本体価格三、二〇〇円

第6号 「軍事の論理」の史的検証 本体価格三、二〇〇円

第7号 戦時下の宣伝と文化 （品切）

第8号 戦後日本の民衆意識と知識人 （品切）

第9号 象徴天皇制と現代史 本体価格三、二〇〇円

第10号「帝国」と植民地—「大日本帝国」崩壊六〇年— 本体価格三、六〇〇円

第11号 歴史としての日本国憲法 本体価格三、六〇〇円

第12号 現代歴史学とナショナリズム 本体価格三、六〇〇円

第13号 戦後体制の形成—一九五〇年代の歴史像再考— 本体価格三、六〇〇円

Ⅰ 自由党型政治の定着／中北浩爾 Ⅱ 地方政治における戦後体制の成立／功刀俊洋 Ⅲ 一九五〇年代における経済自立と開発／浅井良夫 Ⅳ 一九五〇年代の農業諸制度と政府—農民関係／岩本純明 Ⅴ 鳩山政権期の日米関係とジュネーブ会談／吉次公介 【小特集】連合国戦争犯罪政策の再検討 手紙の中の「東京裁判」／川島高峰 ◆現代史の扉（原朗）

第14号 高度成長の史的検証 本体価格三、六〇〇円

Ⅰ 自衛隊における〝戦前〟と〝戦後〟／植村秀樹 Ⅱ 一九六〇～七〇年代における日本社会党の党組織と江田三郎／岡田一郎 Ⅲ 社会開発の挫折とその背景／菊池信輝 Ⅳ日本の大気汚染問題の推移と教訓／傅喆・寺西俊一 Ⅴ 東京オリンピックと高度成長の時代／石坂友司 ◆現代史の扉（暉峻衆三）

第15号 六〇年安保改定とは何だったのか （品切）

第16号 検証 アジア・太平洋戦争 本体価格三、二〇〇円

Ⅰ 日本外務省の対外戦略の競合とその帰結 一九三三～一九三八／武田知己 Ⅱ 日独伊三国同盟をめぐる蔣介石の多角外交／鹿錫俊 Ⅲ 海軍の対米開戦決意／手嶋泰伸 Ⅳ 戦争と財閥／春日豊 Ⅴ 音楽のアジア・太平洋戦争／戸ノ下達也 ◆現代史の扉（粟屋憲太郎）

第17号 軍隊と地域 本体価格三、二〇〇円

Ⅰ 日本陸軍の典範令に見る秋季演習／中野良 Ⅱ 軍隊の「災害出動」制度の展開／吉田律人 Ⅲ 軍港都市呉における海軍受容／林美和 Ⅳ 〝基地の街〟岩国の戦後史／池田慎太郎 Ⅴ 一九五〇年代沖縄における「基地経済」と「自立経済」の相剋／櫻澤誠 Ⅵ 米軍基地売買春と地域／平井和子 ◆現代史の扉（笠原十九司）

第18号 戦後地域女性史再考 本体価格三、二〇〇円

Ⅰ 〈はじめの一歩〉のために—山代巴の課題意識／牧原憲夫 Ⅱ 戦後農村女性の生活と生活記録／北河賢三 Ⅲ 米軍統治下沖縄における性産業と女性たち／小野沢あかね Ⅳ 戦後思想史における森崎和江／小林瑞乃 Ⅴ 戦後農村における地域婦人会活動の軌跡／高木重治 Ⅵ 戦後女性史研究の動向と課題／早川紀代 ◆現代史の扉（永原和子）

第19号 ビキニ事件の現代史 本体価格三、二〇〇円

Ⅰ 第五福竜丸事件と日米関係／黒崎輝 Ⅱ 第五福竜丸事件の政治経済学／山本義彦 Ⅲ ビキニ事件六〇年、今ふりかえる一九五三～五四年／丸浜江里子 Ⅳ 「ビキニ事件」と安保改定／中西哲也 Ⅴ 第五福竜丸事件からビキニ事件へ／山本昭宏 Ⅵ 放射能汚染からの地域再生／中原聖乃

第20号 戦後システムの転形 本体価格三、二〇〇円

Ⅰ 戦時体制再考／米山忠寛 Ⅱ 「戦後法学」の形成／出口雄一 Ⅲ 都市・自治体政治における「戦後体制」とその変容／源川真希 Ⅳ 沖縄の米軍基地問題と「吉田ドクトリン」論／植村秀樹 Ⅴ 戦後七〇年の日本とアジア／宮城大蔵 Ⅵ ドイツ連邦共和国における戦後システムと歴史認識／中田潤 ◆現代史の扉（天川晃）

第21号 東京裁判開廷七〇年 本体価格三、二〇〇円

Ⅰ パル意見書／中里成章 Ⅱ 「敗者の裁き」再考／永井均 Ⅲ 序列化された戦争被害／宇田川幸大 Ⅳ カナダと東京裁判／高取由紀 ◆現代史の扉（森武麿）

第22号 日中戦争開戦八〇年 本体価格三、二〇〇円

Ⅰ 村と動員体制／小林啓治 Ⅱ 日中戦争の拡大と海軍／手嶋泰伸 Ⅲ 日中全面戦争の展開と難民問題／芳井研一 Ⅳ 日中戦争期植民地鉄道の「軍用品」輸送／竹内祐介 Ⅴ 総力戦と日本の軍事精神医療／中村江里 Ⅵ 〈石川達三と火野葦平〉の語り／神子島健 ◆現代史の扉（豊下楢彦）

第23号 新自由主義の歴史的射程 本体価格三、二〇〇円

◆シンポジウム 菊池信輝著『日本型新自由主義とは何か』をめぐって ＊コメント／小沢弘明／浅井良夫／源川真希／金井郁 ＊リプライ／菊池信輝 ◆特集論文 都市における水辺空間の再編／沼尻晃伸 ◆現代史の扉（吉見義明） ◆小特集 戦時期東アジアと帝国日本の空間

第24号 戦争体験論の射程 本体価格三、二〇〇円

Ⅰ 「原爆の図」から沖縄戦シリーズへ／小沢節子 Ⅱ 「インテリ兵士」の日中戦争／望月雅士 Ⅲ 「記憶」を語るということ／小林瑞乃 Ⅳ 女性の戦争体験をめぐる「記憶」と「想像」／米田佐代子 ◆現代史の扉（原田敬一）

第25号 朝鮮戦争と戦後日本 本体価格三、二〇〇円

Ⅰ 共通の朝鮮戦争像をもとめて／和田春樹 Ⅱ 現代中国にとっての朝鮮戦争／久保亨 Ⅲ 戦後日本の経済復興と朝鮮戦争／武田晴人 Ⅳ 敗戦後の「平和」と再軍備／植村秀樹 Ⅴ 朝鮮戦争前後の「密航」防止活動における住民の活用／李英美 Ⅵ 朝鮮戦争下の日本における「不戦アジア人権を守る会」の運動について／小林知子 ◆現代史の扉（赤澤史朗）

第26号 社会運動の一九六〇年代再考 本体価格三、二〇〇円

Ⅰ 戦後大阪の革新勢力／黒川伊織 Ⅱ うたごえ運動の一九六〇年代／河西秀哉 Ⅲ 雇用形態と階層差を超えた女性労働運動／跡部千慧 Ⅳ 民青系学生運動から見た東大闘争／小杉亮子 Ⅴ 一九六〇年代の重度障害者運動と障害女性への子宮摘出手術／鈴木雅子 ◆現代史の扉（浅井良夫）